青蓝丛书·数智时代大学生思想政治教育

本书为教育部人文社科项目"新时代'00后'大学生群体画像研究"（21JDSZ3081），2022年高校思想政治工作中青年骨干队伍建设项目，湖北省高校学生工作示范团队（2020SFTDF3001），华中农业大学教改项目"'两季三节'校园文化的思想政治教育作用"（22H154）的成果

读懂社交媒体环境下的 "00后"大学生

祝鑫　著

DECODING POST-00S UNDERGRADUATES
IN THE SOCIAL MEDIA LANDSCAPE

武汉大学出版社

图书在版编目(CIP)数据

读懂社交媒体环境下的"00后"大学生 / 祝鑫著 . -- 武汉 ：武汉大学出版社,2025.5. -- ISBN 978-7-307-25061-1

Ⅰ . G641

中国国家版本馆 CIP 数据核字第 2025K0A392 号

责任编辑:詹　蜜　　　责任校对:汪欣怡　　　版式设计:马　佳

出版发行：**武汉大学出版社** 　（430072　武昌　珞珈山）

　　　　（电子邮箱：cbs22@ whu.edu.cn　网址：www.wdp.com.cn）

印刷：湖北金港彩印有限公司

开本：720×1000　1/16　印张:16.75　字数:269 千字　插页:2

版次:2025 年 5 月第 1 版　　2025 年 5 月第 1 次印刷

ISBN 978-7-307-25061-1　　定价:68.00 元

目　　录

导　　论

一、缘起

之所以选择研究"00 后"大学生的思想行为特点，主要有以下两个方面的考虑：一是基于理论探究。思想政治教育的实践本质决定了要对自己的对象进行研究，习近平总书记在全国高校思想政治工作会议上指出，"思想政治工作从根本上说是做人的工作"①。因此，"现实的人"是思想政治教育的出发点和落脚点，也是思想政治教育存在的意义。"00 后"大学生已成为当前大学校园的主体，全面掌握其思想行为特点，既是做好新时代大学生思想政治教育的前提和基础，也是提高思想政治教育针对性和实效性的逻辑起点。二是基于工作实践。我在高校从事辅导员工作已有 16 年，是一名"80 后"。16 年间，既亲密接触过典型的"90 后"大学生，也与"00 后"大学生朝夕相处，如果把十年作为一个自然划分代际的标记，可以说，从个案的视角，我亲身体验过三代人的代际发展。在我的观察里，三代人就如同一条线上的三个点，既彼此贯通，又各自呈现出不同的代际差异。事实上，"00 后"大学生的诸多表现值得思考。他们个性鲜明、解构权威，"不走寻常路"，但却总是把自己置于安全、"有分寸感"的境地，很像"懂事"的"顽童"；他们常常被评价为自私功利，具有很强的向己性，但在"新冠"疫情、北京冬奥会等重大社会事件面前，又表现出让国人连连称赞的"亲社会性"；他们对衣袂飘飘的汉服、古诗词、国风制品等传统文化表现出前所未有的青睐，但又站在现代和时尚的最前沿；他们更加关注表达和分享，但却总是流于感悟层

① 习近平谈治国理政(第二卷) [M]. 北京：外文出版社，2017：377.

面，不愿意理性思考……他们是谁？他们中的任何一个都无法代表他们，他们更加多元多面，更加复杂矛盾，更加迂回折中，表现出更强的后现代性和民族性特征。基于此，我们将从思想政治教育视域出发对"00后"大学生的思想行为特点进行整体性、系统性的研究，以形成带有经验支持性质的思想政治教育对象研究成果。

为什么选择社交媒体的视角呢？基于以下两个方面：一方面，当前社交媒体已成燎原之势，对生存期间的人们的生产生活产生了难以估量的影响，既给思想政治教育带来了新的机遇，又使思想政治教育面临新的挑战，迫切需要加强研究，创新社交媒体环境下大学生思想政治教育。另一方面，"00后"大学生深受社交媒体的影响。这一代大学生自识字以来就开始接触社交媒体，由于长期沉浸其中，社交媒体所蕴含的技术理念、思维方式已经深深地渗透到大学生学习生活的各个层面，它对大学生的影响是全面的、系统的、深刻的。实际上，客观来说，大学生在成长发展过程中会受到经济发展、政治生态、国际局势等方面的影响，然而社交媒体的影响是最直接的、最广泛的，如果我们将社会政治经济环境设为大学生成长环境的外层，那么媒介环境则处于内层，以至于外层的社会政治经济环境的影响都要由社交媒体这个中介进行传递和渗透，进而对大学产生影响。基于此，我们以马克思主义方法论为指导，由思想政治教育研究的逻辑起点出发，从社交媒体的视角切入，探讨社交媒介环境下"00后"大学生思想行为特点，基于思想政治教育的视域检视大学生思想行为出现的问题及成因，系统探寻"00后"大学生思想行为教育引导策略，为大学生健康成长成才保驾护航。

二、什么是社交媒体？

社交媒体由英文"social media"翻译而来，也有人译为"社会化媒体"。目前国内学界关于这一称谓的翻译众说纷纭、莫衷一是，对其概念也尚未完全达成共识。在本书中，基于对于社交媒体的理解，我们认可将"social media"译为"社交媒体"。但有些将之译为"社会化媒体"，因其范畴与社交媒体大体重合，也同样被视作这一领域的研究成果。

（一）社交媒体的内涵

社交媒体虽然是近些年才被大众所熟知，却有着深远的历史。对于社交媒体的缘起背景，《从莎草纸到互联网：社交媒体2000年》一书曾做了翔实的回顾。汤姆·斯丹迪奇基于对人类2000多年媒介发展的史实梳理，指出："人类最早使用的媒体(口语对话)实际上就是社交媒体，而之后发展出来的莎草纸、蜡版、书信、小册子、咖啡馆里的便条等，也都因为延续着基于互动的人际关系而进行信息传播的模式，因而事实上也属于社交媒体。自从人类开启工业革命的脚步之后，印刷机、广播、电视机相继到来，人类社会实际上进入的是'一对多'、单向的、超大规模的大众媒体时代，但这个时代在整个人类社会发展史上只是一段插曲。而随着互联网技术的出现，'社交''媒体'和'互联网'之间实现了有机融合，以个人博客和社交网站的问世为标志，人类社会必然要进入社交媒体2.0时代。"①可见，媒介发展经历了媒介社交功能从极强到极弱，再到极强的发展过程，今天的社交媒体可视为媒介社交极强属性的再次回归。

学者将社交媒体作为研究对象起步于2008年，最早出现"社交媒体"一词的是在 *What is Social Media* 电子书中，它给出了社交媒体的第一个定义："即是一系列网络媒体的总称，这些媒体具有参与、公开、交流、对话、社区化、连通性的特点。"它认为其最大的特征在于"赋予每个人创造并传播内容的能力"，并将"社交网络、博客、维基、播客、论坛、内容社区和微博"等七大类作为社交媒体的具体形态。该定义强调社交媒体的用户互动性，指出了社交媒体的核心，因此这类定义可称为"基于互动角度的概念"。

学者对社交媒体的定义，大致可以分为以下四类：第一种是"基于技术角度的概念"。比如，"基于 Web 2.0 技术和理念的一种互联网应用程序，它能够支持其用户进行信息的创造与交换"②。第二种是"基于工具性的概念"。美国公共

① [英]汤姆·斯丹迪奇. 从莎草纸到互联网：社交媒体2000年[M]. 林华，译. 北京：中信出版社，2015：15.

② Ahlqvist Toni, Bck A, Halonen M, Heinonen S. Social Media Road Maps Exploring the Futures Triggered by Social Media[J]. VTT Tiedotteita-Valtion Teknillinen Tutkimuskeskus, 2012, 12(9).

关系协会提出，社交媒体是指支撑网络的工具和服务。第三种是"基于网络结构的界定"。该类观点认为社交媒体的一个重要元素是人际关系网，人际关系网反映了社会化媒体要依附于一定的关系网络，不再是所谓的"所有人对所有人"的漫无目的的传播。第四种是"基于社会性的界定"。认为社交媒体在本质上是"社会性"①。此外，还有的研究者从"内容属性"上进行界定，指出社交媒体是"一系列社交用户创造内容的集合体"，"网络中建立在社交用户关系上的内容生产与交换平台"②。以上，是基于价值中立的信息传播工具视角对社交媒体的内涵做出的界定，虽然对社交媒体的定义尚未达成共识，但基本一致认可社交媒体的两大因素为人数众多和自发传播。

在国内，彭兰将社交媒体定义为："互联网上基于用户社会关系的内容生产和交换平台。"③田丽等则把社交媒体看成一种社会的组织方式，指出"社会化媒体是以互动为基础，允许个人或组织进行生产内容的创造和交换，依附并能够建立、扩大和巩固关系网络的一种网络社会组织形态"④。曹博林认为社交媒体是建立在互联网技术，最大的特点是赋予每个人创造并传播内容的能力。它能够给予用户极大参与空间，不仅能够满足网民个人基础资料存放的需求，更重要的是能够满足用户"被人发现"和"受到崇拜"的心理感受需求，能够满足用户"关系建立"和"发挥影响"的需求⑤。秦琼则从社交媒体是一种场域的角度，指出社交媒体是以网络技术为根本，依附技术进行关系网络建立，并赋予主体内容生产自由的一种网络媒介关系体⑥。赵云泽等则指出了社交媒体的主要特性，区分了译名"社会化媒体"和"社交媒体"的差异，指出"社交媒体"更符合中文语义。对于社交媒体的定义虽然表述不一，但普遍认同"消费者即生产者"和"用户自己创造内

①　Philip N Howard, Malcolm R Parks. Journal of Communication, 2012, 62(2)：359-362.

②　Luarn P. Key Variables to Predict Tie Strength on Social Network Sites [J]. Internet Research, 2010, 25(2)：218-238.

③　彭兰. 社会化媒体理论与实践解析[M]. 北京：中国人民大学出版社，2015：2.

④　田丽，胡璇. 社会化媒体概念的起源与发展[J]. 新闻与写作，2013(9)：27-29.

⑤　曹博林. 社交媒体：概念、发展历程、特征与未来——兼谈当下对社交媒体认识的模糊之处[J]. 湖南广播电视大学学报，2011(3)：65-69.

⑥　秦琼. 内涵、逻辑、生态：作为一个场域的"社交媒体"[J]. 新闻世界，2018(10)：72-75.

容"(UGC)的定义。

可见，国内外研究虽在社交媒体定义范式上存在分歧，却共同指向其重塑人类联结方式的革命性力量。

（二）社交媒体的特征

关于社交媒体的特征，*What is Social Media*电子书中提到，社交媒体的主要特征是参与、公开、交流、对话、社区化、连通性。彭兰认为社交媒体的主要特征有两个：一是内容生产与社交的结合；二是社会化媒体平台上的主角是用户，而不是网站的运营者[1]。秦琼认为，以"关系"为驱动力、日常性、传播主体的人格化是社交媒体的三个主要特征[2]。严三九、刘峰认为："相较于传统大众媒体，社交媒体的形式更加多样，用户群体的平民化和草根化特性格外明显，信息流动也不再是自上而下的'瀑布式'的流动，而是自点及面的扁平网络式的流动。"[3]王晓光和郭淑娟在《社会性媒体初论》一文中总结社交媒体具有五种本质特征：平民性、对话性、匿名性、社交性和涌现性[4]。由于社交媒体的涵括范围广泛，应更加慎重考虑其特点，但其本质的特征应该包括平民性、参与性、对话性、社区化[5]。

社交媒体在信息传播方面的特征也备受关注。加拿大学者马歇尔·麦克卢汉在其著作《理解新媒介——延伸麦克卢汉》一书中认为："社交媒体上的信息传播呈现一种多维度和不确定性的特点。在社交媒体上，信息同时具备点对点和点对面的传播形态。传播者既可以明确指定向其一位'好友'发送信息，也可以向其整个人际关系网络同时发送信息。接收者既可以通过'评论'的方式与传播者进

① 彭兰. 社会化媒体、移动终端、大数据：影响新闻生产的新技术因素[J]. 新闻界，2012(16)：3-8.

② 秦琼. 内涵、逻辑、生态：作为一个场域的"社交媒体"[J]. 新闻世界，2018(10)：72-75.

③ 严三九，刘峰. 2013年全球新媒体发展态势探析[J]. 现代传播（中国传媒大学学报），2013，35(7)：1-8.

④ 王晓光，郭淑娟. 社会性媒体初论[EB/OL]. http://news.163.com/08/1217/14/4TCEO1DH000131UN.html.

⑤ 曹博林. 社交媒体：概念、发展历程、特征与未来——兼谈当下对社交媒体认识的模糊之处[J]. 湖南广播电视大学学报，2011(3)：65-69.

行互动，也可以通过'转发'的方式将刚才收到的信息发送给自己的某一位'好友'或者自己的人际关系网络，并且这两种方式并行不悖，几乎可以在同一时间内完成。但是，作为传播者，对接受者会在何时何地、是否以及以何种方式加以反馈都是未知的，也就是不确定的。"①美国学者董庆文在《美国社交媒体的冲击与影响》一文中认为："社交媒体上的信息流动实际上是一种基于人际关系的传播行为。社交媒体上存在两种连接关系——强连接和弱连接。强连接就是我们常说的'熟人'，弱连接就是素昧平生但在社交媒体上相互'关注'，并且'添加好友'的人。社交媒体上的信息在这两种连接纵横交错所编织成的网络中流动传播，极大地加速了信息的扩散速度，并且能够促成更大范围的用户群体之间进行互动交流。"②社交媒体的多维度、动态化的传播生态打破了传统媒体单向输出的束缚，更通过用户赋权与关系驱动塑造了"人人皆节点"的传播格局。

(三)社交媒体对人和社会发展的影响

社交媒体的网络化与网络的社交化，让社交媒体成为主流媒介③。随着媒介技术的发展，媒介对人和社会的发展产生了越来越深刻的影响。特别是在现代媒介技术高度发达的西方国家，当前以 Twitter、Facebook、Instagram、Youtube 为代表的社交媒体的风靡，其影响更为突出，学术界的关注度更高，相关研究成果也更加丰富。

对于媒体价值理性认识最深刻透彻的莫过于著名传媒学者马歇尔·麦克卢汉，他的名言"媒介即信息"，即是说相对于媒介所传播的内容，媒介的存在形态更能从根本上对人的思想方式、社会的变革产生影响。任何媒介都不是中立的，都具有偏向性。这为我们从社会性、意识形态性、价值理性的角度看待社交媒体的影响提供了根本依据。事实上，社交媒体"去中心化"的信息传播特点，会逐渐加剧人们对于自由、平等、民主的追求，削弱和动摇人们对于权威的服从

---

① ［加］马歇尔·麦克卢汉. 理解新媒介——延伸麦克卢汉［M］. 何道宽，译. 上海：复旦大学出版社，2012：37.

② ［美］董庆文，白费，赵树旺. 美国社交媒体的冲击与影响［M］. 北京：中国传媒大学出版社，2016：86.

③ ［荷］何塞·范·迪克. 连接：社交媒体批评史［M］. 晏青，陈光凤，译. 北京：中国人民大学出版社，2021：24.

和信任，进而深刻影响人们社会生活的诸多领域。加拿大学者弗雷泽和印度学者杜塔在他们合著的《社交网络改变世界》一书中认为："现实社会制度的特点是死板的垂直等级状，尤其是像政府机构和大型企业这样的中央集权体制，权力是自上而下一级一级的执行。与之相反的是，社交媒体的制度特点是动态的、分布的、网状结构的，是通过非正规的指令进行运营的。"他们还进一步提出："人类历史上大多数的革命性变动与媒体的作用密不可分，而当社交媒体的动态网络制度和现实社会的中央集权制度进行互动甚至博弈的时候，会对未来复杂的社会组织产生深远的影响。"①除此之外，还有的学者从社交媒体"连接性"的信息传播特点进行分析，其中最有影响力的为美国学者克莱·舍基的《未来是湿的：无组织的组织力量》，他认为，人们通过 Twitter、Facebook 等社交媒体彼此连接，跨越地域、身份的限制进行交流与合作，"群体的形成现在变得如探囊取物般容易"，"我们的能力在大幅增加，这种能力包括分享的能力、与他人互相合作的能力、采取集体行动的能力，所有这些能力都来自传统机构和组织的框架之外"②，进而说明社交媒体所形塑的社会力量，带来的社会剧变，"人人时代"已经到来。克莱·舍基在他的另一本著作《认知盈余：自由时间的力量》一书中，用"认知盈余"的概念阐述了人们如何从消费者变为生产者进而构成大规模协作的条件。由此对媒体界定给出一个完全异于传统媒体但与社交媒体高度吻合的概念，"媒体是社会的连接组织"③，突出强调了社交媒体的连接性以及形成的组织力量。

从"连接"的视角阐释社交媒体的影响，还有美国学者尼古拉斯·克里斯塔基斯和詹姆斯·富勒撰写的《大连接：社会网络是如何形成的以及对人类现实行为的影响》。该书认为，随着互联网时代、移动互联网时代的到来，手机、手表等智能随身设备，将人与人之间的连接发展到可感应、可量化、可应用。不仅人与人之间可以连接，人与物之间、人与信息之间、人与自然之间，都可以形成连接。在此基础上，他们进一步阐释了"连接"的意义，"社会网络可以捕捉和容纳

---

① ［加］弗雷泽，［印］杜塔. 社交网络改变世界［M］. 谈冠华，郭小花，译. 北京：中国人民大学出版社，2013：49.

② ［美］克莱·舍基. 未来是湿的：无组织的组织力量［M］. 胡泳，沈满琳，译. 北京：中国人民大学出版社，2009：12，13.

③ ［美］克莱·舍基. 认知盈余：自由时间的力量［M］. 胡泳，哈丽丝，译. 北京：中国人民大学出版社，2012：61.

人人相处的、不同时间的信息（信任规范、互惠传统、口述历史或者在线维基等），还可以通过计算将成千上万的决策汇总（例如为产品设定一个市场价，或者在选举中选出最好的候选人）。"借助网络，人类可以起到'总体大于部分之和'的功效。新的连接方式的出现，一定会增强我们的能量，让我们得到上天原本赋予我们的一切。"①

有关社交媒体的批判，何塞·范·迪克的《连接：社交媒体批评史》最具代表性，是第一部关于社交媒体批判史的专著，迄今为止已被引用了 3700 多次，广为学界推崇。它在宏观上提出生态系统方法，微观上采用行动者网络理论和政治经济学方法，在勃兴的连接文化的背景下研究社交媒体"连接"的本体论与平台理论的关系，即将平台视作技术文化建构、社会经济结构阐释社交媒体、社会关系、盈利机制三者的微妙关系，从经济学和技术角度理解所谓"社交媒体"迅速崛起的复杂过程，并提供了一种用于批判性思考社交媒体的多层次模型。而克里斯蒂安·福克斯的《社交媒体批判导言》则使用批判理论理解社交媒体，解读权力与经济、政治的关系，分析参与式文化对于理解社交媒体的意义，阐明传播力与大众自传播在网络社会中的概念，以及对于理解社交媒体的作用。社交媒体正重塑着人类社会的连接逻辑与权力结构，其引发的不仅是信息传播范式的革命，更是社会制度、价值观念乃至人类存在方式的深层变革。可见，对社交媒体所蕴含的价值理念和思维方式以及对现实社会的影响方面，探讨是较深刻的。国外学者更多从宏观层面整体考察社交媒体对人的生存方式、思维方式以及现实社会的影响，社交媒体对社会交往和信息传播价值已经延伸到社会领域，改变了人们的价值观和社会交往行为。

三、社交媒体与"00 后"大学生

社交媒体由于成本低廉、实时传播的特点，成为"00 后"大学生的"新宠儿"②。毫无疑问，大学生是社交媒体的主要使用者，当然也站在社交媒体"冲击

---

① ［美］尼古拉斯·克里斯塔基斯，詹姆斯·富勒. 大连接：社会网络是如何形成的以及对人类现实行为的影响［M］. 简学，译. 北京：中国人民大学出版社，2013：315，321.

② Autumn Arnett. Social Media Gives Prospective Inernational College Students a Sneak Peek［J］. Diverse，2012(11)：8.

波"的最前沿。

（一）"00后"大学生的思想行为特点

"00后"大学生作为Z世代，其思想行为呈现许多新的特征。从国外来看，对大学生思想行为特征的研究，不仅集中在传统的"知识与技能"的维度，而且已经扩展到情感、态度、价值观等大学生核心素养层面。苏联著名教育家Suhomlinsky就曾指出，既要关注学生的知识素养，也要关注其信念思想。总体来看，这些研究可以分为两类：一类是对大学生思想行为某方面进行深入研究，例如社会责任感、阅读行为、网络行为等；另一类则集中在对大学生思想行为影响因素的探讨上，例如批判性思维对学生创新观念与行为的影响。这些分析大多从微观视角展开，问题导向鲜明，研究深入聚焦，但由于缺乏整体性视野，难以对大学生思想行为总体现状进行宏观把握。

从国内来看，学术界关注"80后""90后"等不同代际大学生思想行为特点的文献较多，但针对"00后"大学生的研究还鲜有涉及。总体来看，本部分的研究呈现如下特点：一是研究学科涉猎广泛。不同学者从社会学、心理学、新闻传播学、教育学、政治学等不同学科出发，探讨大学生的群体特点。如《大众传媒对大学生群体形象的建构》（董金权，2012），《微信新媒介对大学生思想行为双重影响的实证研究》（刘刚、胡树祥，2017），《被关注成长的一代——一项关于"90后"青少年发展状况分析》（杨雄等，2010）等。二是研究视角不同。既有教育部等教育主管部门的官方调查，比如自1992年开始开展的大学生思想政治状况滚动调查，也有学者在全国范围内发起的把大学生思想行为状况作为主要研究内容的相关调查，如《年度大学思想政治教育状况调查分析》（沈壮海，2013—2019），当然还有一些学者在一定范围内开展研究。三是研究内容多有不同。从具体内容来看，有些研究大多是围绕大学生的某一方面特征如奋斗精神、担当品质等开展研究，如《时代新人视域下大学生担当精神培育路径探究》（章琳，2018）；也有的围绕大学生思想行为整体情况做总体概述，如《"90后"大学生思想行为特点及其引导策略》（万美容等，2012）等，但这类权威研究总体还较少。还有的围绕"80后""90后""00后"大学生的群体特征做纵向代际对比研究，如《大学生代际特征对思想政治教育的影响及发展趋向》（佘双好，2014）、《当代大学生价值观念发展特点及趋势分析》(余双好，1999)、《水平集体主义与参与式文化——网络化时代青年个人价值观新变化研究》(殷文等，2019)等。除此之外，也有研究某个重大时期如"新冠"疫情下大学生的思想行为特点，如《战"疫"中的大学生群体画像》(李辉，2020)、《重大疫情背景下大学生思想行为特点及教育策略》(叶定剑等，2020)，等等。

(二)社交媒体使用对大学生的影响

国外学者主要围绕社交媒体的使用与大学生公共参与、学业发展、媒介素养等方面展开研究。在公共参与方面，认为社交媒体通过影响着大学生的关系网络和社会资本，进而影响公共参与行为。Valenzuela S 等人在研究美国大学生的 Facebook 使用行为与个人社会资本关系进行的研究中发现，Facebook 的使用频次与大学生的生活满意度、社会信任、公共参与呈正相关。[1]。因为社交媒体"去中心化"的本质，在一定程度上，大学生在社交媒体上的主动地位既给大学生提供了更多政治空间，但也因大学生在社交媒体的公共参与缺乏正式的指导和详细的审查，可能对社会的整体发展造成不良的后果，因而需要通过教育和引导发掘其潜力，引导大学生更加深思熟虑和更有责任感[2]。在学业成绩方面，有研究者指出，学生使用社交媒体对学业有负面影响[3]，也有研究者指出，社交网络和家庭作业同时进行的学生，相比没有社交网站的学生，绩点低20%。"问题在于大部分人有脸书或其他社交网站，他们会在完成任务时互发邮件或即时通信"[4]。这

---

① Valenzuela S, Park N, Kee K F. Is There Social Capital in a Social Network Site？：Facebook Use and College Students' Life Satisfaction, Trust, and Participation [J]. Journal of Computer-Mediated Communication, 2009, 14(4)：875-901.

② Khalil Ahmad, Karim Sajjad Sheikh. Social Media and Youth Participatory Politics：A Study of University Students[J]. A Research Journal of South Asian Studies, 2013, 28(2)：353-360.

③ San Miguel R. Study on Facebook and GradesBecomes Learning Experience for Researcher[EB/OL]. TechNewsWorld, 2010. http://www.technewsworld.com/rsstory/66805.html？wlc=1286985671&wlc=1287195471, Retrieved, 20/08/13.

④ Enriquez J G. Facebook and Other Online Social Networking Sites can Lower Grades[EB/OL]. Study Says, 2010. http://seerpress.com/facebook-and-other-online-social-networking-sites-can-lowergrades-studysays/6935/, Retrieved 14/08/13.

严重影响注意力集中上，从而使学习效率降低。当前，社交媒体已经全面渗透大学生生活的每个角落，使他们养成了时时查看社交媒体的习惯，成为最大"分心源"和"麻醉剂"，导致大学生的学习时间大大减少，并因为注意力分散导致学习效率降低，还容易产生逃避和拖延的心态，大学生的学业成绩呈现下滑趋势。尽管大部分研究指出社交媒体的使用会影响大学生的学业成绩，但也有学者认为，学生使用社交媒体并不影响学业成绩①。除此之外，David C. De Andrea 认为，使用社交媒介可以有效提高大学生的适应能力。针对社交媒体对大学生的影响，或者说媒介对于大学生的影响，国外早在 20 世纪三四十年代就提出要加强媒介素养教育的对策。事实上，各国都出于对媒介的不同理解而倡导不同的媒介素养教育范式，注重媒介素养的课程化、体系化和规范化，且推行都已十分广泛。

国内学者多是聚焦社交媒体对大学生思想行为某一方面的影响展开，具体内容包括：一是社交媒体对大学生心理、思想与价值观层面的影响研究。李鑫等人认为，社交媒体为大学生自我形象构建搭建平台，强化大学生的自我认知和自我聚焦，加剧大学生在网络参与中的情绪共振，往往会带来"群体极化"②。张佳怡指出，社交媒体的到来，个体对社交媒体泛娱乐化体验的极大满足以及对现实社会焦虑的共同确认，容易产生新生代的新"容器人"效应③。布超认为，社交媒体让大学生更加崇尚自我，渴望被认同的特质被进一步放大，对网络信息的辨别和判断能力日益萎缩，情绪更易被煽动，群体动员风险加大④。二是社交媒体对大学生社会化层面的影响研究。王勇认为在社交媒体环境下，大学生面临社会化控制的弱化、社会化环境的错位和社会化进程的失序是三个主要问题，需要构建有利于大学生社会化的健康媒介环境⑤；洪明认为社交媒体改变着大学生社会化的

① Hong F Y, S. I. & Hong D H. A Model of the Relationship between Psychological Characteristics, Mobile Phone Addiction and Use of Mobile Phones by University Female Students[J]. Computers in Human Behaviors, 2012, 28, (6)：2152-2159.

② 李鑫，尚恩洁. 社交媒体对大学生心理行为的影响及应对策略研究[J]. 江苏高教，2018(2)：70-73.

③ 张佳怡. 社交媒体时代下新"容器人"的生成[J]. 记者摇篮，2018(10)：95-96.

④ 布超. 当前网络思想政治教育的三个着力点论析[J]. 继续教育研究，2018(3)：60-64.

⑤ 王勇. 新媒技术、新媒介环境与青少年社会化[J]. 湘潭大学学报（哲学社会科学版），2010，34(1)：91-94，98.

路径，还改变着其社会化的实质。更主要的是，满足了大学生社会化过程中"反向社会化的需求"①。布超认为，社交媒体自我赋权的特点改变了大学生在舆论话语权上的被动地位。② 三是社交媒体对大学生交往行为层面的影响研究。刘运来从拟剧理论的角度，认为社交媒体导致了大学生后台行为的前台化，并由此可能导致大学生前、后台角色的冲突③。边宇璇等认为，社交媒体容易产生大学生表演型自我表达的虚假交往④，同时也有研究者认为，社交媒体容易带来新一轮的网络社交依赖。从总体上看，国内对社交媒体在教育尤其是高校思想政治教育等方面的应用研究还较缺乏，有的也是从宏观上谈社交媒体对教育的影响，或是只就一种媒介形态展开论述，相比于现实生活中社交媒体对思想政治教育的影响，相关研究显然还不够深入丰富。

(三)社交媒体在大学生思想政治教育中的应用

国外大多没有明确的思想政治教育的概念，因此相关研究主要集中在社交媒体在意识形态宣传、道德教育中的应用。关于网络意识形态宣传的研究成果主要体现在曼纽尔·卡斯特的信息三部曲之一《网络社会的崛起》、马克·波斯特的《第二媒介时代》和《信息方式》、尼葛洛庞帝的《数字化生存》、希勒的《数字资本主义》等。同时，国外学界关于基于社交媒体的"公民精神""道德教育"的研究，也值得借鉴。另外，尽管一些专家学者并未直接以社交媒体作为研究对象，而是以网络媒体、网络技术、电子媒介等较为宽泛的概念加以阐释，但其研究成果对于社交媒体而言同样具有较强的参考价值。英国政治学家 Tim Jordan 在总结了学者福柯、韦伯等人的权力理论之后，结合新媒体的技术与环境特点，提出了网络话语权由个人、社会和集体想象由三个层面构成，并且分析了这三个层面相互之间的动态关系。在此基础上，Jordan 进一步指出，要掌握网络话语权，最关键在

---

① 洪明. 自媒体对青少年社会化的影响及教育应对[J]. 中国广播电视学刊，2012(6)：1.

② 布超. 社交媒体环境下大学生网络参与的新动向及引导策略[J]. 思想理论教育，2018(6)：84-87.

③ 刘运来. 社会化媒体对青少年后台行为影响的研究[D]. 西安：西北大学，2011.

④ 边宇璇，安建良. 大学生社交媒体行为习惯研究[J]. 新闻战线，2016(20)：112-113.

于把集体想象与网络技术有机结合起来，在互联网上为人们塑造一个与现实世界类似的想象空间和图景。由此可见，能否有效地发挥社交媒体的传播功能对于基于社交媒体开展公民精神与道德教育至关重要。在具体操作层面，由于资本主义社会更强调个人权益，为极力避免给公众留下公共机构干预过多的印象，所以国外很少把公民精神与道德教育提上台面来进行强调，而是有如鸭子划水一般，把功夫用在台面以下，采用更为隐秘的方式来实现教育目的，一是环境熏陶，二是宗教影响，且两者相辅相成，共同发挥作用。社交媒体的出现则实现了现实社会环境与虚拟网络空间的链接，这就为强化环境对人的熏陶作用和扩大宗教的影响程度与范围带来了更多可能性，所以国外基于社交媒体开展道德教育，一方面，将社交媒体作为新闻传播、商业推广、休闲娱乐的重要传播工具，在向用户传播新闻、广告、电影、歌曲等大量信息内容的同时，隐秘地进行精神与道德教育；另一方面，还特别注意打造基于社交媒体的专属教育工具，比如，美国新墨西哥州的圣胡安学院就首次推出了基于社交媒体的"微课程"模式，此种教育模式具备短小精悍、资源丰富、形式活泼等特点，一经推广就备受好评。这种模式也引起众多跟随效仿者，其中尤以可汗学院、TED-Ed 等最为流行。

近年来，国内关于社交媒体对高校思想政治教育的影响研究，多集中在社交媒体环境下的挑战和应对策略上。施锋锋等人指出，社交媒体带来的"网络圈层化"现象，导致高校内各育人要素之间的交流隔阂，削弱思想政治教育的实效性。为此，以社交媒体为平台，构建大学生育人共同体，并致力打造大学生思想政治教育的新"圈层"①。布超认为，基于社交网络对大学生影响愈加深刻，网络思想政治教育的核心任务是挖掘社交媒体的思想政治教育价值，利用好社交媒体"倒逼"高校思想政治教育模式的转变，占领思想政治教育的网上阵地②。武玲娟认为在社交媒体环境下，加强大学生媒介素养教育是社交媒体有效运用的前提，推进理想信念教育供给侧结构性改革是社交媒体发挥作用的关键，搭建线上线下教

---

① 施锋锋，赵建明. 圈层视域下基于社交媒体的大学生育人共同体建构[J]. 继续教育研究，2018(1)：91-97.

② 布超. 当前网络思想政治教育的三个着力点论析[J]. 继续教育研究，2018(3)：60-64.

育联动平台是社交媒体育人功能的最佳方式，强化社交媒体监管是理想信念教育取得效果的保障①。包雷晶认为，由社交媒体主导的舆论场域呈现出复杂的话语体系，让网络思想政治教育面临诸多挑战。要重视移动端社交，利用互联网思维，关注思想政治教育的发声效果，创新思想政治教育的发声载体，优化思想政治教育的发声内容，增强网络思想政治教育实效性②。张祖品认为，社交媒体是大学生思想政治教育创新的重要辅助工具，利用社交媒体创新大学生思想政治教育应转变教育理念、创新教育手段、抢占社交阵地、丰富教育内容③。杨茹等从文化自信培育的角度，指出高校应充分运用网络社交媒体培育大学生文化自信，在现实生活中对网络次文化做规范和疏解，提升大学生的媒介素养，开辟网络学习的新形式，通过文化自信更加坚定"四个自信"④。

从总体上看，国内外学者的相关研究成果，为开展社交媒体环境下"00后"大学生思想行为特点及其教育引导研究提供了新视角、新理论、新路径。但从现有研究成果来看，还存在一些不足：

（1）从研究主体看，对大学生的研究较为抽象且空泛，针对性、时代性研究不足。从现有文献来看，无论是从文献的数量还是质量上看，学界对大学生的精准了解和全面把握仍还比较欠缺。第一，研究相对宏观、抽象。整体上来说，学界由于过于关注对主客概念的阐释，在一定程度上使思想政治教育对象研究陷入了主客体的抽象争辩，也在一定程度上影响了对思想政治教育对象本身进行深入系统的研究，从而削减了对于思想政治教育对象的科学事实研究。第二，研究缺乏针对性，作为社交媒体"原著民"的"00后"大学生，深受社交媒体的影响和形塑，但目前还没有较为全面系统的文献论述社交媒体对大学生的影响。第三，研究相对滞后，对"00后"大学生的研究还鲜有涉及，事实上，距第一批"00后"大

① 武玲娟．社交媒体视域下大学生理想信念教育的路径[J]．青年记者，2018（26）：124-125．

② 包雷晶．论社交媒体环境下网络思想政治教育的有效性[J]．2017（3）：79-82．

③ 张祖品．社交媒体环境下大学生思想政治教育创新研究[J]．学校党建与思想教育，2018（1）：86-88．

④ 杨茹，张楚乔．网络社交媒体运用与大学生文化自信培育[J]．北京工业大学学报（社会科学版），2018，18（2）：73-80．

学生来到大学校园已有四年时间，且他们在某些方面表现出与"90后""80后"迥异的特点，但思想政治教育领域对此还很少有深入的探讨。以上这些为本研究留下了空间。

（2）从研究内容看，局部单一论述较多，系统全局性研究不足。表现在，一是对于大学生思想行为特点的研究，大多数停留在某一具体方面的表现描述与特征概括，点位研究多，缺乏整体、宏观角度的深入提炼和概括，且研究相对不太严谨和规范，有的研究单纯凭借学者的"一己观察""个别感悟"或是不太科学的问卷调查，就得出相关结论，表现出一定的随意性。同时，对大学生思想特点的研究重复多，创新少，思辨多，实证少，缺乏统一的模型和框架，缺乏共识性。二是对于社交媒体对大学生的影响，大多是论及某一单一媒介形态对大学生的影响，但在现实生活中人们不可能只使用某一种单一媒介，或者只受某一媒介的影响，但目前鲜有从社交媒体这一当前最为流行的媒介类别进行整体架构研究。三是对于社交媒体环境下加强对大学生教育引导的策略研究，抑或是进一步加强和改进社交媒体环境下大学生思想政治教育以优化大学生教育引导的研究，所提对策和建议多是几个具体对策的杂糅，相对比较随意，多数较为雷同，且所提对策建议相互之间也有要素重叠和逻辑杂乱之嫌，缺乏思想政治教育的整体性、系统性和逻辑性。

（3）从研究视角看，关注社交媒体的工具属性较多，但对于社交媒体的价值属性则关注不足。一是当前对社交媒体的影响和应用研究，多从思想政治教育单一视域，较少从思想政治教育和传播学的交叉领域开展，因此多关注社交媒体信息传播的工具属性，较少从媒介的环境属性、技术属性等更深层领域进行研究，因此常常将社交媒体与新媒体混为一谈，在思想政治教育视域下对社交媒体的认识和把握较为肤浅。二是较少关注社交媒体本身对人的影响，尤其从社交媒体所隐含的技术理念、思维方式、逻辑架构等维度研究其对人的影响的，则更少。三是已有的研究更多将社交媒体作为一种工具性存在、平台式存在，偏重社交媒体的媒介传播方式对大学生高校思想政治教育内容、方法、手段等方面的影响，较少从"媒介即环境"的宏观视野论述社交媒体环境下大学生思想政治教育的演进和变革。

综上所述，国内外学者已有的相关研究，为本书提供了可借鉴的理论基础。笔者将沿着前人的足迹，努力探索社交媒体带给人的潜移默化的深层影响，在全面渗透的社交媒体环境下，准确把握当前"00后"大学生的思想行为特点，进而从系统性视野有针对性地提出有效的思想政治教育对策，促进大学生的健康成长。

第一章　社交媒体与大学生思想行为的学理阐释

当前，社交媒体已经成为互联网中的热门话题，受到学术界的广泛关注。事实上，社交媒体虽然带有"媒体"二字，但它已经远远超出了媒体的范畴，给社会政治、经济、文化和生活带来了极其深远的影响。作为社交媒体使用最频繁的青年大学生，其思想行为形成特点和发生发展过程也深深烙上了社交媒体的印记。"科学入手，第一层功夫便是正名"①，因此在本书开始部分，我们首先对涉及的基本概念进行分析界定。

一、社交媒体

当前，互联网的中心正在转向社交媒体，互联网变革从门户时代转向社交媒体时代，体现出社交媒体的风靡及未来趋势。

（一）社交媒体的基本内涵

安东尼·梅菲尔德是最先提出"社交媒体"一词的人。他在2007年发表的著作《什么是社交媒体》中指出，社交媒体是一系列在线媒体的总称，主要特点是参与、公开、对话、社区化和连通性，最大的特点是赋予每个人创造与传播内容的能力，基本形态可分为七大类，即社交网站、博客、维基、播客、论坛、内容社区和微博。② 应该说，安东尼·梅菲尔德的提法虽然有些含糊，但他指出了社

---

① 严复，王栻. 严复集［M］. 北京：中华书局，1986：1247.

② Antony Mayfield. What is Social Media［M/CD］. 2007：5-30.

交媒体参与性、社区化等重要属性，同时他提出的"赋予每个人创造与传播内容的能力"的观点，已经触及了社交媒体的核心，成为学者们的研究方向。

尽管"社交媒体"这一概念已经被广泛运用，但直到今天，究竟是什么是社交媒体，学界并没有形成共识。这种状况的形成，很大程度上是因为一日千里的技术发展。今天的互联网及相关领域的技术日新月异，推动着技术形态和应用不断拓展升级，所以当人们还没来得及对一个新的事物形成清晰的认识时，它已经悄悄发生新的变化。因此，我们尝试对国内外比较有影响力的观点做如下整理：一方面是介绍当前学者们对社会化媒体的概念；另一方面也是展示人们对社交媒体的认识过程和认知脉络。

1. 应用说

2013 年，在维基百科有关"社交媒体"的词条中，认为社交媒体包括如下三层含义：

（1）它是基于互联网或移动通信的应用，它将传播变成一种互动的对话。

（2）它是建立在 Web 2.0 的思想与技术基础上的网络应用，它促成了 UGC（用户生产内容）的生产与交换。

（3）社交媒体是社会性互动的媒介，而社会性互动是社会性传播的一个超集。[①]

这个定义从理论上阐释了社交媒体与 Web 2.0、UGC 的关系。在此基础上，Toni Ahlqvist 等人认为除了 Web 2.0 与用户生产内容这两个关键因素，人际关系网也是社交媒体概念中的关键元素，即社交媒体中的信息传播建立在一定的人际关系网基础之上，并且在传播过程中建立、扩大和巩固了个人或者组织的人际关系网络，关系网络特征是我们认识社交媒体概念的重要突破。

2. 平台说

2015 年，百度百科关于"社交媒体"的定义是互联网上基于用户关系的内容生产与交换平台，社交媒体是人们彼此之间用来分享意见、见解、经验与观点的

---

① Wikipedia:Social media[EB/OL].https://en.jinzhao.wiki/wiki/Social_media.

工具和平台。① 这里，我们看到，随着网络应用形态的不断升级，人们对社交媒体的认识逐渐深入，学者们对社交媒体的表现形态，从视作一系列互联网应用形态的"应用说"，演进到体现更具开放性、共享性、连通性的"平台说"，从中我们可以认识到，社交媒体不能仅以一系列现有应用形态的列举来定义，而应该以更加开放的视域去把握，因此我们不能把"社交媒体"简单理解为传统语境中的某一类媒介形态，代表某种介质、载体、渠道和内容形态，而应该有所拓展，将之视为一种构建的结构和自组织。

3. 组织形态说

尽管从平台的角度界定社交媒体突出反映了它的开放性，但"平台"一词较为宽泛，因此国内有研究者从社交媒体的具体性角度，界定社交媒体。田丽等人认为，"社交媒体"是以互动为基础，允许个人或组织进行生产内容的创造和交换、依附并能够建立、扩大和巩固关系网络的一种关系网络表现为一种组织形式。② 在这个界定中，社交媒体被看成一种社会组织形式而非媒体，其意义在于，作为网络社会的一种组织形式，它实现了以个人为中心、以关系网络为结构的信息聚合。当然，强调社交媒体是一种组织形式，并非要忽略其作为内容生产与交换的功能，因为在社交媒体中，形成和维系人们关系网络的纽带很多时候是内容。

在此基础上，笔者认为，理解社交媒体的关键，是将传播嵌入人的关系中，不同类型的社交媒体与现实社会形成了或紧密或松散或虚拟的联系，不同的应用和平台编织了不同的以人作为传播节点的关系，人们在其中进行创作、协作、互动。传播的基础是"关系"，打破了自上而下的信息生产方式，创造了新的传播渠道。人际传播研究和社会网络研究为社交媒体中的关系理论提供了理论借鉴。

因此，基于目前社交媒体的应用和传播特点，以及本书将"社交媒体"作为环境视域的研究视角，我们将"社交媒体"定义为，互联网上基于用户社会关系

---

① 百度百科. 社交媒体 [EB/OL]. https：//baike. baidu. com/item/%E7%A4%BE%E4%BA%A4%E5%AA%92%E4%BD %93/1085698? fr=aladdin.

② 田丽，胡璇. 社会化媒体概念的起源与发展[J]. 新闻与写作，2013(9)：27-29.

进行内容生产与交换，并依此形成广泛互动，建立、扩大和巩固关系网络的在线社会网络形态。

在这里，我们需要对"社交媒体"与"社会化媒体"两种概念进行辨析。当前在国内学界，用"社会化媒体"一词并不在少数。清华大学教授彭兰就把"social media"称为"社会化媒体"，指出"社会化"与"社交"相比，更具规模性和影响力，而且是"互联网上给予用户社会关系的内容生产与交换平台"①。

但是"社会化"除了具有"关系联结、个体联结"的含义，作为一个社会学用语，它更多指的是个人人格与社会团体的关系问题，即在社会规训作用下个人融入社会的过程。《辞海》关于"社会化"的解释是："指经过个体与社会环境的相互作用而实现的发展自我、改变自我的过程。"因此，"社会化"强调的是规训、引导、秩序，这与我们所说的互联网本质以及强调互动、参与、自主的新型网络传播生态，是存在意义冲突的。因此，我们认为，用"社交媒体"来描述"social media"比用"社会化媒体"更贴切。

除此之外，很多人对"社交媒体"和"新媒体"的认识也存在模糊之处，认为"社交媒体"就是"新媒体"，并无单独研究的价值。"新媒体"一词自 20 世纪 80 年代以来被长期广泛使用，但其定义也最难界定。作为一个较为模糊的相对概念，"新媒体"经历了一个漫长的演变过程，不同的领域、不同的阶段、不同的人，在使用这个概念时会有不同的指向。在 20 世纪 90 年代，CD-ROM 被普遍称为"新媒体"，在 Web1.0 时代，网络媒体又成了很多人眼里的新媒体，Web 2.0 兴起后，微博、微信等一些社交媒体也被称为"新媒体"，手机短信兴起后，"手机媒体"的说法又成了"新媒体"的替代词，并且随着手机通信技术进入 Web3.0 时代，明显区别于网站传播的移动客户端 APP 这种新的传播形式也成为"新媒体"。从新媒体的发展轨迹来看，在不同的发展阶段，新媒体都指向具体的技术形态和应用，它是基于数字技术、网络技术和其他现代信息技术或通信技术的，因此它是一个具有强烈技术导向的概念。除此之外，尽管每个阶段的新媒体都具有不同的技术形态，但数字化、融合性、互动性等已成为新媒体的基本特征。新媒体是一个不断变化的，并从技术、形态、特点等方面，对依托数字传播技术的

---

① 彭兰. 社会化媒体：理论与实践解析[M]. 北京：中国人民大学出版社，2015：2.

新型传播活动做出了质的规定。从这个意义上来看，社交媒体当然是新媒体，而且应该是最"新"的新媒体。

但是，这并不意味着社交媒体就是"旧酒装新瓶"，不能提供新的内容。事实上，正如法国哲学家让·鲍德里亚所说："铁路所带来的'信息'，并非它运送的煤炭或旅客，而是一种世界观、一种新的结合状态。"①我们审视一种媒体，不仅要从其外在的技术层面，还要看它内在的文化内涵，要看它是否促进了理念的革新。比如，社交媒体突出强调了"关系"，突出了"参与"，由于社交媒体所带来的社会大规模的互动，人的社会关系发生了重构，信息生产和传播机制发生了根本性变革，信息传播网络建构在了人的社会关系网络之上，人而非信息成了传播的中心，关系甚至超越内容成了信息传播系统的核心，也就是说，在社交媒体环境下的信息传播，"谁在说"及其主体关系可能比"说什么"更重要，因此，社交媒体不同于以往媒体的传播形式，它不仅作为工具和平台，而且成为一种全新的社会组织形态，推进人的社会聚合，进而影响社会结构的变化。

(二)社交媒体的基本特点

尽管对社交媒体的定义各异，但参与性、互动性、用户生产内容等特点成为普遍共识。总体来看，社交媒体主要有以下三个方面的基本特征。

1. 社交性和媒体性的统一

即社会关系和内容生产是融为一体的，从社会关系的维度看，内容生产是人们发展社会关系的重要载体和纽带，内容不再是仅仅满足人们对信息知识的认知性需求，而是在此基础上，超越了其一般化、公共化层面的意义，具有了群体互动层面的意义，人们通过内容生产和信息传播巩固现实关系，发展潜在关系，形成人的社会聚合。从内容生产的角度来看，人们对社会关系的需求促进了内容生产，美国学者克莱·舍基指出："当我们使用网络时，最重要的是我们获得了与

---

① [法]让·鲍德里亚. 消费社会[M]. 刘成富，全志刚，译. 南京：南京大学出版社，2014：132.

他人联系的借口。我们想和别人联系在一起……可以通过使用社交媒体来满足它。"①社交媒体成为网络社会实现个体连接的重要渠道。事实上，当人们选择进入社交媒体，就意味着他进入了一个社交的场域，被卷入"关系"之中，有意识或者无意识地就会"代入"他人的眼光去期待和看待自己所生产的内容，这种来自社交的需要激发了人们对内容生产的强烈欲望。因此可以看到，社交媒体环境下的信息传播渠道和社会关系渠道是相辅相成、互为表里、融为一体的，社交媒体开启了人本传播模式。

2. 用户成为主体

也就是说，在社交媒体平台上，正是每个人被赋予了创造和传播内容的能力，因此社交媒体平台的主体是用户，而不是平台管理者、运营者。用户生产内容(UGC)是用户主体性的重要表现，即信息生产的主体是用户，同时，由于社交媒体的分发功能，信息接收者也从被动的受众转变为主动的用户，所以无论是在传授关系、生产关系上，还是在消费关系上，社交媒体消解了传者和受者、信息生产的"专业"与"业余"、信息生产者和消费者之间的区隔，让用户成为唯一主体，广大用户用集体智慧和力量创造了当前的社交媒体生态，主导了互联网体系。从这意义上说，门户网站是排除在社交媒体之外的，虽然门户网站也有与用户的互动入口，比如说，新闻后面的跟帖，但门户网站的内容生产包括活动，其主导是编辑，包括是否开放评论等功能，是由网站编辑来决定的，因此，从基本组织架构上来看，门户网站并不是社交媒体。

3. 大众性

社交媒体还具有"大众性"的特点，它主要表现在三个方面：一是用户参与的大众性；二是内容生产的大众性；三是社会交往的大众性。用户参与的大众性，指的是社交媒体对用户使用和参与不设任何门槛，只要用户具有一部能使用社交媒体的技术终端，都可以成为社交媒体的用户，对用户的能力水平、职业身

---

① [美]克莱·舍基. 认知盈余：自由时间的力量[M]. 胡泳，哈丽丝，译. 北京：中国人民大学出版社，2012：18.

份等没有任何要求，社交媒体因此拥有了超大规模的用户基础。从这个意义上说，中国当时的博客并不能算作社交媒体，因为在博客时代，只有具备了一定的写作能力和电脑操作水平的人才能成为博主，使用博客的人群带有强烈的精英色彩。内容生产的大众性，是指社交媒体上既存在着宏大叙事，但更多的是普通用户的"家长里短""鸡毛蒜皮"，这些无数的信息碎片共同构成了社交媒体的内容生态。社会交往的大众性，则是指社交媒体赋予了每个人寻求连接、重塑关系的权利，任何两个用户之间都可以被连接，我们可以和最喜欢的网络主播发出实时对话，也可以和某个网络大V进行观点碰撞，社交媒体让社会交往和关系连接变得日常，变得普遍和唾手可得，强化了六度分割的"小世界"理论。事实上，正是社交媒体的"大众性"特点，才促使社交媒体超越了一般媒体的工具和平台属性，成为当前重要的社会组织方式，影响了社会的发展变革。

(三)社交媒体的发展演变

社交媒体是信息技术演进的产物，信息技术是社交媒体发展演变的持续动力。社交媒体应用的灵魂是互动，因此以计算机为中介的网络互动技术曾在过去深刻影响了社交媒体的演变过程。事实上，虽然"社交媒体"这一概念被提出来是在2007年，但有关社交媒体的理念在20世纪70年代就已出现，当时互联网刚诞生不久，一个名为Usenet的分散性讨论系统建立，主要功能就是给人们提供一个个讨论组，任何用户都可以围绕特定话题聚集在一起发帖或者回复，这种网络结构不存在中心节点，呈现"分布式"结构。之后随着网络互动技术的不断推陈出新，更多的网络互动工具或应用被开发出来，社交媒体因此取得了长足的发展。具体来说，中国社交媒体的发展大体可分为以下四个主要阶段：

(1)沙龙式交流的BBS社交时代

随着1994年中国引入互联网，中国第一个论坛——曙光BBS成立。BBS是一种基于话题进行讨论、实现群体聚合的点对面的交流方式，在论坛里，普通民众可以围绕一个话题和陌生人进行互动，可以回复他人的留言，因此BBS诞生的最大意义在于，它打破了过去单向大众传播的模式，改变了人们只能被动接收信息的行为，让人们第一次有了双向互动交流的空间，也让人们有了新的群体聚集和信息聚合方式。

(2)超越时空的一对一交流的 SNS 社交时代

尽管 BBS 为人们打开了一种较以往完全不同的交互局面，但它仍然是基于WWW 技术的门户网站模式，在 Web 2.0 和其他技术的推动下，"关注个人"的理念被越来越多人所接受，于是，一种与以往"大众门户"完全不同的"个人门户"的模式出现了，其标志性事件就是 Facebook(脸书)的诞生。2004 年，哈佛大学的马克·扎克伯格创建了这种基于现实身份进行交流的平台，在这个平台上，人们通过在 Facebook 上的个人账号建立自己的"个人门户"，并通过朋友去联系朋友的朋友，从而构建自己的朋友圈，每个人的朋友圈相互交织，从而扩展成了一个巨大的联系网络，所以 Facebook 的出现实现了超越时空的一对一的实时交互模式，并有效印证了"六度分割理论"。随着国际社交网络影响的发展，腾讯2005 年开发的 QQ 风靡国内，随后 QQ 空间、人人网、开心网等一系列中国社交网络产品相继出现，开启了中国社交网络的大幕。在这一阶段，人们的社交方式发生了较大转型，人们依托 SNS 和即时通信工具使社交的广度、深度都得到了提升，同时社交内容不再拘泥于严肃话题，更多的是关于个人日常生活的细碎分享，人与人之间基于信息传播的社会关系网络逐渐清晰。

(3)万众皆媒的微信息社交时代

随着移动互联网时代的到来，社交媒体的发展进入了新时空。2006 年，美国发布了 Twitter(推特)的第一个正式版本。2009 年，新浪推出了新浪微博。相比于 SNS，微博有相似的用户之间的关系结构，但也有不同，那就是微博更加注重内容的传播，而非用户单纯的社交，是一种以内容为纽带的社会网络连接，社交媒体的媒体属性、"媒体偏向"在微博中得到强化，也正因为这一点，微博被看成是一种社交化的大众传播平台，具有传播的实时化、以个体为节点的传播结构、传播内容的微型化和碎片化、信息传播与社交有机结合等特点，是一种与传统大众传播模式不同的微传播，作为社会公共信息系统、公共沟通系统、社会生态系统和社会动员系统发挥着越来越重要的作用。

与此同时，嫁接在 QQ 和手机联系人之上、搭上移动社交"早班车"的微信爆火。相比 SNS、微博，微信因即时通信和强社交关系等功能，营造出更加多元的社交手段和社交圈，迎合了人们更多的社交需求，同时，微信群、朋友圈、微信公众号的复合出现，让人际传播、群体传播、大众传播三个层次的传播聚合起来，实现了无缝连接、全面贯通。事实上，在微信或者微博中，每个个体或者机构是网络中的一个节点，每个节点同时扮演着信息的接受者、传播者和生产者的三重角色，构成了一个传播中心。在这种传播模式中，节点与节点之间的社会关系网络成为信息流动的主要渠道，社交和分享成为内容生产和传播的动力，社交关系网络成为信息的个性化筛选网络，"以人为媒""万众皆媒"的时代已经到来。

(4)万物皆媒的泛社交时代

随着社交媒体发展，越来越多的网络应用接入社交功能，"社交"思维正在变得越来越普及，无社交不传播、泛社交正在成为趋势，社交功能逐渐成为各种网络应用的标配。当前的垂直社交网络应用，如滴滴打车、网易云音乐、游戏等，正是在某种应用场景下满足用户某方面需求的基础上，加入评论、分享、动态等社交功能，以便聚合用户的社交行为，实现更好的连接。而二维码的出现，让连接变得更加轻而易举，不仅如此，语音识别、指纹、眼纹都可以作为接入的产品，这一切进一步拓展了社交媒体的边界，万物皆媒的社交媒体时代即将到来。

(四)社交媒体的时代价值

从工业革命开始，人类不断致力于发明和创造各种新的技术和手段，目的就是以最快的速度把最多的信息传递给更多的人。① 随着数字技术、信息技术的飞速发展，社交媒体不仅改变了旧有的信息传播方式，还重塑了新的媒介生态和传播格局。事实上，社交媒体本身已跨越了媒介形态的界限，改变了人们的生产活动、生活社交以及思维方式，同时也全面渗入世界的政治、经济、文化、科技等各个领域，成为推动人类社会发展和秩序构建的重要力量。

(1)影响了社会发展变革

媒体是社会的连接组织②。经历了农业社会和工业社会后，人类社会进入了

---

① 孙皖宁. 传播学研究中的仪式派——暨叙事文文体分析法介绍[J]. 新闻与传播研究，1994(4)：79-83.

② [美]克莱·舍基. 认知盈余：自由时间的力量[M]. 胡泳，哈丽丝，译. 北京：中国人民大学出版社，2012：59.

信息社会。社交媒体作为信息社会这种新兴社会形态中最具革命性意义的一部分，它的普及将推动人类社会结构的重组，对人类社会现有的政治、经济、文化等各个领域产生新的变革。国际上，从 2008 年美国总统大选，到突尼斯、埃及发生"茉莉花革命"，再到特朗普赢得 2025 年美国大选，世界真正感受到了以 Twitter、Facebook、YouTUbe 为代表的社交媒体贯穿始终的巨大影响力。放眼世界，新媒体已经成为世界政治较量的重要因素，成为社会公众参政议政的重要平台，成为各国领导者了解社情民意的重要手段，在社交媒体上进行网络动员、网络审判拷问以及网络聚集围观已经成为常态。人民网舆情监测室报告显示，社交媒体平台是舆情发生的主要信息源及舆情发酵的关键渠道[①]。社交媒体已经成为当前网络舆论形成的主渠道、网络舆情的主要承载空间，催生着新兴公共领域的出现，带来新的话语权力格局，在强化"意见领袖"个体权力的同时，削弱了主流话语权力优势，增加了草根话语权力向话语权力中心转化的机会。总之，社交媒体已经成为中国意见环境的重要组成部分，深刻影响社会意见的走向，也给社会组织管理带来了巨大挑战。与此同时，在经济层面，从宏观上看，以互联网产业为核心，逐步形成了包括媒体业、IT 业等在内的较完整的社交媒体产业链和产业体系，成为国民经济的有机组成部分，推动了文化创意产业的发展，潜力空间巨大。从微观上看，社交媒体给企业的营销影响是深远的，从依靠媒体到依靠企业自行搭建的关系平台，从"隔空喊话"到和用户之间"零距离对话"，从大众化广告到个性化营销，从促进消费到提升体验，从"二八定律"到"长尾营销"，从卖"我的产品"到创造"我们的文化"，利用社交媒体，挖掘用户的力量，让用户成为营销的参与者，深刻拓展和改变了企业的营销思维和路径。在文化方面，社交媒体的文化价值也在不断迸发之中，它有力推动了网络文化的扩张，使得网络文化从技术精英文化向大众文化扩张，从同质文化向异质文化扩张，从虚拟世界向现实世界扩张，社交媒体的文化传播和社会建设功能正在日益强大，在跨界文化交流和合作方面发挥了越来越突出的作用，极大地丰富和满足了人们的精神文化生活需求。

---

①　廖灿亮．人民网舆情监测室发布 2017 年上半年舆情分析报告（2017-07-10）［EB/OL］．［2020-10-25］．http：//yuqing．people．com．cn/n1/2017/0710/c209043-29395003．html．

（2）改变了传播格局

社交媒体是传媒变迁史上的新生代。作为 Web 2.0 时代的典型代表，作为一种具体的传播媒介，社交媒体推进了信息传播的变革与飞跃，在一定程度上重构了新的媒介生态和传播格局。一是扩张了传播渠道。在互联网进入大众传播领域早期，信息传播渠道主要以门户网站为主，但随后出现的社交媒体逐渐打破了门户网站的垄断地位，开辟了新的信息传播渠道，丰富了用户获取信息的途径，同时更加突出了用户的主体性，让用户在内容分发中发挥越来越积极的作用。社交媒体有自身独特的内容生产与传播机制，这种独特就在于，由社交网络构成的人际传播渠道，成为主要的公共信息传播渠道，实现了私人化的社交行为与公共性的信息传播行为的巧妙结合，将公共信息传播带向了社交化传播。其实，过去在大众传播没有出现之前，我们所熟悉的公共信息传播模式就是依靠人际传播，即依靠人们的社交网络，但是社交媒体的出现，并不是一种简单的"回归"，因为当前社交媒体传播的效率和社交媒体所架构的社会网络巨大的规模，是过去的人际传播所无法企及的，这种由社交媒体带来的传播革命给整个社会生活带来的冲击和影响是深远而有力的。二是改变了传播模式。在社交媒体拓展信息传播渠道的过程中，社交媒体也带来了信息传播模式的改变，那就是实现了由 Web1.0 时代的"大众门户"模式转向了 Web 2.0 时代的"个人门户"模式。如果说过去的"大众门户"模式，仍然是传统的"点对面"大众传播模式的延续，那么"个人门户"模式因由其分散型网络结构彻底改变了这种大众传播模式。在社交媒体里，现在"个人门户"大多建立在每个人的社交媒体个人账号上，一个个"个人门户"构成网络上的一个个节点，每个节点集信息生产者、接收者和传播者三重角色于一体，构成了一个个传播中心。每个节点既与外界进行双向信息交换，同时也与其他节点构建自己的社会关系，成为人们网络化生活与工作的基点。因此在"个人门户"模式的信息传播中，节点与节点间的社会关系成为信息流动的主要渠道，人们基于社交的需要而发布、分享内容，社交和互动分享成为传播的动力，因此，一个信息能否得到广泛传播，在一定程度上取决于它能否成为人们社交的话题，同时，社交关系网络作为信息传播的个性化筛选网络，成为人们获取信息的信息源和过滤器，因此从传播格局上看，社交媒体的传播模式，实现了一种去中心化，而后再中心化的过程，即对于过去的传统传播格局来说，每个传播中心都是相对平等的，这是去中心化，但"个人门户"的传播模式同样会加速网络话语权的分化，导致一些传播中心成为权力中心，导致了再中心化的过程。三是扩展了传播主体。由于传播渠道和传播模式的变化，我们可以看到，传播主体不再只是专业传媒人来担任，任何一个个体或者组织只要有社交媒体账号，都可以成为传播主体，因此这是一个"万众皆媒"的时代。而且更进一步，参与传播的主体将不再仅仅是人，机器以及万物都可以成为信息采集者，因此，可以预见的是，在不远的未来，一个"万众皆媒"的时代也将要到来。

（3）改变了人的生活方式

说起媒介与人的关系，就必须要提加拿大学者马歇尔·麦克卢汉"媒介是人的延伸"的著名论断。麦克卢汉认为，一切技术都是肉体和神经系统增加力量和速度的延伸。这就是说，当某种技术可以促进人的感觉或身体的功能具体化、可以帮助人们突破自身生理极限时，这种感觉系统就通过这种技术渠道来获得延伸，这种延伸是对人的感官、器官以及功能的放大和强化，进而帮助人超越自身的生理极限，增强人对世界的把握能力，为人们扩展出更为广阔的生存和发展空间。他在《理解媒介：人的延伸》一书中，把衣服视为是皮肤的延伸，轮子是脚的延伸，文字是口语的延伸，印刷术是文字的延伸，电子媒介是中枢神经系统的延伸。麦克卢汉在书中所说的"电子媒介"的概念，就是在当时还远远没有普及的电脑。毫无疑问，社交媒体作为电子技术、网络技术发展的媒介，是可以归为电子媒介的，也就是说，社交媒体是人类中枢神经系统的延伸。社交媒体实现了人的综合延伸。如果说广播、电视打破了人们听觉和视觉的局限，使得全世界的人们能够听到同一个声音、看到同一个事物，那么社交媒体则借其强大的传播优势，实现了人们的思想、言语、外貌、行为以及人际关系的自由传递，它所延伸的，不是上述传统媒介那样偏向某一种感官、某一种功能，而是人的整体感觉，是人作为完整社会个体的综合延伸。

第一，社交媒体是人的感官的全面延伸。虽然电影、电视将人的听觉和视觉系统聚合在了同一个媒介终端进行延伸，但是正如麦克卢汉在书中所言"电子媒介是人类中枢神经系统的延伸，其余一切媒介是个别器官的延伸"[①]，社交媒体

---

① [加]马歇尔·麦克卢汉. 理解媒介[M]. 何道宽，译. 北京：商务印书馆，2000：39.

不仅聚集了如文本、图像、动画、视频、音频等人类所发明和使用的一切媒介形式和载体，而且使得这些媒介形式能够相"交"相"融"、有序协同地处理信息，实现了多器官参与、多个感官延伸的融合。在此基础上，智能语音技术、裸眼3D技术实现了人的听觉、视觉的进一步延伸，同时，触控技术、人脸识别技术、传感技术等媒介技术则实现了人的触觉延伸、认知延伸和体感延伸，让人的整体感觉和全部器官在传播过程中得以全面延伸，使得人的体验更真实、更全面。当前的社交媒体更像是一件特别合身得体的"紧身衣"，实现了与人在感官功能上的全面匹配和综合统一。

第二，社交媒体是人的思维的全面延伸。和以往任何一种传统媒介不同的是，社交媒体具有交互性，即传统媒介实现的是人单方面的感官的延伸，而社交媒体则让媒介与人有了互动，产生了思维上的交流和反馈，实现了人与媒介的双向互动匹配，推动了媒介对人的智能延伸。技术赋予每个人"麦克风"，人们在社交媒体上通过信息传播自由表达观点，相互讨论看法，使得人们在讨论公共事务的思维方法发生了改变。同时，社交媒体巨大的存储、修改、检索等功能更像是一个巨大的资料库，使得人们对待历史的思维方式不断延伸，人们可以多角度、多维度地获取信息、分析整合信息，进而形成自己的历史判断。再者，人们在任何时间、任何地点都可以生产、接收、传播任何信息，这极大地刺激了人们的主体性思维、全球化思维和多元化思维，人们的主体性得到极大彰显，不再局限于直线思维方式，拥有更多的视角和维度去获得独立认知的机会和空间。

第三，社交媒体是人的社会关系的全面延伸。如前所述，社交媒体是以人为节点的，它的核心是连接人与人，就是以社交媒体为中介即"人—机—人"，实现人与人直接的交往。人们通过社交媒体突破亲缘、地缘、业缘等格局，去认识新的朋友，构建新的关系，或者通过社交媒体加深与朋友的联系，巩固原有的社会关系，可以说，没有哪个媒介比社交媒体更能调节人的相互作用，人们依靠社交媒体搭建自己的关系网络。一是社交媒体提升了人们交往的效率。从以往的"异步互动"到今天的"实时互动"，人与人之间的互动跨越了时空阻隔，而且未来的智能翻译等技术还可以帮助人们突破语言壁垒，为人们突破地域、国别限制的关系网扩张提供可能。二是社交媒体丰富了人们交往的维度。从早期基本依靠文本互动到如今多媒体互动完全实现，人与人连接的方式和维度得到极大丰富。

尤其是现在风靡社会的移动视频直播、问答类应用以及大众点评、淘宝等服务类应用，在场与陪伴、基于内容的供求关系的匹配、基于产品和服务的泛化匹配，都成为人们产生连接的重要思路和方式。三是社交媒体提升了人们的存在感和作用力。在社交媒体里，每个人作为网络节点的地位更加突出，人们既是传播网络的中心，每个人都可以生产、接收和传播信息，又是社会关系网络的中心，每一个人的社交媒体账号作为"个人门户"都是一个个人化的空间，不仅彰显了个人的存在感，而且为积累社会资本提供了可能。除此之外，社交媒体为人们所织就的强大的社会网络，提高了人们将个体能量转化为社会能量的能力，进而有了个体影响社会的更多可能。

二、大学生思想行为

本章的研究对象是当代"00 后"大学生，即出生于 21 世纪以后的在校大学生；研究内容是大学生思想行为特点。思想与行为既是思想政治教育研究的逻辑起点，也是思想政治教育学中最常见、最简单、最抽象的一对范畴。首先，我们来界定这对范畴。

（一）思想

1."思想"的概念

"思想"一词在日常生活和学术领域使用非常广泛，因其内涵的丰富性和外延的模糊性，具有"元概念"的特点，即和不同的词语搭配结合，会形成不同的含义，从而遮蔽了其原始意义，是一个多义性词语。从中西方对"思想"的理解来看，人们会因为选择视角不同，导致对"思想"的界定不同。《辞海》的界定是："思想是思维活动的结果，属于理性认识，亦称'观念'。人们的社会存在决定人们的思想。具有相对独立性，对社会存在具有反作用。正确的思想一旦为群众所掌握，就会变成巨大的物质力量。"[1]《中国大百科全书·哲学》把"思想"等同于

---

① 辞海［M］.上海：上海辞书出版社，2002：1580.

"观念"，是"通过概念的联系，概括地说明现象的本质和规律的理论原理，也可表现为观点的综合的理论体系"①。同样地，在《哲学大辞典》中，"思想"也被理解成"观念"，"是在实践的基础上对客观存在的反映"②。以上释义主要从认识论层面出发，将"思想"理解为观念、成果及理性认识。《不列颠百科全书》中将"thought"翻译成"思维"，指"对由体内引起的内在刺激或由环境引起的外在刺激作出的内隐的符号性反应"③。《西方哲学英汉对照词典》则把"思想"界定为"我们心中意识到的东西"④。这个释义则更倾向于日常视角。在此基础上，国内学者徐志远等人将"思想"界定为："主体对自身的社会存在及其与周围客观世界的关系的主观反映，是为了适应主体生活的需要，在社会实践中通过大脑对输入的外界信息进行整合后的产物，属于精神、意识现象的一部分。"⑤

从思想政治教育的视角，"思想"有其特定的含义。"思想政治工作学中的'思想'，是指人脑对社会经济基础和上层建筑的自觉的、能动的反映，是支配人的行为、态度的主观因素的总和，是人的思想政治素质与立场、观点、方法的表现形式。"⑥借鉴以上的界定，我们认为，"思想"是人在实践基础上对接触到的客观存在的反映和构建，是人的精神世界之所在。"思想"的表现形式主要分为思想意识和思想认识。思想意识是指感知、心理、个性品格、理想；思想认识则包括道德观、世界观、人生观、价值观等。"思想"的实质是认识主客观世界、支配人的实践活动。因此，对"思想"的探讨和考虑，一定不能离开人们所处的社会实践和历史现实，不能离开思想活动正在进行中的现实状态，当然，思想也一定是动态的、正在建构的、不断思想着的人的思想。

---

① 中国大百科全书·哲学[M]. 北京：中国大百科全书出版社，1987：833.
② 哲学大辞典[M]. 上海：上海辞书出版社，2007：61.
③ 不列颠百科全书[M]. 北京：中国大百科全书出版社，1999：43.
④ [英]尼古拉斯·布宁. 西方哲学英汉对照辞典[M]. 王柯平，江怡，余纪元，等译. 北京：人民出版社，2001：1000.
⑤ 徐志远，宾培英. 思想与行为应是现代思想政治教育学的逻辑起点[J]. 当代教育论坛(学科教育研究)，2007(11)：53-57.
⑥ 易仲屏. 思想与行为：思想政治工作学的基本范畴[J]. 思想政治工作研究，1991(6)：23.

2. "思想"的结构

"思想"生成既有外在结构也有内在结构。高新民教授等人对"思想"生成的外在结构做出解释:"人的意识,不论是高级的理智活动还是低级的感知活动,要作为活动、作为过程表现出来,总离不开一定的关系、离不开相互作用。在这种关系网中,至少要有主体、客体和环境以及一些中介环节。"①"思想"生成也有其独特的内在机构和运行方式。马克思认为人具有自我二重性能力,即人们不仅可以在外部环境中认识自身,而且也能将自我及自我认识作为认识的对象,这使得人们在头脑中不仅可以对经验世界里的事物进行建构,同时也能够进行超验地、形而上地建构,因此,思想生成是充满层次性的复杂过程。而从人作为一个鲜活生动的生命存在来看,人有自己的情感、兴趣、动机、意志,有追求自我本质力量展示与呈现的本能和目标,充满了能动性,这是人主体性的体现。基于以上分析,我们可以把人的思想内在结构分成"知"、"情"、"意"三部分有机联系的要素,而"行"是作为三部分要素联动发生作用的外在表现,影响并调整思想的内在结构运动。关于"行"的部分,我们将在下一节详细论述。

知,主要指认知,是人对自然、社会与自身的理解与认识,它既是对经验知识的获得,也是对规律的把握和事物的判断。"求知是人的本性"②。人们求知的内驱力来自人自身的内在欲求,马克思指出,"任何人如果不同时为了自己的某种需要和为了这种需要的器官做事,他就什么也不能做"③。在思想内在结构中,"知"处于基础且核心的位置,没有正确的认知,就会影响人们对规律的把握和事物的判断,"知"对于"情"和"意"具有一定的决定作用,相反,也会受到"情"和"意"的影响。

情,主要指情绪情感,是人们对所认知的事物、实践的活动等的态度、体验和感知,是一种让人自身能够感觉到和体验到的精神状态。人的情绪情感,有积极与消极之分。积极的情绪情感可激发人们的认知兴趣和潜能,坚定人们的信心

---

① 高新民,殷筱. 马克思主义意识论阐释的几个问题[J]. 哲学研究,2006(11):16-22,128.

② 亚里士多德. 形而上学[M]. 吴寿彭,译. 北京:商务印书馆,2017:1.

③ 马克思恩格斯全集(第3卷)[M]. 北京:人民出版社,1960:286.

与希望；而消极的情绪情感，则会对人的认知兴趣和能力、意志和信心起到抑制作用。人的情绪情感也是丰富的，我们常常可以感知到喜、怒、哀、乐、爱、恨等，这些情绪情感的发生都与人们的内在需要、外在行为选择密切相关。不同的情绪情感会使人们在看待事物、开展实践活动中产生一定的倾向性或者意向性，使人们形成不同的偏好机制。比如，人们如果喜欢某一项活动，就会积极参加，反之则会表现出消极态度。因此，"情"作为人们思想内在结构的重要因素，直接影响人们的认知、意志和行为选择。

意，主要指意志，是人们从事实践活动的推动和支撑力量，具有自觉性、持久性和目的性的特点。意志有坚定和薄弱之分。坚强的意志可以让人拥有自觉克服困难、排除障碍的毅力和勇气，激发自我的斗志和潜力，形成坚定信心、坚韧不拔的精神，让人具有理性选择、自我调控的能力；而薄弱的意志，则会让人失去坚持的力量，更容易在困难面前低头，形成消沉的精神状态。值得一提的是，信念在意志因素中占有重要的地位，决定着意志的坚定与薄弱。人的认识，在经过人的理性和人生经验过滤后，转化成信念，因此信念是一种被个体深刻理解和情感充分肯定的认识，成为人们的真诚信仰。总体来看，"意"的因素，既会受到认知和情感的影响，同时也会调控人的认知和情感，是人的意图、动机形成的执行因素，对个体行为具有重要的驱动和指导作用。

在人的思想内在结构中，"知""情""意"三因素相互联系和渗透、促进和制约，你中有我，我中有你，三者交融共建，才会有闪耀着人性光芒的思想的产生。而对于思想来说，其外在因素就是个体所处的社会环境。"总是在客观上受到历史状况的限制，在主观上受到得出该思想映像的人的肉体状况和精神状况的限制"①。这就是说，人的思想的形成与发展，是在一定的社会环境和物质条件等客观外界条件和人的生理、心理等主观内部因素的交互作用中产生、形成和发展。

3."思想"的特点

"对于物质的每一种运动形式，必须注意它和其他各种运动形式的共同点。

---

① 马克思恩格斯选集(第3卷)［M］．北京：人民出版社，2012：412.

但是，尤其重要的，成为我们认识事物的基础的东西，则是必须注意它的特殊点，注意它和其他运动形式的质的区别。只有注意了这一点，才有可能区别事物。任何运动形式，其内部都包含着本身特殊的矛盾。"①作为思想政治教育学中的重要基石，对"思想"的解读和研究是本书的基础性工作。前面我们对"思想"的概念和结构进行了探讨，下面我们将从以下三个方面分析其特点。

（1）思想是"主"与"客"的统一。这里说的是思想的主观能动性和客观可塑性。每个人作为个体所具有的主观能动性和特殊性，决定人的思想具有主观能动性，具体表现在以下三个方面：一是思想的主体性。人的思想无法脱离主体存在，作为人脑对于客观事物的主观反映，任何思想都不单纯是外部事物的本质和规律的反映，就像"一千个读者心中有一千个哈姆雷特"，它经由了人的创造加工，就必然会打上主体烙印，反映了人的主体需要和利益，以至于当我们遭遇同一个环境、面对同一个事物时，可能会产生完全不一样的认识，作出完全不一样判断和选择。影响人的思想的主观因素有很多，比如我们的性格气质、道德水准、过往遭遇等。二是思想的能动性。这体现在思想是行为的先导，思想可以对人们的生产生活、社会交往等实践活动产生支配、指导、改造等作用。不仅如此，受需要和动机的影响，随着现实世界的发展变化，思想也能自觉主动地激励和鼓励人们去认识新的事物，认识客观世界。三是思想的排他性。人的思想的形成是一个充满判断和识别、斗争和选择的过程，任何一个思想的确立，都是与其他相悖思想博弈和斗争的结果，即正确思想的形成和发展，离不开与错误思想的冲突与斗争。不过，一旦正确思想确立下来，人们就会自觉否定和排斥错误思想，从而巩固和发展已经形成的正确思想。思想的排他性，也是主体进行价值判断的结果。思想作为人脑的最高产物，不仅有主观性的一面，还具有客观性。"观念的东西不外是移入人的头脑并在人的头脑中改造过的物质的东西而已。"②马克思主义哲学的一大贡献正是揭示了思想的客观性。从表面上看，每个人的思想都是自己建构的结果，因而形式上具有主观性。但从内容上看，思想都是主体通过实践活动从客观世界获得的反映，思想的"原料"来自客观世界，因此具有

---

① 毛泽东选集（第 1 卷）［M］．北京：人民出版社：1991：308．
② 马克思恩格斯选集（第 2 卷）［M］．北京：人民出版社，2012：93．

客观性。具体表现在，一是思想的可塑性。世界处于不断发展变化着，作为对客观世界的反映，思想也处于一个不断发展变化的过程。"而发展着自己的物质生产和物质交往的人们，在改变自己的这个现实的同时也改变着自己的思维和思维的产物。"①这就是说，人的思想能在外界条件的作用下发生变化，或者说，人的思想发生变化的物质条件是客观环境的变化，这体现了思想的可变性。所谓近墨者黑，近朱者赤，如果想改造一个人的思想，就必须要为其创设一个好的环境，同时也不能脱离人的身心发展规律，每个人的发展都是外在的环境、教育和身心等共同作用的结果。思想的可塑性为我们开展思想政治教育提供了重要依据。二是思想的时代性。思想的客观性赋予了思想的时代性，就像恩格斯所说，"历史从哪里开始，思想进程也应当从哪里开始"②。"每一时代的理论思维，包括我们这个时代的理论思维，都是一种历史产物，它在不同的时代具有完全不同的形式，同时具有完全不同的内容。因此，关于思维的科学，也和其他各门科学一样，是一种历史的科学，是关于人的思维的历史发展的科学。"③每一个时代，都有其特定的思想，也就是说，任何一种思想都受制于当时经济社会发展条件，都被打上了所处时代的烙印，它也无法突破时代所赋予的局限，同时，思想的局限性让人无法脱离自己所处的现实条件、规则规范以及人自身需求的满足，这可以理解为时代的有限性。它告诉我们，对大学生开展教育引导工作，必须要面向时代和现实，准确把握新时代条件下大学生的鲜明特征。

(2)思想是"内"与"外"的统一。这里说的是思想的内隐性和外显型。和外在环境的可看、可观、可触、可感等特点相比，思想是内在的，是不可看、不可观、不可触、不可感的，它的产生和变化过程，我们不可能用肉眼去观察，只能通过推测和想象。所以我们说，思想以一种隐性的方式存在于人的大脑中，不易被察觉和感知，同样，我们对于思想的认识，也是不易被感知的，这也说明了为什么思想领域是自人类诞生以来了解和认识最少的领域之一。思想的内隐性，体现在思想表现形式的间接性和思想内容的隐蔽性。思想表现形式的间接性，是指

---

① 马克思恩格斯选集(第1卷)[M]. 北京：人民出版社，2012：152.

② 马克思恩格斯选集(第2卷)[M]. 北京：人民出版社，2012：14.

③ 马克思恩格斯选集(第2卷)[M]. 北京：人民出版社，2012：873-874.

人的思想只能通过人的语言、行动等外在表现形式来反映和捕捉，人的语言、行动可以直接观察，但很多时候，他们表现本质，却又不完全等同于本质，这就是说，人的言行和思想是有差异的，我们所能观察到的人的言行，可能只能反映某一方面、某一部分、某一时刻的思想，并不代表思想的全部、思想的本质，甚至是由于外在和内在各种因素的影响，言行和思想之间是相悖的。而思想内容的隐蔽性，是指如果一个人没有向外传递信息，人们就无法察觉到他的思想，那么其思想对于别人来说，则处于暂时隐蔽的状态。所以，想要精准把握一个人的思想，需要通过不同的场合、环节、时期进行多方面、多角度、长时间的观察和接触。但从另外一个方面说，尽管思想的生成过程和表现形式具有间接性和隐蔽性，但这种内隐性是相对的，就其本质来说，从长远、整体来看，其外显性才是绝对的。因为一个人总要有情绪表达、实践活动、社会交往，作为一切社会关系的总和，人一旦生成思想，总会通过一定的形式表露出来。只不过人们通过情绪、情感、语言和行动表露出来的思想与人内在的思想可能不相一致，但既然有所显露，就不可能不留下蛛丝马迹，这样我们就有了进一步探索和认识思想的可能。比如，当一个人没有达到理想的目标时，内心比较沮丧失望，但碍于面子，并不想在他人面前显得脆弱，所以会尽力克制住悲伤情绪，强颜欢笑。但这并不代表他不在亲近的人面前倾诉，或者他可能不会直接表露，但有可能间接释放出信号，或者他可能只是表露一部分失望情绪，并不会袒露全部，再或者他此刻不表露，并不代表下一刻不表露。总之，人的思想总会通过一些渠道显现出来，进而被人察觉和感知。作为一名思政工作者，准确把握对象的思想脉搏是提高工作针对性和实效性的关键前提，鉴于思想的内隐性，想要精准了解学生的所思所想并不那么容易，但只要我们时时处处留意，用心观察、用情感知、用智引导，就一定能走到学生的心中，获得学生的认可和肯定。

（3）思想是"变"与"不变"的统一。前面我们探讨了思想的客观性，作为客观事物的能动反映，我们知道，思想必然会受到客观事物的制约和决定，但思想一旦形成，就会具有相对的稳定性，这是思想的"不变"，即某种思想一旦在人们的头脑中扎下根来，就会在较长时间内保持恒定。相反，如果人的思想瞬息变化，今天的认识是这样的，明天的认识又是那样的，思想就会变得不可控而失去引导的价值，也会让人们认识思想和研究思想的工作变得几乎不可能，所以思想的稳定性，对于人们接受和固化思想、利用先进思想改造世界就具有积极的意义。从个人和社会发展的现实境况来看，思想常常表现出一定的"不同步性"，表现为"滞后性"和"超前性"。比如，尽管现在我们处于社会主义发展阶段，但如"重男轻女"等封建社会的一些落后思想仍很顽固，也就是说，社会发展了，思想还停留在原来的水平。但也有相反的情况，比如，每个时代都有一些深刻的思想家，他们能够通过科学的分析和推测，预测社会发展的趋势，预见未来社会的样态，继而推出能够推动当下社会发展的思想，这样的思想就充满了"超前性"。当然，思想的稳定性不是绝对的，从思想永续发展的过程来看，这种稳定性是一个阶段或者一个时期的稳定，是相对的。思想的"变"反映在思想的流动性上。"而思想进程的进一步发展不过是历史过程在抽象的、理论上前后一贯的形式上的反映；这种反映是经过修正的，是按照现实的历史过程本身的规律修正的。"①从纵向历史的角度看，思想就是经历了在不同历史时期对不同民族、不同政党、不同人民的思想的扬弃，实现了从过去到现在再到未来的不断流动的连续的过程，每一种思想都蕴含着前人的灼见，也有后人的创造，体现了人的发展的共同结晶。从横向空间的角度来讲，思想的流动性表现为人与人、本民族与其他民族之间的交往互动，正如英国作家萧伯纳所说，"假如你手中有一只苹果，我手中有一只苹果，彼此交换一下，那么你我手中仍是各有一只苹果；但倘若我有一种思想，你有一种思想，彼此交流这些思想，那么，每人将各有两种思想"。正是思想的可传递性，使得思想可以相互吸收借鉴，让人们能够接受外来的思想，丰富自己的思想，推动思想在人与人之间流动。当然，这也有赖于思想的恒值性，就是说，思想借助语言、文字、表情、报纸等载体来传递，传递前后思想的价值并没有减弱，无论是先进的还是落后的思想。思想的"变"与"不变"告诉我们，既要做好先进思想的加固工作，又要敢于打破落后思想的定势；既要鼓励先进思想的吸收传递，又要防止落后思想的四处传播。总之，取其精华，去其糟粕，用人类优秀思想武装大脑，在学生中传播积极向上的思想，是我们作为思政教育工作者的重要任务。

---

① 马克思恩格斯选集(第2卷)[M].北京：人民出版社，2012：14.

(二)行为

1."行为"的概念

在《辞海》中,"行为"被界定为:"在心理学上泛指有机体外现的活动、动作、运动、反应或行动。"①《现代汉语词典》的定义是:"受思想支配而表现出来的活动。"②毫无疑问,每个人都不是生活在真空中,都要接受外部或大或小的刺激,人们对这种外界环境刺激所作出的反应,就是我们常说的行为。影响行为的因素可分为内部因素和外部因素。从内部因素来看,人的行为依赖于人的生理基础。比如说一个人感觉到冷了,就可能会做出避寒取暖的动作;一个人饿了,就有做出寻求食物充饥的行为。但人的行为又不仅仅受制于生理基础,就如恩格斯所说,"他的行动的一切动力,都一定要通过他的头脑,一定要转变为他的意志的动机,才能使他行动起来"③。这就是说,人的行为还会受到情绪、动机、需要、价值观、意志等心理因素主要是思想部分的影响,比如,刚才所举的例子中,如果是一名哨所的值班士兵,尽管天寒地冻,但他可能并不会做出避寒取暖的行为;正在教室上课的老师,即便饥肠辘辘,恐怕也要坚持把课上完。行为是人的生理、心理相互作用的结果。除此之外,人们的行为还会受到外部因素的影响,这包括自然环境和社会环境。人们时刻会受到所处环境的影响,宿舍环境、家庭环境、校园环境、网络环境等,都会对人的行为产生不同程度的影响,尤其是诸如法律、道德、纪律等社会规范,更是对人的行为塑造发挥了重要作用。总之,人的行为是复杂的,它是内外因素相互作用的产物和表现。

作为思想政治教育的基本范畴,行为既有其一般的属性,也有其特定的含义,借鉴以上界定,考虑到思想政治教育中思想与行为的关系,本书所指的行为是一种思想实践行为,即是在思想驱动下的具体实践活动,是人与环境(更多是社会环境)相互作用的产物和表现,具有较强的政治性。思想政治教育工作最终

---

① 辞海(中)[M].上海:上海辞书出版社,1999:2250.
② 现代汉语小词典[M].北京:商务印书馆,2007:849.
③ 马克思恩格斯选集(第4卷)[M].北京:人民出版社,2012:258.

的成效，正是反映在人们的行为中。

2. "行为"的特点

在前述的基础上，作为有目的、有意识的活动，人的行为呈现出以下特点：

一是目的性。正如马克思在《资本论》中所说："蜜蜂建筑蜂房的本领使人间的许多建筑师感到惭愧。但是，最蹩脚的建筑师从一开始就比最灵巧的蜜蜂高明的地方，是他在用蜂蜡建筑蜂房以前，已经在自己的头脑中把它建成了。劳动过程结束时得到的结果，在这个过程开始时就已经在劳动者的表象中存在着，即已经观念地存在着。"①可见，人的行为之所以不同于动物，就在于人的行为是有意识的、有目的的，而非盲目的。人在做任何事情时，都是目的先行、目标导向的，从来不存在没有目标的行为。人在具体从事某种行为之前，一定会有某种刺激引发带来的起因，并且会对行为将要解决什么问题进行设计，而后会形成明确的行为目标，人就是带着明确的目标展开行动的，所以人的任何行动都不是偶然的，也不是漫无目的的。即便有的行为看起来不合理，但如果我们从当事人的角度去真正了解他的动机和需要，就会发现，对行为主体来说，这种行为是合乎目的的。另外，即便有的人并没有意识到自己的行为目的性，比如说人有时候是在漫无目的的做事，但这种行为依旧和动物本能的行为不同，仍然会受到行为主体思想的支配。从这个意义上讲，人的行为就其行为主体来说，都是有意义的活动。

二是自主性。人是行为的主体，这就是说，人在社会中的活动是能动的，而不是被动的，这反映了人高级性的一面。如思想一样，人的行为会受到外部环境的影响和制约，比如人会收到外界的指令、要求等，这些外力可能会影响人的行为状态，但不能发动主体行为，也就是，人产生某种行为，一定是自主自觉的，其内在动力在于人本身。在长期的实践过程中，人们逐渐掌握事物形成、发展的本质与规律，在改造世界的过程中，人们会根据这些规律去主动调整自身行为，以使人们的行为符合社会的要求。由此可知，对人的行为的塑造和调整，要真正能够调动并引发主体内在的需要和动机，才能引发主体的有效行为。

---

① 马克思恩格斯选集(第2卷)[M]. 北京：人民出版社，2012：169-170.

三是社会性。"人的本质不是单个人所固有的抽象物，在其现实性上，它是一切社会关系的总和"①，这句话就是说，作为社会性动物，人始终生活在社会环境中，处于一定的社会关系中，所以人的任何一个行为只有在社会性的视域下才能解释。人的社会性，反映了人不自由的一面，即人会受到他人和社会的影响和制约。比如，高校学生处于室友关系中，就要遵守寝室制定的如作息、卫生等方面的行为公约；行业从业人员处于一定的生产关系中，就要遵守所在公司的规定和行业规约；我们每个社会成员，都要共同遵守社会规律、道德规约等。我们处在多种社会关系中，如家庭关系、生产关系、政治关系等，既在其中形塑自身行为，又在其中与他人、集体、社会相互协调、相互制约，维护社会的和谐稳定。

四是一贯性。由上可知，个体行为产生的内在动力，在于人的动机、需要、个性、价值观等思想层面，人的思想具有相对稳定性，因此人的行为也会呈现稳定性。表现在：一方面，一个人如果在一种情境下发生某种行为，那么当这种情境再现时，相同的行为仍会出现，表现为我们常说的"习惯"，这为我们预测和引导人的行为提供了基础；另一方面，前面我们说过，人的行为具有目标性，那么当一个人的目标还未实现之前，行为就会一直持续发生，可能在这个过程中，行为方式会发生改变，外显行为会变为潜在行为，行为方向也可能会有所调整，"曲线救国"就是人们常用的策略，但它不会终止，只要需要还没有被满足，人们就总会朝着满足需要的目标推进，这也是人类社会之所以能够不断向前发展的根本动力。

五是可塑性。人的行为在短期内表现出相对的稳定性，但从长期来看，人的需求、动机、情感、价值观会相应地发生变化。比如，人在青春期和中年期，很多需求、动机和价值观等都会有所变化和调整，那么行为也会随之做出调整，我们常说的"士别三日，当刮目相看"，就是描述行为的可变性。人们行为的可变性、可塑性，正是我们开展教育工作的基本条件，尤其处于青春期的学生，情绪起伏比较大，行为变化不仅快，而且大，因此这个阶段的可塑性最大，这就要求我们一定要抓好青少年的教育引导工作。

---

① 马克思恩格斯选集(第1卷)[M].北京：人民出版社，2012：1.

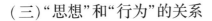

(三)"思想"和"行为"的关系

作为一对基本范畴,"思想"与"行为"两者之间,你不是我,我不是你,但你中有我,我中有你,既对立统一,又不可分割。

1. 思想与行为的对立性

思想与行为的对立性,体现在以下三点:一是思想是一种精神现象,是人脑的产物;而行为则表现为一种物质运动,是人的机体的活动。二是思想是内隐的,它在人的"黑箱"里形成和发展,肉眼无法观测,是不可见的;行为则不然,行为是外显的,也是可见的。一虚一实,可见其区别。三是两者地位有所不同。思想是支配人们行为的源泉,思想占支配地位;行为处于被支配地位。思想在先,行为在后。因此,思想决定行为,有什么样的思想,就会产生什么样的行为。感觉、动机、意志等思想层面不可见的差异,反映在行为上,就会有积极与消极、正确与错误、进步与落后之分。思想支配行为是在需要、愿望、动机、意志等几个环节共同作用下来实现的,我们研究思想政治教育规律,首先要探寻思想支配行为的活动规律,因为我们的根本任务,就是引导人们实现从思想政治品德认识到思想政治品德行为的转变。

2. 思想与行为的统一性

"知是行之主意,行是知之功夫;知是行之始,行是知之成"①,即知行合一,思想与行为相互转化。思想与行为之间更多地表现为一种不可分割的统一性,两者之间相互联系、相互作用、相互制约、相互转化。具体来说,一是思想与行为的闭环性。思想与行为通过客观世界形成一个闭环,统一于客观世界。一方面,人们通过感觉系统感知和认知世界,形成对客观世界的能动反映,逐步认识和掌握客观事物的运行规律,实现人们对客观世界的理性认识;另一方面,人们用这种对客观世界的理性认识指导自己的行为,再通过行为作用于客观世界,进而改造客观世界。当然客观世界也会对人的行为产生反作用,形成新的思想,

---

① 王阳明. 传习录[M]. 北京:中国画报出版社,2013:95.

产生新的改造客观世界的行为，如此循环往复。思想与行为经由客观世界形成了一个闭环回路，体现了其间千丝万缕的紧密联系。这里值得一提的是，人的感觉和认识事物的过程越来越依赖当前的传播媒介，应加强社交媒体等传播媒介对人的思想与行为的影响。二是思想与行为相互作用。思想是行为的先导，思想决定行为，是行为产生的源泉。同时，行为影响思想，是对思想的深化和完善，有什么样的思想就会有什么样的行为，同样，有什么样的行为也会反作用于什么样的思想，一个人积极努力，不断实现自己的目标追求，就会容易使人形成积极态度，形成对思想的正向影响，反之亦然。三是思想与行为相互转化。"思想指导行为，行为深化、完善思想，这是思想转化为行为；行为的结果检验着思想，又形成新的思想，这是行为转化为思想。行为是思想的继续，这是思想转化为行为；新思想又是行为的结果，这是行为转化为思想。"①

　　加强对人的思想与行为的研究和把握，是思想政治教育规律研究和开展思想政治教育实践活动的基础。我们通过以上分析得知，思想与行为联系紧密，处于一种对立统一的关系中，我们可以通过把握人们的思想动态，进而预测人的行为，也可以通过观察人的行为反观其思想本质。

---

① 徐志远，宾培英．思想与行为应是现代思想政治教育学的逻辑起点[J]．当代教育论坛(学科教育研究)，2007(11)：53-57.

第二章 媒介与人的发展的理论基础

科学的思想和理论是开展研究的根本保障。本章从基本层面确定本研究的理论基调和切入视角，主要围绕媒介与人之间的关系进行论述，重点解决的问题是揭示媒介如何影响人（大学生）。基于此，我们对马克思主义有关人学理论、媒介理论和环境理论进行系统阐释，对媒介环境学派进行重点分析，并从中华传统文化精粹中汲取有关媒介和环境的观点，在此基础上，深化"媒介即环境"的理论内涵，阐述社交媒体环境下媒介和人的关系，为探寻社交媒体环境下"00后"大学生思想与行为特点及其教育引导策略提供重要的理论支撑。

一、马克思主义的相关理论

马克思主义的相关理论是思想政治教育学的根基，本章研究的重点是社交媒体环境下大学生思想与行为特点，涉及马克思主义关于人学理论、环境理论、媒介理论等。

（一）马克思主义人学理论

马克思主义人学是思想政治教育的重要理论基础和直接理论依据，它研究的是现实的人的存在、本质与发展，具体包括人的存在论、人的本质论、人的发展论等基本内容。本章虽是对特定环境下的特定人群进行分析，但仍是关于人的研究，需要马克思主义人学理论作为指导。

1. 人的存在论

现实的人与人的存在是马克思主义人学研究的逻辑起点。对于人的存在，理

43

性主义规定为理性的存在，存在主义规定为自为的存在，自然主义规定为自然的存在，马克思主义认为人是"现实的人"的存在。针对费尔巴哈关于人的"感性的对象"的无前提的抽象理解，以及黑格尔把人归结为"绝对精神"的精神存在物的抽象理解，马克思指出："我们开始要谈的前提不是任意提出的……这是一些现实的个人，是他们的活动和他们的物质生活条件。"①"现实的人"是处于现实关系和一定历史条件中具有鲜活生命、从事实践活动的人。马克思关于人的存在论的分析从人与自然、人与社会的矛盾入手，揭示人是自然存在、社会存在、精神存在和实践存在的现实存在。

一是人首先是有生命的自然存在物。"自然人"不同于人的自然存在。马克思承认人是一种自然存在物，但坚决反对把人当作是纯粹的"自然人"。在《德意志意识形态》中，马克思明确指出："全部人类历史的第一个前提无疑是有生命的个人的存在。"②人的自然存在表现在人与自然的关系中。第一，人的自然因素。首先人来源于自然。人不是神仙创造的，也不是某种精神产物，而是自然界发展到一定历史阶段的结果，人是自然界的一部分。同时，自然是人的一部分，人本身包含自然，外部自然环境的元素几乎都可以在人体中发现。第二，人的自然需要。"因此我们首先应当确定一切人类生存的第一个前提，也就是一切历史的第一个前提，这个前提就是：人们为了能够'创造历史'，必须能够生活。但是为了生活，首先就需要衣、食、住及其他东西。"③这说明，人需要从自然中获取物质、能量和信息以维持自身生存和发展，自然界成为人的无机身体，人靠自然界生活。第三，人的自然力。作为有生命的存在物，马克思、恩格斯指出，人"具有自然力、生命力，是能动的自然存在物；这些力量作为天赋和才能、作为欲望存在于人身上"④。正是人的自然力，让人的腿脚、手臂、头和手都运动起来，使得人具有能够满足需要、改造对象的力量，这表现为人的能动性，而人在追求和表现自己内在本质力量的过程中，又让人成为一种对象性的存在物，也就是说，他不能脱离他的对象存在，人需要外部对象来表现自身生命存在和本质力

---

① 马克思恩格斯选集(第1卷)[M]. 北京：人民出版社，2012：146.
② 马克思恩格斯选集(第1卷)[M]. 北京：人民出版社，2012：146.
③ 马克思恩格斯选集(第1卷)[M]. 北京：人民出版社，2012：158.
④ 马克思恩格斯文集(第1卷)[M]. 北京：人民出版社，2009：209.

量，一般表现为人类向自然界输出物质、能量和信息，影响、改造自然界，在这个过程中，人们感受到外部对象对于人的客观制约影响，表现为人的受动性。

二是人是社会存在物。相比于人的自然属性和自然存在，强调人的社会存在和社会属性，是马克思主义人学理论最突出的特征。人的社会存在表现在以下几个方面：第一，人是在社会中产生的。"劳动是整个人类生活的第一个基本条件，而且达到这样的程度，以致我们在某种意义上不得不说：劳动创造了人本身。"①从人类诞生的历程来看，人是从自然界演化出来的，是自然进化的结果，但在从猿到人的转化过程中，社会劳动起了巨大的作用。从个人角度的形成发展来看，人生下来并不能称其为人，而是要经过学习、社交、教育等各种各样的社会相互作用，才能让使人具有社会性，进而成为人，"正像社会本身生产作为人的人一样"②，突出说明社会因素对于人成为人的重要意义。第二，人在社会中存在。无法想象，一个人可以脱离社会而存在。当然，人也不能脱离自然存在，但人的自然存在是从属于人的社会存在的，就比如，人要维持自然存在，首先要满足人的自然需要，而要实现人的自然需要的满足，就需要人的智慧和劳动，人首先还是要具有社会属性的，所以马克思才指出："自然界的人的本质只有对社会的人说来才是存在的；因为只有在社会中，自然界对人说来才是人与人联系的纽带，才是他为别人的存在和别人为他的存在，才是人的现实的生活要素；只有在社会中，自然界才是人自己的人的存在的基础。"③第三，人在社会中发展。对于动物来说，一个动物个体就能代表一个动物族类的类本质，因为同一个动物族类不同个体之间并无明显的差异性，因此作为一个族类，不过是动物个体之间的机械相加，因为没有差异性，当然也就不存在集体之间相互学习、发展彼此、共同成长的情况。但人与之完全不同，正是人的社会存在表明在社会关系方面的个人存在，形成了人与人之间明显的具体的差异性，进而结成了各种社会关系，并受这些社会关系的制约和影响。因此，人的活动并不是独立的、互不关联的纯粹个人行为，而是相互合作、取长补短、共同发挥作用的社会行为。人的社会存在是人

---

① 马克思恩格斯选集(第3卷)[M]. 北京：人民出版社，2012：998.
② 马克思恩格斯文集(第1卷)[M]. 北京：人民出版社，2009：187.
③ 马克思恩格斯文集(第1卷)[M]. 北京：人民出版社，2009：187.

的根本存在。

三是人是有意识的存在物。马克思指出，"正因为人是类存在物，他才是有意识的存在物"①。作为"现实的人"，人不仅是自然存在和社会存在，而且还是意识性存在，人不仅有自然属性和社会属性，还有精神属性。第一，人是有意识的。人与动物最大的不同在于，人是有自我意识的，能把自己称为"我"，能把自己的生命活动以及外部世界分离出来，作为客体对象来审视，正如马克思所说："人则使自己的生命活动本身变成自己意志的和自己意识的对象。他具有有意识的生命活动。……有意识的生命活动把人同动物的生命活动直接区别开来。"②应该说，人的意识性是人区别于一般动物和人之为人的重要特征之一。第二，人是有思维的。动物和人类一样，都有感觉器官，而且动物的感觉在很多方面要强于人类，比如，鹰的视觉就比人类发达，熊的嗅觉最灵敏，但人的感知能力却比一切动物都强，那是因为"除了眼睛，我们不仅还有其他的感官，而且我们还有思维能力"③。人的理性思维是人能认识发现事物本质和规律的根本所在，离开了理性思维活动，人能感知到的只能是表现本质和规律的现象，而非其本质和规律。三是人是理性的。理性在人的精神活动中处于主导地位，而情感、意志等非理性因素也会对人的行为产生一定影响。正是因为人类具备了这样一个复杂的不同于外部世界的内部的"主观世界"，在理性与非理性的共同作用下，才能有人的"主观能动性"，才能创造性地构建和实现自己的理想，进而改造客观世界。这里必须说明的是，人的意识也好，思维也好，精神世界也好，都是实践的产物，作为一种能动的反映，都会受到现实的社会地位、文化背景、教育内容的影响，同时，人的意识也会对实践产生反作用，人的实践活动成效和水平取决于"在多么大的程度上受到一般智力的控制并按照这种智力得到改造"④。

四是人是实践存在物。实践是以人为主体、以客观世界为对象，能动地改造物质世界的活动，是人的特殊的生命活动形式。实践是物质的，是客观的。从实践的构成要素来看，实践主体、对象、手段以及结果，它们都是可感知的客观存

① 马克思恩格斯选集(第1卷)[M]. 北京：人民出版社，2012：56.

② 马克思恩格斯选集(第1卷)[M]. 北京：人民出版社，2012：56.

③ 马克思恩格斯选集(第3卷)[M]. 北京：人民出版社，2012：925.

④ 马克思恩格斯选集(第2卷)[M]. 北京：人民出版社，2012：785.

在。实践是能动的，是自觉的。从实践过程来看，实践是连接主观活动和客观世界的桥梁，将目的、能力、知识等本质力量对象化为客观实在，把观念的东西转化为实在的东西，实现人们对物质世界的自觉改造，进而创造出一个真正属于人的世界。另外，人们的实践总是在一定的社会关系中进行的，并且任何一项实践，都是站在前人留下的成果基础上发展的，同时又受到社会关系和客观条件的制约，所以实践也是社会的、发展的。了解了实践的特性，在此基础上我们进一步分析实践作为人的存在方式的依据。从人的自然存在来看，活着是最基本的要求，所以人类第一个历史活动就是进行物质生产活动，从这个意义上说，实践是人的生命之根。从人的社会存在来看，人的所有社会关系都是在实践中产生的，人与社会的所有连接都是以实践为中介的。从"有意识的"的类存在物来看，人的意识、思维形成的客观基础都是实践。因此以上三种存在统一于实践活动中。

从以上论述中我们可以看到，如果说传统思想政治教育的研究范式多以"社会需要论"为主，那么现在作为"现实的人"，我们应该转向以"现实的人"为出发点的研究方式，真正从人的生命需要、社会关系、精神属性和实践活动等维度，探寻思想政治教育存在的根基。

值得一提的是，随着信息技术的不断发展，人的存在形态不仅有现实存在，还有虚拟存在。人的虚拟存在，正是人对其主体性向度的体现与揭示，是人类通过对象性活动打破既有生存方式，开拓新的生存方式。作为一种超越时空的生存、符号生存和沉浸生存，人的虚拟生存方式对人的发展产生了极其深远的影响，而本章所研究的视域正是在社交媒体所构建的人类虚拟生存环境下，探究大学生的成长特点。

2. 人的本质论

在马克思的哲学中，人的本质和人性不同。人的本质指的是人之所以为人的内在根据，是什么让人成为人、人如何形成和发展的问题，它指向的不是"人和动物的区别是什么"，而是"什么使得人与动物有根本区别"，因此人的本质是人的最根本的东西。马克思对人的本质有丰富的科学论述，具体包含以下几方面：

（1）从人的主体性来看，人的本质是劳动、自由自在的活动。马克思指出：

"一个种的整体特性、种的类特性就在于生命活动的性质。"①判断一个物种的存在方式要看其生命活动的形式。具体来说，动物研究学表明，动物的活动是一种盲目自发、被动消极的行为，是一种本能活动，既没有目标计划，也无意识，它只是"按照它所属的那个种的尺度和需要来建造"。但是人却不同，人的生产劳动是自由自觉、积极主动的，人不仅知道自己在生产，而且知道生产什么、怎么生产以及为什么要生产，同时人也是可以自主选择的，他"懂得按照任何一个种的尺度来进行生产，并且懂得处处都把固有的尺度运用到对象；因此，人也按照美的规律来构造"②。在此基础上，人不断地通过客观的物化形式展现人的本质力量，永远向"未知领域"来"创造"世界，并且在"创造"世界的过程中，不断突破和超越人的本能和自身有限性的限制，改造和创造人自身，因此人的生产劳动的本质特征就是创造性劳动。马克思认为，劳动是人的根本的存在方式，其所指的劳动也就是这种创造性劳动，也就是说，人的本质规定性之一就是人的创造性劳动，这突出反映了人的主体性。人们在创造性劳动过程中表现主体性，在劳动产品面前确证本质力量，在一切创造性劳动中肯定主体地位。因此，劳动是人的本质的主体规定性。

（2）从人的客观现实性来看，人的本质是人的一切社会关系的总和。准确地说，劳动应该是人的类本质，是从人作为一个类和动物做的根本性区别，那么这一部分我们就从人与人之间的区别进行考察。在现实生活中，人的生产劳动由于单个人的有限性并不能孤立进行，"为了在发展过程中脱离动物状态，实现自然界中的最伟大的进步，还需要一种因素：以群的联合力量和集体行动来弥补个体自卫能力的不足"③。马克思认为，劳动并不是个人的单独劳动，也就是说，人在集体协作中必然会结成各种社会关系，人的生产劳动必须借助于这种社会关系和社会形态，同时，人的生产劳动还要受到社会整体物质条件的限制，不是说你想生产什么就生产什么，想怎样生产就怎样生产，而社会物质条件又主要体现为生产关系，生产关系是政治关系、思想关系等社会关系中最基本最主要的、起决

① 马克思恩格斯选集（第1卷）[M]. 北京：人民出版社，2012：56.
② 马克思恩格斯选集（第1卷）[M]. 北京：人民出版社，2012：57.
③ 马克思恩格斯选集（第4卷）[M]. 北京：人民出版社，2012：42.

定作用的关系，因此，人的生产劳动要受到人的社会关系的制约，那么考察个人的本质也就必须从他所处的社会关系中来规定，所以马克思在《关于费尔巴哈的提纲》中指出："人的本质不是单个人所固有的抽象物，在其现实性上，它是一切社会关系的总和。"①值得注意的是，为什么这个论断要突出强调"现实性"呢？它并不是像有些文献中所说的更多是一个语气词，没有实质的内容，事实上，社会关系的总和是人的生产劳动的客观现实化的产物，反映了人的生产劳动的现实性，所以，人的本质在人的社会关系的总和中可以具体客观地把握。就人的本质的具体化、现实化，就造成人的客观差异性的根据来说，是一切社会关系的总和。这不仅告诉我们，从人的客观现实性来讲，导致人与人之间客观差异性的根本原因是人的一切社会关系的总和，而且还告诉我们，要从人的社会关系的维度去研究和把握人的具体本质，这是研究人的具体方法论，这是"在其现实性上"的含义。

（3）从人的内在必然性来看，人的本质是人的需要。人的需要可分为自然肉体需要和社会性需要，这些需要赋予人们自然力和生命力，并在人们身上表现为禀赋和能力、欲望或情欲，引发人们积极能动的行动去追求自身本质力量的对象化，所以，人的一切创造性劳动都是为了直接满足人的需要，马克思认为"任何人如果不同时为了自己的某种需要和为了这种需要的器官而做事，他就什么也不能做"②。换言之，一方面，人的需要是人的一切创造性生产劳动的动因和根据，因此，相对于"人的本质是生产劳动"的论断，"人的本质是人的需要"这一论断则更多是从个人的内在必然性的角度，对人做出的更为本质的规定。另一方面，人的需要也是人的各种社会关系的根本动因。人们为了满足自己的需要，就必须从事一定的生产劳动，但人的有限性使人无法孤立存在，为了保证人的生产劳动继续下去，人们必须结成一定的社会关系，所以马克思指出"由于他们的需要即他们的本性，以及他们求得满足的方式，把他们联系起来（两性关系、交换、分工），所以他们必然要发生相互关系"③。当然反过来说，人的需要也要受到后两

---

① 马克思恩格斯选集(第 1 卷)[M]. 北京：人民出版社，2012：139.

② 马克思恩格斯全集(第 3 卷)[M]. 北京：人民出版社，1960：286.

③ 马克思恩格斯全集(第 3 卷)[M]. 北京：人民出版社，1960：514.

者的制约。因此,这一部分,我们是从个人与自身的关系,即需要和满足需要的关系上,从人的内在必要性的角度,对人做出的内在本质的概括。

马克思关于人的本质的理论对于本研究具有重要的指导意义。不仅让我们能够精准地把握当下的大学生,而且为研究大学生的思想行为特点提供了方法论,就是要从大学生的现实和虚拟的实践活动,从其现实和虚拟的社会关系、其成长需要和内在动机的角度,去认识和研究大学生思想行为总体特点,同时也为我们开展思想政治教育提供了有效思路。

3. 人的全面发展论

人的全面发展理论是马克思主义的核心理论。对于马克思来说,人的全面发展指的是人的根本的东西的全面发展,而人的根本的东西就是人的本质,所以人的全面发展指的是人的本质力量全面的发展。按照人的本质的规定性,人的全面发展包括:人的劳动及其能力的全面发展、人的社会关系的全面发展和人的个性的全面发展。一是人的劳动及其能力的全面发展。在马克思看来,人的劳动发展主要就是人的劳动能力、人的本质力量的发展。人的劳动取决于其劳动能力大小,取决于人们能够按照"任何物种的尺度"和"内在固有的尺度"和"美的规律"来改造对象,所以人的劳动发展的核心是人的劳动能力的发展,人的劳动能力的发展主要是人的才能的全面发展,包括了人的体力、智力、自然力和社会力等最大限度的发展。其中,体力和智力是主要部分,"我们把劳动力或劳动能力,理解为一个人的身体即活的人体中存在的、每当他生产某种使用价值时就运用的体力和智力的总和"[1]。其次是自然力和社会力,自然力是人的自然机体中"作为天资而存在的那种能力"[2],而社会力是人们在一定的社会关系中逐渐习得的能力,其中,生产力是重要组成部分,除此之外,还有政治力、思想力、理想力、知识力等。二是人的社会关系的全面发展。马克思认为,"个人的全面性不是想象的或设想的全面性,而是他的现实联系和观念联系的全面性"[3]。人的发展离不开

---

[1] 马克思恩格斯选集(第3卷)[M]. 北京:人民出版社,2012:164.

[2] 马克思恩格斯全集(第3卷)[M]. 北京:人民出版社,1960:347.

[3] 马克思恩格斯文集(第46卷)[M]. 北京:人民出版社,2009:172.

社会关系，人的能力也正是在社会关系中才得以表现和提升。马克思从人的社会关系发展的角度出发，对人的发展的三个历史阶段进行了划分：最初的社会形态是人的依赖关系(起初完全是自然发生的)，在这种形态下，人的生产能力只是在狭窄的范围内和孤立的地点上发展着。第二大形态是以物的依赖性为基础的人的独立性，在这种形态下，普遍的社会物质交换，全面的关系，多方面的需求以及全面的能力的体系形成。第三个阶段是人的自由个性和全面发展，这种形态是建立在个人全面发展和他们共同的社会生产能力成为他们的社会财富这一基础之上的。只有全面生成人的对象性关系，人才能够从片面转向全面；只有丰富人的社会关系，人才能参与到经济、政治、文化、家庭等各个领域和各个层次的社会关系中，从而参与到世界的物质生产和精神生产中，真正摆脱局限和狭隘，开阔视野，增长见识，更新观念，全面塑造自己。三是人的个性的全面发展。人的全面发展最终体现为人的自由个性，一定意义上说，人的能力发展，或是社会关系发展，其落脚点都是为了人的自由个性的形成。人的个性，指的是人的个体性，是人作为一个具体完整的主体，区别于他人的不同特性。一方面，人的个性的全面发展是指人的独特性的全面发展。没有差异就没有个性，正是因为每个人都有不同的需要，人们进行了不同的劳动，结成了不同的社会关系，获得了不同的发展，人们各有所长，各具特色，形成了每个个体的独特性。马克思在批判粗陋的共产主义时，指出"这种共产主义——由于它到处否定人的个性——只不过是私有财产的彻底表现，私有财产就是这种否定"①。马克思所追求的共产主义的人，是作为个人的人，是具有独特个性与他人所不同的唯一的人。另一方面，人的个性的全面发展是人的主体性的全面提升。马克思和恩格斯指出，人的全面发展、人的"自由个性""只有到了外部世界对个人才能的实际发展所起的推动作用为个人本身所驾驭"②的时候才能实现，这说明人的主体性的提升首先是人的自主性的提升。马克思把人的个性说成为"自由个性"，这是说，只有独立自主才能自由，只有自由才有"个性"，而人的自由则体现在人的能动性和创造性的提升上。

习近平总书记关于新时代青年思想政治教育的一系列重要论述，结合我国的

---

① 马克思恩格斯文集(第1卷)[M].北京：人民出版社，2009：183-184.
② 马克思恩格斯全集(第3卷)[M].北京：人民出版社，1960：330.

实际发展情况，对马克思主义人学理论进行了继承和发展，是对马克思主义基本原理以及中国共产党历代领导人思想政治教育思想的创新和发展。在人的存在论上，习近平总书记在同各界优秀青年代表座谈时强调："广大青年一定要坚定理想信念。功崇惟志，业广惟勤。理想指引人生方向，信念决定事业成败。"①习近平总书记关于新时代青年树立崇高理想信念的教导，有胜利之"钥"、精神之"钙"、思想的"总开关"等经典表述，突出体现了理想信念之于人的存在的重要意义。人的本质论是"人是什么"的回答，习近平总书记关于新时代青年思想政治教育的一系列重要论述抓住了青年在时代中的定位，指出青年是国家的未来、民族的希望。2017年，习近平总书记在中国共产党第十九次全国代表大会上的讲话指出："青年兴则国家兴，青年强则国家强。青年一代有理想、有本领、有担当，国家就有前途，民族就有希望。"②关于人的发展论，习近平总书记在北京大学同师生座谈会时指出，我们的教育要"培养德智体美劳全面发展的社会主义建设者和接班人"③。党的十八大报告明确要求，"把立德树人作为教育的根本任务，培养德智体美全面发展的社会主义建设者和接班人"④，强调立德树人，强调青年大学生的全面发展，是人的发展论在当前中国教育实践中的体现和继承。

"人的自由而全面发展"是马克思主义的最高命题，这既让我们明确了思想政治教育的终极目标，成为我们衡量包括思想政治教育在内的任何一种理论创新和任何一项实践活动的最终标准和价值尺度，又为我们加强社交媒体环境下大学生思想行为引导体系的研究提供了依循。事实上，将人的发展推进到"自由个性"阶段，是人的发展的最高阶段和人的进步的最佳状态，然而这中间需要由许多个具体的发展阶段组成。当前，培养德智体美劳全面发展的社会主义建设者和接班人就是思想政治教育所追求的"人的自由而全面发展"在中国的具体形态。

（二）马克思主义环境观

马克思主义环境观从辩证唯物主义的角度，批判了"环境决定论""环境无用

---

① 习近平谈治国理政［M］. 北京：外文出版社，2014：50.

② 习近平谈治国理政（第三卷）［M］. 北京：外文出版社，2020：54.

③ 习近平. 在北京大学师生座谈会上的讲话［M］. 北京：人民出版社，2018：4.

④ 胡锦涛文选（第3卷）［M］. 北京：人民出版社，2016：641.

论"等错误思想，科学阐释了人与环境的关系，这为我们正确认识当前以社交媒体为主要媒介构建的媒介环境如何影响人的思想和行为提供了重要理论依据。马克思主义的环境观，概括起来主要蕴含三层含义。

1. 环境创造人

一方面，环境为人的生存发展提供了物质条件，因此决定了人的主观世界，这反映环境的能动性。马克思、恩格斯在阐述社会存在和社会意识的辩证关系时谈道，人们的思想和观念是外部环境影响的结果，"观念的东西不外是移入人的头脑并在人的头脑中改造过的物质的东西而已"[①]。环境一般分为自然环境和社会环境，那么，影响人的主要环境因素是什么呢？马克思指出，"人们的观念、观点和概念，一句话，人们的意识，随着人们的生活条件、人们的社会关系、人们的社会存在的改变而改变"[②]。同时，恩格斯指出，"人们自觉地或不自觉地，归根到底总是从他们阶级地位所依据的实际关系中——从他们进行生产和交换的经济关系中，获得自己的伦理观念"[③]。这两段论述共同揭示了人的思想观念是从人的社会关系尤其是经济关系中产生的，这是因为，自古以来，人们要想生存下来，首先要满足其人的物质生活的需要，从事一定的社会生产，从而结成不同的社会关系，处于不同社会关系尤其是经济关系中的人们，由于其阶层、地位、立场各异，因此会形成不同的思想观念、道德、情感等，这样我们就可以说，人们所处的社会环境决定了人的思想观念的形成和发展。当然，既然环境是不断发展变化的，那么受一定的社会关系和由此产生的社会环境决定的人的思想观念也会随之发生改变，简言之，没有永恒不变的思想道德观念。另一方面，环境创造人同时还表现在环境对人的制约上。不管是自然界，还是人类社会，都是存在客观规律的，就像月有阴晴圆缺，一年有春夏秋冬，人有生老病死，客观规律普遍存在，且具有不可抗性，所以，人们在其中的一切生产劳动都会受到客观环境的制约，因此"环境决定人"，我们应对环境充满敬畏。

---

① 马克思恩格斯选集(第1卷)［M］. 北京：人民出版社，2012：93.
② 马克思恩格斯选集(第1卷)［M］. 北京：人民出版社，2012：419-420.
③ 马克思恩格斯选集(第3卷)［M］. 北京：人民出版社，2012：470.

2. 人创造环境

马克思主义认为，人在环境面前并非完全被动，人对环境具有能动的反作用，表现在人可以认识和改造客观环境，这反映了人的能动性。马克思在《关于费尔巴哈的提纲》中在批驳机械唯物主义观点时指出："有一种唯物主义学说，认为人是环境和教育的产物，因而认为改变了的人是另一种环境和改变了的教育的产物，——这种学说忘记了：环境正是由人来改变的，而教育者本人一定是受教育的。"①这是对否定人可以创造环境、否定人的主观能动性的有力批驳。人对环境的作用与动物完全不同，人创造环境是自觉自主的，也就是说，人们通过改造客观环境，使之满足自身发展的需要，以"为我所用"，"动物仅仅利用外部自然界，简单地通过自身的存在在自然界中引起变化。而人则通过他所作出的改变来使自然界为自己的目的服务，来支配自然界"②。正是人的主观能动性，实现了环境从自然状态向人化状态的转变，人化程度越高，说明人的主观能动性越强，因此人类对于环境的改造过程实质上是主体的能动性作用于自然和社会、不断实现对象化和客体化的过程。事实上，人化自然和社会文明程度越高，越能体现人创造性改造外部环境的能力的提升。人化自然、人化环境说明了人对自然和社会的改造，从人的主体视角来说，这是人的主观能动性提升的表现，是人的主观世界的外化，但是环境改变形成新的环境后，新的环境又会形成对人的能动性的制约力量，束缚人的发展，导致人的异化。就像现在信息技术带来的无处不在的网络环境，它一方面拓展了人们的交往空间，另一方面又带来了符号对于人的异化，诱发人的主体性的丧失，就像马克思所指出的："在我们这个时代，每一种事物好像都包含有自己的反面。我们看到，机器具有减少人类劳动和使劳动更有成效的神奇力量。然而却引起了饥饿和过度的疲劳。……技术的胜利，似乎是以道德的败坏为代价换来的。随着人类愈益控制自然，个人却似乎愈益成为别的奴隶或自身的卑劣行为的奴隶。"③这段话虽然是100多年前马克思针对资本主义

---

① 马克思恩格斯选集(第1卷)[M]. 北京：人民出版社，2012：138.
② 马克思恩格斯选集(第3卷)[M]. 北京：人民出版社，2012：997-998.
③ 马克思恩格斯选集(第1卷)[M]. 北京：人民出版社，2012：776.

制度所作的论述，但对于描述社会制度、科学技术等这些人化自然的产物对人的影响同样适用。这是人的本质力量外化后，又异化人的本质力量的过程。

3. 人与环境统一于实践

马克思指出："环境的改变和人的活动或自我改变的一致，只能被看作是并合理地理解为革命的实践。"①这句话有三层含义：一是彰显了人的感性对象性活动即实践，实践是人和环境联系的中介，人依靠实践影响环境，环境通过实践改造人，实践将人的活动与环境改造有机联系，实现了客观条件与主观认识的统一，充当了人与环境互动转化的桥梁角色。二是人在社会实践中改造客观环境的同时，也在实现对自身的改造。"而发展着自己的物质生产和物质交往的人们，在改变自己的这个现实的同时也改变着自己的思维和思维的产物。"②三是实践被引进了教育理论中。马克思的这句话是他在批驳旧唯物主义者时否定"教育者本人也一定是受教育的"的论断、肯定教育的社会作用时所说的。他指出了教育在人的生存发展过程中的重要作用，同时强调了教育要通过实践才能转化为人的思想行为。简言之，人与环境是建立在实践基础之上的辩证统一的关系，正是实践这个中介，实现了人与环境的相互转化。

习近平总书记关于环境的相关论述，源于马克思主义环境观的指导，源于毛泽东、邓小平、江泽民、胡锦涛关于环境思考的启迪。中国历届领导人都对环境，以及环境和人的关系进行了相关论述，都高度注重环境的重要作用，强调环境正向、积极的改变对人的思想行为的巨大影响，同时也强调人的主观能动性是人改造环境的本质所在。党的十八大以来，习近平总书记治国理政的理念中论述了人与环境的相互关系，并赋予思想政治教育环境论新的发展。他关于人与自然环境关系的论述集中体现在习近平生态文明思想中，核心要义主要包括"坚持人与自然和谐共生"的生态价值观，"绿水青山就是金山银山"的生态发展观，"环境就是民生，青山就是美丽，蓝天也是幸福"的生态民生观，"山水林田湖草沙是生命共同体"的生态系统观等。同时，习近平总书记高度重视社会环境、网络

① 马克思恩格斯选集(第1卷)[M].北京：人民出版社，2012：134.
② 马克思恩格斯选集(第1卷)[M].北京：人民出版社，2012：152.

环境、学校环境、家庭环境的优化和治理，指出"要全面深化改革，营造公平公正的社会环境，不断激发广大青年的活力和创造力……支持帮助学生们迈好走向社会的第一步"①。强调打造共建共治共享的社会治理格局，促进社会和谐发展；强调在全社会营造风清气正的社会教育氛围，坚持"大思政课"善用之；强调加强网络文明建设和网络安全治理，打造清朗的网络空间；强调大力推进文化繁荣，以社会主义核心价值观统领思想政治教育全局；坚持学校在青少年成长成才中的主体地位，重视"三全育人"格局构建，打造良好校园环境；主张树立良好家风，重视家庭教育和家庭生活，帮助孩子"扣好人生的第一粒扣子"等。

当前，由社交媒体所构建的媒介环境作为新的符号空间，成为人们生存和发展不可或缺的信息环境，对人的思想行为和社会发展产生了广泛的影响力。社交媒体如何影响了人的思想行为发展？具体产生了怎样的影响？如何通过开展教育引导消解社交媒体对人的异化，进而促进了人的全面发展？马克思主义环境观对于本章以上问题的解决都具有重要的启示作用。

（三）马克思主义媒介技术观

1. 马克思、恩格斯的媒介技术观

在马克思、恩格斯所处的 19 世纪，报刊等印刷媒介以及电报等电子传播媒介是传播信息的最主要的大众传播媒介，除此之外，还有为报刊提供新闻通稿的通讯社。马克思认为印刷术的发明在促进人类科学复兴、精神发展和社会变迁的过程中起着十分重要的作用。恩格斯也同样认为印刷术的发明极大地促进了人类文化与思想的传播。

在马克思、恩格斯的理论研究以及革命实践活动中，始终伴随着新闻工作。马克思、恩格斯认为，新工具的发明会引起新的需要，进而创造出新的历史活动。任何适宜的新媒介的发明对于形成世界市场都会产生巨大的影响，媒介具备强大的"用时间消灭空间"的特性以及在全球范围内即时还原面对面人际交往的功能。马克思指出，报刊、电报等媒介是人类的手创造出来的人类头脑的器官；"是物化的知识力量"。② 鉴于以上背景，马克思、恩格斯在论述由报刊构造的

---

① 习近平谈治国理政[M]. 北京：外文出版社，2014：175.

② 马克思恩格斯全集(第46卷下)[M]. 北京：人民出版社，1980：219.

"观念世界"时，指出由报刊作为面向社会的信息传播媒介所构建的世界是与直接感知的现实世界有所不同的"观念世界"，但是却可以不断地从现实世界中涌出，同时又能作为越来越丰富的精神唤起新的生机，再流回现实世界。

马克思、恩格斯的一生都在为实现新闻出版自由以及实现工人阶级解放而奋斗。恩格斯认为，新闻出版自由就是"每个人都可以不受阻挠地和不经国家事先许可而发表自己的意见"①。马克思、恩格斯投身社会的第一件重要的活动便是同各种书报检查行为作斗争，坚决反对书报检查，争取新闻出版自由。书报检查是一个国家或地区的当权者从维护自身利益出发而制定的一种限制新闻出版自由的政策，是当权者"要求各民族的报刊成为表现他的观点的报刊，成为上流社会的报刊，还要求它们围绕个别人物旋转，而不要围绕精神上的天体——民族旋转"②。

马克思反对书报检查，将思想和观点作为了衡量人的法律地位的依据和标准，认为具有不同观点的报刊都有平等的存在权利，并且真正的合法地位不应该由于个人的道德品质或者由于他们的政治观点和宗教观点而有所变更。在法律专业出身的马克思看来，书报检查形式是并不缺乏互相监督的法律程序，并且书报检查实际上是将所有的新闻出版作为怀疑对象，只让当权者听到自己的声音，从而造成"涉嫌的制裁"的思想恐怖以及形成"普遍的虚伪"的社会精神，进而形成社会危机。马克思认为书报检查完全是一种愚民政策，剥夺了报刊批评政府的权利，成为一种由政府垄断的非理性批评，是凌驾于人的基本权利之上的对人权的一种蔑视，会阻碍社会、民族和个人的精神发展。③ 与此同时，为保证新闻出版自由、普及国民教育、维护精神自由交往的权利，马克思在发表于德国《新奥得报》(第151号)的《报纸印花税》这篇文章中指出，难道还需要其他证据来证明，旧制度是通过征税来保护现有的报刊而禁锢以自由精神进行创作的一种制度吗？④ 无条件地支持废除新闻出版税等知识税和保证金政策。在马克思和恩格斯看来，结合现实社会经济条件看待新闻出版自由，最大限度地保障人民自由权的政策，消灭阶级，每个人自由发展的条件，才是真正实现新闻出版自由以及所有

---

①　马克思恩格斯全集(第3卷)[M]. 北京：人民出版社，2002：575.

②　马克思恩格斯全集(第1卷)[M]. 北京：人民出版社，1995：153.

③　陈力丹. 马克思主义新闻思想概论[M]. 上海：复旦大学出版社，2010：67.

④　马克思恩格斯全集(第14卷)[M]. 北京：人民出版社，2013：265.

人自由发展的真实条件。①

　　马克思、恩格斯在长期的报刊工作和实践中，重视将报刊与人民相联系，指出"真正的报刊即人民报刊"②，"每个国家的人民都在各自的报刊中表现自己的精神"③。马克思、恩格斯所提出的人民报刊思想的核心，是报刊必须服务民众、依靠民众。马克思认为，真正的报刊既是自由的报刊，又是人民的报刊。在马克思看来，报刊的使命"是公众的捍卫者，是针对当权者的孜孜不倦的揭露者，是无处不在的耳目，是热情维护自己自由的人民精神的千呼万唤的喉舌"④。马克思指出，"民众的承认是报刊赖以生存的条件，没有这种条件，报刊就会无可挽救地陷入绝境"⑤。

　　在马克思、恩格斯生活的时代，报刊与政治变动有着天然的联系。马克思、恩格斯很注意对报刊进行阶级分析和党派属性的判断，承认报刊与政治具有较为密切的关系。⑥ 马克思认为，革命时期，报刊的使命和任务就是"破坏现存政治制度的一切基础"⑦。党报是伴随马克思主义工人政党的出现、发展和需要而产生的机关报刊，是马克思主义政党的外在形象。党报思想也是马克思、恩格斯媒介技术观的重要部分。恩格斯指出，"党本身正是像它在报刊上和代表大会上让公众看到的那样"⑧，党报是"在报刊方面能够以同等的武器同自己的敌人作斗争的第一个阵地"⑨。马克思、恩格斯认为，党的报刊在新闻报道和理论探讨方面必须实事求是，并且与其他政党创办的报刊划清界限。⑩ 马克思指出党报在批判旧世界的时候"不能从先入为主的原则出发"⑪，恩格斯也提出要"完全立足于事

① 陈力丹.马克思主义新闻思想概论[M].上海：复旦大学出版社，2010：83.
② 马克思恩格斯全集(第1卷)[M].北京：人民出版社，1995：352.
③ 马克思恩格斯全集(第1卷)[M].北京：人民出版社，1995：155.
④ 马克思恩格斯全集(第6卷)[M].北京：人民出版社，1961：257.
⑤ 马克思恩格斯全集(第1卷)[M].北京：人民出版社，1995：381.
⑥ 陈力丹.马克思主义新闻思想概论[M].上海：复旦大学出版社，2010：56.
⑦ 马克思恩格斯全集(第6卷)[M].北京：人民出版社，1961：278.
⑧ 陈力丹.马克思主义新闻思想概论[M].上海：复旦大学出版社，2010：89.
⑨ 马克思恩格斯全集(第29卷)[M].北京：人民出版社，2020：617.
⑩ 陈力丹.马克思主义新闻思想概论[M].上海：复旦大学出版社，2010：88.
⑪ 马克思恩格斯全集(第47卷)[M].北京：人民出版社，2004：481.

实，只引用事实和直接以事实为根据的判断"①。同时，在如何处理党报与党的领导机构关系方面，马克思、恩格斯认为应该尊重并实行"党内同志惯用的'自由发表意见'的原则"，从而起到党报对党的领导进行监督的作用，同时党的领导机构应该对党报保持着"道义上的影响"②，从而保证党的领导机构既能领导和监督党报的原则立场，又给予党报及其工作者的活动自由。最重要的是，党报及其负责人等，必须承担起维护党的理论科学性的责任，始终遵循党所制定的纲领和策略，坚决捍卫科学社会主义理论的科学性。

2. 列宁的媒介技术观

十月革命后，列宁作为第一个新生的社会主义国家的主要领导人，十分重视报刊工作和广播电台的创办，不仅在人类历史上第一次真正出版了属于无产阶级专政的新世界的人民报刊，同时也高度重视和支持开办人民的广播，充分发挥报刊和广播在社会主义建设中的巨大作用。

列宁曾大力投资创建工人出版社以及创建工人报纸，指出"任何人都会看到党所进行的巨大教育工作，这个党在历史上第一次不是为了资产阶级而是为了工农来利用现代大资本主义的印刷技术"③。列宁认为："报纸的作用并不只限于传播思想、进行政治教育和争取政治上的同盟者。报纸不仅是集体的宣传员和集体的鼓动员，而且是集体的组织者。"④列宁曾在《社会民主党在民主革命中的两种策略》一书中写道："我们党的一切组织和团体每天经常进行的全部工作，即宣传、鼓动和组织工作，都是为了加强和扩大同群众的联系。"⑤列宁坚持马克思主义思想指导，有意识地、创造性地提出了"党报建党"思想，确保报刊的共产主义性质，指出"创办全俄政治报应当是行动的出发点，是建立我们所希望的组织的第一个实际步骤"⑥。在列宁的"灌输理论"下，创办全国性的定期发行的报刊，

① 马克思恩格斯全集(第42卷)[M]. 北京：人民出版社，1974：413.
② 马克思恩格斯全集(第5卷)[M]. 北京：人民出版社，1958：594.
③ 列宁全集(第36卷)[M]. 北京：人民出版社，2017：135.
④ 列宁全集(第5卷)[M]. 北京：人民出版社，2013：8.
⑤ 列宁全集(第11卷)[M]. 北京：人民出版社，2017：2.
⑥ 列宁全集(第5卷)[M]. 北京：人民出版社，2013：6.

向工人阶级进行全面的政治揭露和鼓动宣传，提高工人阶级的政治觉悟，并将其作为与敌人进行斗争的战斗阵地，开展坚决的政治斗争。进入社会主义建设时期，列宁主张"报刊应该成为社会主义建设的工具"①，认为报刊等宣传工具要"少谈些政治，多谈些经济"②，指出"我们应当而且一定要把报刊从发表耸人听闻的消息的工具，从报道政治新闻的普通工具，从驳斥资产阶级谎言的工具，变成在经济上重新教育群众的工具，变成向群众介绍如何按新的方式组织劳动的工具"③。在列宁看来，报刊工作应该坚持公开报道的原则，认为"它能够吸引广大人民群众主动地参加解决这些与他们最有切身关系的问题"④，"只有当群众知道一切，能判断一切，并自觉地从事一切的时候，国家才有力量"⑤。同时，列宁还高度重视动员舆论的力量，强烈要求报刊充分发挥舆论监督的作用，公开揭露工作出现的一切错误，主张报刊要设立黑榜、树立榜样。

在列宁生活的后期，世界主要国家都在积极研究无线电技术，广播作为一种新型的电子传播媒介，创造性地打破了信息传播的时空界限，极大地加快了信息传播的速度。列宁对这个划时代的媒介技术研究表现出了高度重视，他关于广播的信件、电报、电话和签署的文件、决定等，共计二三十次，使得苏维埃共和国是世界上最早拥有无线电广播技术的国家之一。列宁在给苏联从事广播技术研究的专家的信件中指出，广播是"不要纸张、'不受距离限制'的报纸"⑥。列宁曾提出关于广播的重要公式——"共产主义就是苏维埃政权加全国电气化"⑦，认为加强广播研发"这项工作对我们有极其重要的意义，因为如果试制成功（邦契-布鲁耶维奇早就保证过一定会成功），将会给宣传鼓动工作带来极大好处"⑧。列宁认为，广播是"千百万人的群众大会"，可以"用于转播马克思主义的社会科学讲

---

① 列宁全集（第34卷）[M]．北京：人民出版社，2017：172．
② 列宁全集（第35卷）[M]．北京：人民出版社，2017：91-92．
③ 列宁全集（第34卷）[M]．北京：人民出版社，2017：137-138．
④ 列宁全集（第34卷）[M]．北京：人民出版社，2017：138．
⑤ 列宁全集（第33卷）[M]．北京：人民出版社，2017：16．
⑥ 列宁全集（第49卷）[M]．北京：人民出版社，2017：217．
⑦ 列宁全集（第40卷）[M]．北京：人民出版社，2017：30．
⑧ 列宁全集（第52卷）[M]．北京：人民出版社，1988：433．

座，以战胜那些资产阶级的社会科学教育"①。与此同时，在列宁看来，无线电广播不仅可以用于广泛的、远距离的宣传和鼓动工作，而且已经在宣传和军事方面作出了巨大贡献，能够使不识字的人通过收听广播来接受宣传和鼓动，从而保证任何地方的人民群众都能够听到来自莫斯科的声音。

3. 中国共产党人的媒介技术观

从早期的报刊等纸质印刷媒体到广播电视，再到今天的网络数字媒体、融媒体等，这些由媒介技术发展引起的媒介形态演变，在传媒产业调整、社会转型发展等方面起着重要作用，同时也驱动着中国共产党人的媒介技术观不断丰富、中国共产党的新闻政策不断创新。

建党初期，纸质媒体作为主流传播媒介，老一辈无产阶级革命家和社会活动家十分重视党报党刊的建立与发展，利用党报党刊、广播、传单等纸质传媒进行舆论宣传动员，以提高宣传与鼓动能力，扩大党在群众中的影响，使得马克思主义思想不断为中国人民所认同，从而帮助中国共产党逐渐获得意识形态上的话语权。1918 年，陈独秀、李大钊等人先后创办《每周评论》《新青年》等报刊，并以此为阵地广泛传播马克思主义；1919 年，毛泽东在长沙创办《湘江评论》，传播新思想，探索改造社会的新道路；1920 年，中国共产党的第一个党刊《共产党》月刊在上海创办；1928 年，土地革命时期党的重要新闻媒体《红旗》在上海创刊，分析全国的政治形势与党的任务，积极宣传党的理论、决议与方针以及党的政策、纲领。毛泽东指出："报纸的作用和力量，就在它能使党的纲领路线，方针政策，工作任务和工作方法，最迅速最广泛地同群众见面。"②同时还明确提出"办好报纸，把报纸办得引人入胜，在报纸上正确地宣传党的方针政策，通过报纸加强党和群众的联系，这是党的工作中的一项不可小看、有重大原则意义的问题"③。同时，报纸要始终坚持走群众路线，"报纸要靠大家来办，靠全体人民群众来办，靠全党来办，而不能靠少数人关起门来办"④。既要满足人民群众的需

①　陈力丹. 马克思主义新闻思想概论[M]. 上海：复旦大学出版社，2010：228.

②　毛泽东选集(第 4 卷)[M]. 北京：人民出版社，1991：1318.

③　毛泽东选集(第 4 卷)[M]. 北京：人民出版社，1991：1319.

④　毛泽东选集(第 4 卷)[M]. 北京：人民出版社，1991：1319.

求，"看的人提出意见，写短信短文寄去，表示欢喜什么，不欢喜什么"①，对报纸十分重要，又要保证良好的传播效果，毛泽东曾要求报刊内容，一定要是与群众生活密切关联，在报刊新闻里"插议论要插得有劲，疲沓疲沓的不插还好些。不要条条都插议论"②，要充分考虑到人民群众的文化程度、心理活动以及接受水平。此外，宣传媒介一定要讲究真实性和实效性，要做到"请看事实"，"对具体问题要作具体分析，新闻的快慢问题也是这样。有的消息，我们就不是快登慢登的问题，而是干脆不登"③。毛泽东还强调，在通过报刊传达党的方针政策时，要将"将群众的意见(分散的无系统的意见)集中起来(经过研究，化为集中的系统的意见)，又到群众中去作宣传解释，化为群众的意见，使群众坚持下去，见之于行动，并在群众行动中考验这些意见是否正确"④。毛泽东对党报必须坚持党性原则提出了明确要求，各级党的领导机关要"把报纸当作自己极重要的武器"，并"利用报纸作为自己组织和领导工作的极为重要的工具"，⑤"各地党报必须无条件地宣传中央的路线和政策"⑥，不仅要主动、准确宣传党的重要方针政策，还必须要有党的政策和策略意识。在中国进入改革开放以及社会主义现代化建设的时期，邓小平提出一切任务包括宣传工作都要以经济建设为中心，要求"党报党刊一定要无条件地宣传党的主张"⑦，"要使我们党的报刊成为全国安定团结的思想上的中心"⑧，强调党报党刊必须加强对马克思主义指导思想的宣传，不断巩固中国特色社会主义意识形态的主导价值。

随着媒介技术和媒介环境的不断变迁，以毛泽东为代表的中国共产党领导人同样高度重视媒介技术的发展和新兴媒体的运用，坚持发展和运用各种新的媒介技术和媒体形态宣传马克思主义、中国共产党的政治主张和方针政策，实现动员教育群众、组织指导斗争、发动社会力量、服务人民革命事业的目标。早在20

---

① 毛泽东选集(第2卷)[M].北京：人民出版社，1991：728.
② 毛泽东文集(第1卷)[M].北京：人民出版社，1993：261.
③ 毛泽东文集(第7卷)[M].北京：人民出版社，1999：265.
④ 毛泽东选集(第3卷)[M].北京：人民出版社，1991：899.
⑤ 毛泽东选集(第4卷)[M].北京：人民出版社，1991：1286.
⑥ 毛泽东选集(第5卷)[M].北京：人民出版社，1996：127.
⑦ 邓小平文选(第2卷)[M].北京：人民出版社，1994：272.
⑧ 邓小平文选(第2卷)[M].北京：人民出版社，1994：255.

世纪初，西方国家成立了最早的一批广播机构。1923 年，在上海，美国人奥斯邦创办了中国第一家广播电台。在全面抗战时期，由于报刊等媒介受到印刷技术的影响，存在着效率低、速度慢、周期长、传播短等问题，为打破国民党的信息封锁，并向全国人民宣传自己的抗日主张，中国共产党意识到使用无线电广播技术进行通信的重要性，并于 1940 年 12 月 30 日在延安成功创办了由中国共产党领导的第一座人民广播电台——延安新华社广播电台①，被人们比作"茫茫黑夜里的灯塔"。无线电广播技术在党的思想宣传、任务下达、运动发起等方面扮演着重要的桥梁作用。毛泽东认为，报纸、广播是教育干部的一种很重要的工具。毛泽东曾于 1941 年 5 月 25 日在《中央关于统一各根据地内对外宣传的指示》中要求，全国各地应不惜代价去设立收音机，以保证经常接收延安新华社广播播报。当时的中央宣传部也在《关于电台广播工作的指示》中强调，广播电台是各抗日根据地目前对外宣传最有力的武器。中华人民共和国成立初期，遍布全国乡村的有线广播在党和国家最高决策层向中国最基层的乡村进行直接信息传达方面发挥了十分重要的作用。

电视作为 20 世纪人类最伟大的技术发明之一，凭借其可以同时将文字、声音、形象集中在电子屏幕上进行播放的特点，成为媒介技术史上的一次伟大变革。中华人民共和国成立之初，我党十分重视媒介技术的革新和新技术的应用，当时便将电视纳入国家发展计划之中，对其作为重要传播媒介可能对社会发展带来的影响抱有很高的期待。1955 年 2 月 5 日，周恩来就中央广播事业局在北京建立中等电视台问题向国务院递交的报告中批示："将此事一并列入文教五年计划中讨论。"在电视技术发展初期，中国共产党认为各级广播电视机构"既是新闻宣传机关，又是技术管理机关，而以宣传工作为中心，技术是为宣传服务的，同时宣传的需要也促进技术的不断发展"②，同时要求将电视作为"进行群众教育的好工具"，充分发挥其宣传功能和教育功能，注重"宣传政治""传播知识""充实群众文化生活"并要求"寓教于乐"。③ 随后，由于我国陆续经历了几年的经济困难

①　赵玉明．中国现代广播史料选编［M］．汕头：汕头大学出版社，2007：415.

②　方汉奇．中国新闻事业通史（第二卷）［M］．北京：中国人民大学出版社，1996：395.

③　郭镇之．中外广播电视史［M］．上海：复旦大学出版社，2006：240-243.

时期，以及十年"文革"，导致电视技术的运用、发展较为迟缓。改革开放后，我国电视事业得到了快速发展。但是，随着西方社会思潮和外来文化的涌入，我国主流的意识形态受到了极大干扰。在此背景下，邓小平在《目前的形势和任务》讲话中提出，"报刊、广播、电视都要把促进安定团结，提高青年的社会主义觉悟，作为自己的一项经常性的、基本的任务"①。江泽民在担任党和国家领导人期间，曾指出"我们党历来非常重视新闻工作，始终认为，我们国家的报纸、广播、电视等是党、政府和人民的喉舌"②，媒介技术等的使用要在社会主义现代化建设过程中发挥重要作用。同时，江泽民十分重视宣传工作中的舆论导向，认为新时期的思想宣传工作应该"以科学的理论武装人，以正确的舆论引导人，以高尚的精神塑造人，以优秀的作品鼓舞人"③。江泽民从党和人民的整体利益出发，提出了"福祸论"，认为"舆论导向正确，人心聚集，精神振奋；舆论导向失误，后果严重"④。"舆论导向正确，是党和人民之福；舆论导向错误，是党和人民之祸"。⑤ 同时强调正确引导舆论导向，要"弘扬主旋律，提倡多样化"，要求"报刊、广播、电视等都要在坚持正确方向的前提下，勇于创新，努力形成各自的风格和特色"⑥。

1969 年第一台计算机发明以来，媒介技术再次发生巨大变革，世界范围内进入了一个媒介技术被社会和民众掌握并使用的全新的历史发展阶段。随着 20 世纪 90 年代实现互联网国际信道连接，我国也正式步入互联网时代，"信息论"也逐渐进入中国，并引起了邓小平的重视。邓小平曾多次谈到信息的重要性，他指出要以世界的眼光看待思想宣传工作的发展，"我们最大的经验就是不要脱离世界，否则就会信息不灵，睡大觉，而世界技术革命却在蓬勃发展"⑦。在以江泽民为核心的中国共产党第三代领导集体执政期间，世界信息技术的发展已经成为经济发展的主导潮流，主张大力发展信息产业，并指出"信息资源已经成为与

---

① 邓小平文选(第 2 卷)[M]. 北京：人民出版社，1994：255.
② 十三大以来重要文献选编(中)[M]. 北京：人民出版社，1991：766.
③ 中国新闻年鉴[M]. 北京：中国新闻年鉴出版社，1995：1.
④ 中国新闻年鉴[M]. 北京：中国新闻年鉴出版社，1995：3.
⑤ 中国新闻年鉴[M]. 北京：中国新闻年鉴出版社，1997：3.
⑥ 中国新闻年鉴[M]. 北京：中国新闻年鉴出版社，1995：3.
⑦ 邓小平文选(第 3 卷)[M]. 北京：人民出版社，1993：290.

物资资源同等重要的资源，其重要作用正在与日俱增。信息高速、广泛传送的特点，使世界形成了一个没有边界的信息空间"①，从全球视角对信息与媒介技术在人类社会发展中的作用作出了深刻预见。随着互联网技术的快速发展，信息传播和舆论表达呈现出网络化和多元化的趋势，使得我国思想宣传工作面临着更加复杂的媒介环境。在此背景下，江泽民提出"对信息网络化问题，我们的基本方针是：积极发展，加强管理，趋利避害，为我所用，努力在全球信息网络化的发展中占据主动地位"②。在胡锦涛担任党和国家领导人期间，中国共产党正处于战略转型期，面对着网络新媒体的兴起及其对传统媒体格局的冲击所导致的国内外新的新闻舆论生态环境，胡锦涛指出互联网就是思想文化信息的集散地和社会舆论的放大器，是人们获取信息的重要渠道，逐渐成为党和政府联系群众的重要纽带，要"充分认识以互联网为代表的新兴媒体的影响力，高度重视互联网的建设、运用、管理，努力使互联网成为传播社会主义先进文化的前沿阵地、提供公共文化服务的有效平台、促进人们精神生活健康发展的广阔空间"③。除此之外，胡锦涛还要求把舆论引导能力作为党的执政能力建设的重要内容，并提出"要从社会舆论多层次的实际出发，研究媒体分众化、对象化的新趋势，以党报党刊、电台电视台为主，整合都市类媒体、网络媒体等多种宣传资源，努力构建定位明确、特色鲜明、功能互补、覆盖广泛的舆论引导新格局"④。同时，胡锦涛还提出新闻宣传工作要认真研究新闻传播的现状和趋势，"体现时代性、把握规律性、富于创造性"⑤。

党的十八大以来，以习近平同志为核心的党中央，在百年未有之大变局背景下，面对由互联网爆炸式发展所引发巨大变化的媒体格局和舆论生态，坚持以马克思主义为指导，结合新的时代条件和历史特点，对宣传思想工作有着正确、全面、清楚、科学的认识。习近平总书记指出："当今世界，信息技术革命日新月异，对国际政治、经济、文化、社会、军事等领域发展产生了深刻影响。信息化

① 中国新闻年鉴[M]．北京：中国新闻年鉴出版社，2001：2.
② 江泽民文选（第3卷）[M]．北京：人民出版社，2006：300.
③ 胡锦涛文选（第3卷）[M]．北京：人民出版社，2016：64-65.
④ 胡锦涛文选（第3卷）[M]．北京：人民出版社，2016：64.
⑤ 胡锦涛．在人民日报社考察工作时的讲话[N]．人民日报，2008-06-21(1).

和经济全球化相互促进，互联网已经融入社会生活方方面面，深刻改变了人们的生产和生活方式。"①如今，在大数据和人工智能等技术的推动下，传统媒体与新媒体之间融合发展的趋势愈发明显，一种全媒体、立体式、多样化的融媒体媒介技术形式成为新一轮媒介技术变革中的主流。李克强总理在第十二届全国人民代表大会第三次会议上提出了"互联网+"的概念，表明了中国共产党和中国政府对互联网媒介技术的重视。在互联网正以其巨大力量更新着所有的媒介技术并因此而产生深刻社会变革时，习近平总书记要求"推动传统媒体和新兴媒体融合发展，要遵循新闻传播规律和新兴媒体发展规律，强化互联网思维，坚持传统媒体和新兴媒体优势互补、一体发展，坚持先进技术为支撑、内容建设为根本，推动传统媒体和新兴媒体在内容、渠道、平台、经营、管理等方面的深度融合"②。2016年2月，习近平总书记在党的新闻舆论工作座谈会上再次要求，"要推动融合发展，主动借助新媒体传播优势"③。更重要的是，习近平总书记始终强调，党和政府主办的媒体必须姓党。2013年，习近平总书记在全国宣传思想工作会议的讲话中强调"党性和人民性从来都是一致的、统一的"④。在2016年党的新闻舆论工作座谈会讲话中，习近平总书记指出，"党的新闻舆论工作坚持党性原则，最根本的是坚持党对新闻舆论工作的领导。党和政府主办的媒体是党和政府的宣传阵地，必须姓党"⑤。

二、媒介环境学派相关理论

本章聚焦社交媒体环境下人的思想行为研究，就不得不涉及致力于研究媒介影响力即媒介作为环境如何影响人的媒介环境学派的相关理论。媒介环境学派作为传播学研究流派中与经验学派、批判学派并列的三大学派之一，是目前最年

---

① 习近平谈治国理政[M]. 北京：外文出版社，2014：197.

② 习近平关于全面建成小康社会论述摘编[M]. 北京：中央文献出版社，2016：117-118.

③ 习近平谈治国理政（第二卷）[M]. 北京：外文出版社，2017：333.

④ 习近平谈治国理政[M]. 北京：外文出版社，2014：154.

⑤ 习近平谈治国理政（第二卷）[M]. 北京：外文出版社，2017：332.

轻、最有影响力的新兴的传播学派分支。经过 50 多年的发展，它已从学术边缘逐渐跻身于传播学研究核心，在传播学界占据着举足轻重的地位。

　　媒介环境学视媒介为人的生存环境，关注媒介环境对人和社会的影响。波兹曼将媒介定义为环境，并指出："媒介环境学研究人的交往、人交往的信息及信息系统。具体地说，媒介环境学研究传播媒介如何影响人的感知、感情、认识和价值。"①可见，媒介环境学将媒介、人、社会的三角互动共生关系作为核心命题，他们把媒介技术作为研究的起点，其最终的旨趣在于研究媒介对人和社会心理的长效影响，落脚点在于人和社会，彰显了其强烈的人文关怀。在方法论上，媒介环境学不同于实证主义、定量分析，注重运用模式识别界面，"整体观照而不纠缠于具体内容，以超文本的思维方式而非逻辑推理和论证，生发洞见，窥寻规律②。可见，媒介环境学注重的是宏观分析和系统把握，研究的是媒介对于社会文化的深远影响。在这里有必要指出的是，媒介环境学主张泛媒介论，麦克卢汉说："一切技术都是媒介，一切媒介都是我们自己的外化和延伸。"③"每一种技术都创造一种环境。"④

　　媒介环境学派走过了三代人的发展历程。先驱人物有刘易斯·芒福德、罗伯特·帕克、本杰明·李·沃尔夫等人。该学派的奠基人是多伦多的"双子星"，大家所熟知的马歇尔·麦克卢汉和哈罗德·伊尼斯；学派的第二代代表人物是尼尔·波兹曼和詹姆斯·凯利等；第三代的代表人物是保罗·莱文森、约书亚·梅罗维茨、林文刚等人。我们将详细介绍三代代表人物的主要学术思想。媒介环境学所论内容非常丰富，结合该学派不同内容对本章的借鉴、支撑和启示作用，本章将以媒介的非中性论、媒介的偏向论、媒介的演化论、媒介的影响论为框架，介绍媒介环境学的主要观点。

---

　　① ［美］林文刚. 媒介环境学：思想沿革与多维视野［M］. 何道宽，译. 北京：北京大学出版社，2007：23.

　　② 李明伟. 新媒介形态与新尺度——"媒介分析理论"的宏大观照［J］. 北京理工大学学报(社会科学版)，2004(2)：66-69.

　　③ ［美］林文刚. 媒介环境学：思想沿革与多维视野［M］. 何道宽，译. 北京：北京大学出版社，2007：197.

　　④ ［加］埃里克·麦克卢汉、弗兰克·秦格龙. 麦克卢汉精粹［M］. 何道宽，译. 南京：南京大学出版社，2000：409.

（一）媒介的非中性论

媒介的非中性论来自对传统媒介（技术）观"内容—形式"二分法、忽视媒介偏向性的反思，它指传播媒介不是中性的、透明的和无价值标准的渠道，只管把数据或信息从一个地方传送到另一个地方。[①] 事实上，要实现信息传播，必然要经历编码、传输、储存、解码的过程，其中，承载信息的媒介起着规定性作用，这是因为不同媒介的物质结构和符号形式，会产生不同的信息编码方式、传输方式、储存方式、解码方式，进而生成、表达和传播不同的信息，就如同文字和电影两种不同的媒介，同一样的内容，因为不同的物质形式和符号形式，送达到受众那里的是两个不同的东西。这是说，不是内容，而是媒介的形态界定着信息的性质，作为更为关键的元素，而不是中性的传送系统，构成传播。这部分我们主要介绍麦克卢汉和波兹曼的思想。

1. 麦克卢汉的"媒介即信息"

20世纪60年代，麦克卢汉把媒介自身而非媒介内容作为着眼点，指出"如果有人提醒我们说，在事物运转的实际过程中，媒介即是信息，我们难免会感到有些吃惊"，因为"'内容'好比是一片滋味鲜美的肉，破门而入的窃贼用它来分散看门狗的注意力"[②]。麦克卢汉把媒介说成是"窃贼"，把我们比喻成"看门狗"，来说明我们常常只看到了"肉"，而放过了"窃贼"，麦克卢汉用"思想看门狗"的比喻来提醒人们，要重视和关注媒介本身，而不仅仅是媒介内容。他进一步指出"媒介即信息"的含义，"媒介即信息只不过是说：任何媒介对个人和社会的任何影响，都是由于新的尺度产生的；我们的任何一种延伸，都要在我们的事物中引进一种新的尺度。"[③]这是说，媒介的意义就如同"尺子"，每一个媒介都是

---

① ［美］林文刚. 媒介环境学：思想沿革与多维视野［M］. 何道宽，译. 北京：北京大学出版社，2007：30.

② ［加］马歇尔·麦克卢汉. ，理解媒介——论人的延伸［M］. 何道宽，译. 北京：商务印书馆，2000：33，46.

③ ［加］马歇尔·麦克卢汉. 理解媒介——论人的延伸［M］. 何道宽，译. 北京：商务印书馆，2000：33.

一把新的"尺子"，提供不同的标准来"丈量"和"选择"人，进而影响和改造人。这是说，媒介充当了"进化的环境"对人进行"自然选择"，所谓"优胜劣汰"，即是说发展媒介所推崇的，淘汰掉不符合媒介要求的。他进一步明确说明"信息"的含义，"任何媒介或技术的'信息'就是由它引入的人间事物的尺度、速度或模式的变化"。显然，如果"人间事物的尺度、速度和模式"都变了，事物肯定不可能再是原来的事物，这说明了媒介的建构性，同时也说明，媒介所带来的是生态式、全局式的影响和改变，不是某方面、某一部分的调整，所以麦克卢汉强调，"媒介即信息"不是一句简单的话。"我总是再三踌躇，不愿意解释这句话的意思。它说的其实是一套隐蔽的运作环境。"①看来，"媒介即信息"的背后，其实是在说"媒介即环境"，麦克卢汉明确地说，"媒介即信息"的意思是，一种全新的环境被创造出来了。这是说，相对于显而易见的媒介的变化，真正的"信息"是因由媒介的变化而带来的新的"服务环境"，就像真正重要的不是汽车，而是由此产生的高速公路、汽车厂、石油公司等。这与芒福德关于"技术创造生活模式"的见解不谋而合。那么环境是如何影响人的呢？麦克卢汉强调，媒介主要是通过改变人的感知比率和感知模式，改变人们的认知、思维模式和行为方式，我们正是通过延伸我们的感官和中枢神经，构建成了我们所生活的技术文化环境。比如，以前印刷媒介强化了我们的视觉和线性思维，互联网媒介则调整了这种感知比率，视觉、听觉、触觉等更加平衡，同时刺激了非线性思维。但我们就如同水中的鱼，往往对新环境的变化浑然不觉，因此迫切需要意识到"水"即媒介环境的存在，以及媒介环境的压倒性影响。麦克卢汉正是用"媒介即信息"这种极端化、夸张式的表达方式提醒人们，既要看到信息显层的内容，更要意识到那些超越显而易见的隐性的媒介技术。值得一提的是，麦克卢汉突出强调了媒介的压倒性意义，并不是否定媒介内容的作用，只是说，它扮演的是配角。麦克卢汉的"媒介即信息"论对当前移动互联网时代的媒介分析具有非常强的借鉴意义，社交媒体的传播呈现多节点、无中心的特点，人人都是中心，无处是边缘，这种传播模式更加凸显了传播技术对人产生的影响。

---

① ［加］马歇尔·麦克卢汉. 麦克卢汉如是说：理解我［M］. 何道宽，译. 北京：中国人民大学出版社，2006：163.

2. 波兹曼的"媒介即隐喻"

在麦克卢汉提出的"媒介即信息"基础上，波兹曼对此进行了改造，提出了"媒介即隐喻"。具有语言学背景的波兹曼借用"隐喻"的修辞术语表达他对媒介的特殊理解，即：是媒介定义了现实世界，但并不是直白的定义，而是隐蔽的暗示。隐喻不仅是一种修辞格，从认知语义学的角度，隐喻还是人类一种重要的认知方式，即由一个我们已知的概念去描述或者"投射"未知的概念的方式。对于"媒介即隐喻"，波兹曼就是把媒介喻为隐喻，用隐喻和媒介的相似性，来揭示媒介。隐喻的特点是援引彼物以证此物，就是隐蔽但有力的暗示，媒介就如隐喻一样，用这种隐蔽但有力的暗示来定义现实世界，同样也是用这种隐蔽但有力的暗示来影响人们的思维方式、社会文化。这样说来，媒介有以下特点：一是隐而不显。媒介对于世界的影响是隐蔽的，以至于身在其中浑然不觉，媒介的隐蔽性正好也说明了传统的媒介(技术)观为何对媒介的作用视而不见，因为媒介自我遮蔽了，也难怪人们如水中的鱼儿一样，只有上了岸才知道水的存在，波兹曼正好用"隐喻论"解释了人们和传统媒介(技术)论为何会陷入"媒介中心论"的旋涡。二是无处不在。媒介作为环境，对于世界的影响是生态化、全局式的，无形渗透于各处。三是建构属性。媒介定义世界，但不是世界，人们通过媒介去感知世界，也通过媒介去建构他对世界的认识。

波兹曼在《消失的童年》和《娱乐至死》中对电视媒介进行了无情的批判，指出电视构建了一个无聊无序、无逻辑无理性、娱乐至死的世界，而且他认为当前作为主导媒介的互联网的隐喻是电视隐喻的强化和升级。总之，他对互联网媒介持消极态度，并用"技术垄断"来表达对于互联网背后的科学主义和数字主义的忧虑。这种在技术至上的环境下仍能保持对技术的清醒认识的独立性值得我们借鉴，但他对互联网媒介的过度悲观，也让他自我遮蔽了互联网媒介的隐喻的积极作用，比如说，促进人的社会化和民主化。

(二)媒介的偏向论

可以说，上一节"媒介的非中性论"的逻辑延伸，即为"媒介的偏向论"。从媒介演变的进程来看，每一种媒介的出现，都不是没有理由的，拼音文字的出现，解决了人的记忆有限性的问题，人们从此可以储存信息；电报的出现，加速了信息传播的速度，让人们的交流更加便捷畅通，总之，每一种媒介的出现都是为了解决过去的问题，优化原有的模式，正是媒介的"使命"让每一种媒介"天生"就带有的各自不同的物质结构和符号形式特征，赋予了媒介不同的偏向。比如说，由于不同媒介对于信息的编码、传输、储存的方式不同，让媒介具有了不同的时间、空间和感知偏向。这部分我们重点介绍伊尼斯的"媒介时空偏向论"、麦克卢汉的"媒介感官偏向论"。

1. 伊尼斯的"媒介时空偏向论"

伊尼斯从人类发展的历史进程这种"宏大模式"出发，采用"总体场论"的方法，研究媒介的功能，认为一个国家的主导传播媒介具有偏向性，并将媒介分为时间偏向型媒介和空间偏向型媒介。时间偏向型媒介是偏向时间的，指那些更易于知识在时间上纵向传播的媒介。这种媒介一般都具有耐久经用，易于保存，但较为笨重，在人类文明早期，纸张和印刷术出现之前，人们常用的传播媒介都属于这种时间偏向型的。比如，苏美尔人当时生活的美索不达米亚平原木材稀少，连石料也很奇缺，但却有着得天独厚的资源——两河冲积所携带的泥土。这些泥土土质好、黏性强，而且取之不尽、用之不竭。聪明的苏美尔人就把它制成泥板，用于书写楔形文字，延续苏美尔文明。再比如，在殷商时代，中国人把甲骨文刻在兽骨和龟背上，到了西周时期，青铜器开始大量使用，人们便把字刻在青铜的钟鼎和石鼓上，而古埃及则使用石头来刻字传播文明，因此可以看到，像泥板、石头、兽骨、青铜等媒介虽然笨重不易运输，但可以经受岁月流逝、气候变迁与战火的摧残而留存下来，带有明显的时间偏向。我们注意到，不同的文明选择什么样的传播媒介是与当时当地的自然条件、地理环境、技术环境紧密相关的，这样就会保持一种比较稳定的状态，形成相对封闭的局域性文化体系，因此使用这些媒介的国家更加尊崇稳定、传统、等级的理念，更加倚重社会风俗、文化传统、血缘关系和等级制度，体现出集权化的发展方向，可见，时间偏向型的媒介更有利于帝国的稳定持久和宗教文化的传承。而对于空间偏向型的媒介，指的是那些更易于知识在空间上横向传播的媒介，这类媒介一般都比较轻便易携带，容易在大众之间广泛传播，但不易保存，比如莎草纸、电报、广播、电视等，使用这些媒介的国家更加追求空间扩张，从人类历史发展进程来看，"人们开始关注空间的时间正是一个文明渴望建立帝国的时间"①，因而有利于帝国建立。随着印刷术的出现，从整体上看，人类社会进入了以空间偏向为主的媒介社会。这里需要特别指出的是，伊尼斯所说的"媒介"这个术语，不仅指的是像石头、纸张等媒介物质原材料，还指媒介信息的传播形式，比如象形文字、拼音文字等。媒介的时空偏向决定了文化的传播方式，进而影响了社会组织和文化形成。关于媒介对社会组织和文化的影响，我们将放在第四点"媒介技术对文化的影响"部分详细论述。

2. 麦克卢汉的"媒介感官偏向论"

接过伊尼斯的"媒介时空偏向论"，麦克卢汉依据媒介对人的感官的调动情况，将媒介分为视觉和声觉偏向型媒介、冷热偏向型媒介、光投射型和光照射型媒介。说到麦克卢汉的媒介偏向论，我们就不能不提他的"媒介是人的延伸"这一著名命题。

麦克卢汉认为，"一切媒介都是人的延伸，它们对人及其环境都产生了深刻而持久的影响。这样的延伸是器官、感官或曰功能的放大和强化"②。在麦克卢汉看来，媒介对人的这种延伸可以分为两类：一类是媒介对人某个具体器官的延伸，比如我们常说的，衣服是皮肤的延伸，广播是听觉的延伸，车辆是腿的延伸，它使得人的某一个感官的单一功能得以延伸；另一类是对人类"中枢神经系统的延伸"，他认为像电视和网络媒介这类媒体，将人的视觉、听觉等多个感官进行整合，延伸的就是人的整体感知。总起来说，媒介的作用都在于重新设计人的"感官比例"，影响的是人的感觉组织，从而导致人对世界接触方式的改变，进而影响人的心理和行为塑造，以至于社会的变革。当然，在这里，他也提出，如果感官延伸不平衡、中枢神经系统延伸过度，就会导致"自杀式的自我截除"和"自恋式麻木"，麦克卢汉在《媒介即按摩》一书中，用一篇纳尔科索斯神话说

---

① ［美］林文刚. 媒介环境学：思想沿革与多维视野［M］. 何道宽，译. 北京：北京大学出版社，2007：114.

② ［加］马歇尔·麦克卢汉. 理解媒介——论人的延伸［M］. 何道宽，译. 北京：商务印书馆，2000：161.

明了人被"人的延伸之物"所控制，导致"自我截除"和"自恋式麻木"的产生。

在麦克卢汉看来，媒介首先作用的是人的感官，因此麦克卢汉也从这个维度对媒介进行了分类。首先，视觉偏向型和声觉偏向型媒介，它是依据被媒介卷入的人的所有感官中占主导地位的感官属性来定义的，视觉偏向型媒介就是以视觉为主导的媒介，比如拼音文字，这种媒介延伸了人的视觉功能，强化了"视觉空间"；声觉偏向型媒介就是以听觉为主导的媒介。麦克卢汉认为，拼音文字发明之前的口语时代是受听觉支配的各种感官紧密互动，并未过度强化某一种感官，形成了感官整合的部落式的语文化。他指出，拼音文字导致了视觉垄断，而电视和互联网等声觉偏向型媒介的出现侧打破了这种局面，实现了视觉和听觉的同步调动，使口语时代那种整合的、同步感知的"声觉空间"得以回归。

麦克卢汉将媒介进行了冷热二分，其标准是基于媒介对人的感官的卷入程度。热媒介的信息清晰度高，信息呈现方式较为单一，信息融合度低，给受众的参与空间小，人的感官卷入程度小，比如广播、电影、图画；而冷媒介的信息清晰度低，融合度高，需要受众参与其中去"脑补"细节，比如电视等。但值得强调的是，这种分法要放在同一类型的媒介中比较才会适当。同样，对于光投射和光照射型媒介，是在冷热媒介分法上的再论述。我们都知道放电影时，光源是从电影屏幕的对立面方向射过来的，经过电影屏幕的反射后，进入人的视线中，因此电影是光投射媒介，它是"热"的，不需要人积极参与，类似的媒介还有照片、绘画等；而对于电视，光是从电视屏幕的后面发出，直射人的眼睛，把光打到观众这里，人就是光的屏幕，因此它需要人积极参与成像，它是"冷"的。以上几种分类都是作为一种认识媒介的工具，从不同维度分析人与媒介的关系以及媒介对人产生影响的不同分析框架。

除此之外，我们还有必要认识波兹曼的"媒介的意识形态偏向"。在波兹曼看来，每种传播手段都嵌入了特定的意识形态[1]，比如新媒体，由于新媒体底层技术采用的是分布式计算、分组交换、多路复用，因此新媒体呈现出来的是去中心化的传播机制，因此新媒体倾向于平等多元的价值观，"媒介的意识形态偏

① ［加］哈罗德·伊尼斯. 帝国与传播［M］., 何道宽，译. 北京：中国人民大学出版社，2003：5.

向"对我们研究社交媒体的价值观传播非常有启发意义。

从媒介的偏向性上看，由于我们所讨论的社交媒体作用的是人的整个感官系统，需要人积极参与，因此它是听觉型媒介、冷媒介，也是光照射型媒介，而对于时空偏向性，社交媒体既轻便，又易于传播保存；既可以实现信息在时间维度上的流传，也可以实现在空间维度上的扩散，但从伊尼斯强调媒介对于社会文化的影响来看，社交媒体更倾向于空间偏向型媒介。

(三)媒介的演化论

在人类历史的长河中，媒介是如何演化的呢？这里我们介绍媒介演化的平衡问题、麦克卢汉的"媒介四定律"以及莱文森的"人性化趋势"。

1. 媒介演化的平衡问题

关于媒介演化过程中的平衡问题，媒介环境学派一直都非常关注，这里介绍伊尼斯和麦克卢汉的媒介演化平衡观点。在上一节中，我们论述了两位学者的媒介偏向论，他们的媒介发展平衡观点正是基于这种媒介"偏向"平衡。在伊尼斯看来，现代社会是一个由空间偏向型媒介主导的社会，时间偏向型媒介被严重压缩，导致人的历史意识淡漠，空间征服欲望膨胀，他引导人们关注古希腊在口头传播这种时间偏向型媒介和拼音文字这种空间偏向型媒介失衡之后，空间偏向型媒介占据主导地位，导致"令人压抑的司法控制和沉重赋税"，对人产生了强大的控制。伊尼斯强调人们要从中吸取教训，一个社会不能过度发展一种类型的媒介，注重"万事勿过"，以求得相对平衡。"平衡"是伊尼斯研究中一个非常重要概念。

麦克卢汉对此持同样的观点，认为媒介演化发展要注重平衡。麦克卢汉认为，媒介对人的感官卷入要平衡，不能过度卷入强化一种感官，否则就要导致失衡。在他看来，拼音文字没有出来之前的口头传播，和电视媒介、互联网媒介等电子媒介，都是注重调动人的听觉、视觉、触觉等所有感觉，这些都是平衡媒介。而像拼音文字、广播等卷入的都是人的一种感官，没有调动所有感官参与传播，这就是失衡的。这提示我们，要介入媒介的发展，既要关注一个时期一个社会的媒介布局平衡，又要关注具体媒介对人全面感官的调动平衡问题。

2. 麦克卢汉的"媒介四定律"

如果要论述媒介发展演变的规律和趋势，就必然会提到被莱文森称为"天鹅绝唱"的"媒介四定律"，这是麦克卢汉所有研究成果的集大成者。在媒介演化的历史进程中，一种媒介的产生是凭空出现的吗？它解决了什么问题？它又为何过时？麦克卢汉用"媒介四定律"——放大、过时、再现和逆转为框架进行了分析。围绕这八个关键词，麦克卢汉对媒介提出了四个问题，即：（1）它提升了和放大了社会或人类生活的哪一个方面？（2）它遮蔽或使之过时的是什么东西？就是说，它遮蔽的东西是它来临之前受到欢迎或地位突出的什么东西？（3）它再现的是什么东西？就是说，它把什么东西从过时的阴影中拉回来放到舞台的中央？（4）当它走完生命历程、潜力登峰造极之时，它逆转成为什么东西？就是说，它摇身一变成了什么东西？①

看起来比较晦涩的四个问题，如果放在具体的媒介运作环境里就比较容易理解。我们以"口语—报纸—广播—电视—电脑"的媒介交替过程为例进行具体论述。对于声觉媒介的广播来说，广播提升了信息传播的速度和广度，强化了听觉，使报纸过时，再现了口语传播时代人们在集市上吆喝的大喇叭，之后逆转成了视听媒介的电视。我们再以电视为起点进行分析，电视调动了人的视听感官，丰富了信息呈现，提高了信息接收效果，同时让广播过时，再现了和印刷术时代相比更加生动、高级的视觉，当电视让人流连忘返时，它又摇身一变成了电脑。所以，当报纸逆转为广播时，而广播又让被报纸淘汰掉的口语复活，当广播逆转为电视时，电视又把广播淘汰掉的视觉复活，质言之，媒介演变发展就是一个滚动式的螺旋展开的过程，有点时尚圈怀旧复古风的意味。而麦克卢汉曾经说过，过去的技术往往会以艺术的形式重新出现。这正是"媒介四定律"的奥秘所在。

3. 莱文森的"人性化趋势"

在继承麦克卢汉的媒介演化思想的基础上，莱文森做了大量的探索，他用麦

① ［美］保罗·莱文森. 数字麦克卢汉［M］. 何道宽，译. 北京：社会科学出版社，2001：270.

克卢汉的"后视镜"方法论，提出了"补救性媒介""人性化趋势"的理论。他认为，推动媒介不断演变发展的动因，就在于媒介要不断变得人性化，以更加符合生物本性的方式满足人对信息的需要。这就是说，越来越人性化是媒介演变发展的标准，人性化高的媒介会受到人们的青睐，得到人们的选择和认可，这是"人环境"对于媒介环境的修正，凸显了人在媒介演变过程中的能动性。按照这个观点，任何一种新媒介都是对于旧媒介人性化不足的补救，用他的话说，就是"整个的媒介演化过程都可以看成是补救措施。因此，互联网可以看成是补救性媒介的补救性媒介，因为它是对报纸、书籍、电台和电话等媒介的改进"①。因此在莱文森看来，人对媒介是有控制力的，能够主动选择和改进媒介，可见和麦克卢汉相比，在莱文森的媒介演化理论中，更看重人的因素，人对媒介环境的建构。

（四）媒介对人和社会的影响

探究媒介对人和社会的影响，是媒介环境学的最终目的和终极关怀。这里引用麦克卢汉在他的研究生课程"媒介与社会"做的一段论述："本课程把媒介作为人造环境来考察。这些环境利弊同在，既有促进作用，又有阻碍作用，塑造使用者的知觉。这些能动的环境，具有神秘形式的、无所不包的属性，成为一切活动的隐蔽运作背景。"②媒介环境学视域宏大，它着眼于宏观的社会文明演进史，关注技术—环境—媒介—文化的发生和发展，通过研究对人的感情、感知、认识和价值的影响，进而探究媒介在社会变迁和文明发展中的深刻影响，这也是媒介环境学强烈的人文关怀和道德关怀的具体体现。关于这方面的研究，几乎每个媒介环境学派的学者都曾留下自己宝贵的研究成果，并且与其他论述紧密相连，前面的论述都有所涉及，限于篇幅，在此，仅就伊尼斯和麦克卢汉、梅罗维茨的相关研究做一论述。

在认识到媒介的偏向性后，伊尼斯指出，"一种新媒介的长处，将导致一种新文明的产生"。也就是说，不同的媒介塑造不同的文化，一个国家的主导媒介

---

① ［美］保罗·莱文森. 数字麦克卢汉［M］. 何道宽，译. 北京：社会科学出版社，2001：179.

② ［加］菲利普·马尔尚. 麦克卢汉传：媒介及信使［M］. 何道宽，译. 北京：中国人民大学出版社，2015：171.

的偏向性影响其文化的偏向性。以中国和希腊为例，在倚重时间偏向型媒介的中国文化里，呈现出保守传统、等级观念重等特点；而倚重空间偏向型媒介的希腊则更好战激进，拥有强烈的开疆扩土的野心。在论述不同偏向的媒介塑造不同偏向的文化的基础上，伊尼斯进一步从政权存续的层面，讨论了媒介发展对于社会变迁的影响。他引入"平衡"一词，认为时间偏向型媒介要和空间偏向型媒介处于平衡状态，一个社会才能稳定发展，"稳定的社会需要这样一种知识：时间观念和空间观念维持恰当的平衡"。他仍以希腊为例，论述了在希腊失去口头传统和文字传统初期的平衡后，由于对纸张和印刷术的过度依赖，使得世俗利益和教会利益产生冲突，进而陷入了"令人压抑的司法控制和沉重赋税"。伊尼斯想要提醒人们，要注意不同媒介的使用平衡，对空间过剩要加以制衡。与伊尼斯有所区别，麦克卢汉是从媒介的感官偏向论述媒介对人的心理和社会结构的影响，"地球村""内爆"都是麦克卢汉在媒介变革和社会变迁方面的研究成果。麦克卢汉认为，印刷术作为手工艺品的第一次机械化发明后，导致了社会的集中化、人的线性思维、森严的等级制度，随着广播、电视等电子媒介的发展，对人的全部感官的卷入，让人们重新回到了"听觉空间"，压缩了时空概念，打破了印刷时代的种种壁垒，知识垄断、政治权威、权力中心都一一瓦解，世界重新部落化，变成了一个"地球村"。而梅罗维茨则注重从微观生活的维度考察媒介对人的影响。他继承了伊尼斯和麦克卢汉的媒介观，又融合了埃尔文·戈夫曼的"场景论"，提出了他的"媒介场景论"。他认为新媒介改变和创造了人们所接触的情境，进而塑造了人们的新行为。他在《消失的地域》一书中，用了三个例子进行详细论述。第一个例子中，他认为电视融合了男性常在的公共情境和女性常在的家庭情境，为男性和女性提供了两性共处一个"信息系统"的场景，进而摧毁了两性之间的区隔，实现了社会群体角色的融合。第二个例子中，他认为电视消解了成人和儿童的界限，电视没有复杂的编码，这弥补了儿童无法识字阅读的不足，降低了成人和儿童之间的信息势差，让儿童得以窥见成人的"后台"和"侧台"区域。第三个例子中，他以政治家为例描述了电子媒介影响下政治家权威的消解。他认为，电子媒介暴露了政治家的"后台"区，向普通市民展示了其不那么光鲜的一面，这促成了政治家想要自我塑造的"侧台"形象，使得政治家权威感消失，加速了社会层级的扁平化。可见，梅罗维茨认为，电子媒介融合了原有

"地域"区隔下的不同社会情境，使得不同社会情境进一步交叉重组，构成了新的情境，进而影响了新情境中人的角色塑造和行为改变。质言之，梅罗维茨从微观层面解释了媒介对人的心理和行为的影响，这是其媒介理论的主要贡献。

三、中华传统文化中有关环境、媒介的理论

（一）关于人与环境的相关理论

1. 环境如何影响人的观点

一是自然环境对人的影响。早在公元前500年左右的东周时期，中国人就已经建立了人与环境关系的朴素认知。《左传》中有："山川之神，则水旱疠疫之灾，于是乎之。日月星辰之神，则雪霜风雨之不时，于是乎之。"这表达了早期先民对于自然的崇拜和敬畏，他们相信掌管山川和日月的神，自然环境中的"天"，会惩罚不遵守自然法则的人并降下灾祸。出于对自然现象的恐惧和敬畏，古人既崇拜环境又希望能融入环境，形成了早期的"天人合一"观念。"天人合一"作为一种理想目标，实际上是外在自然环境对于人的影响。自然现象被看作神的旨意，古人相信外部环境对他们的影响是非常深刻的，是宇宙中的神在引导人做正确的事情。

二是社会环境对人的影响。古代思想家也认为社会环境对人有重大影响，他们肯定教化的意义，如荀子认为治人"其本性不由主观之德性定，而由客观之礼义定"，强调后天环境教化对人的品性的养成；傅玄认为"近朱者赤，近墨者黑"，表明了社会环境对于人的影响是潜移默化的，在积极影响下人会不断进步，在消极影响下则会使人堕落。

孔子说"性相近也，习相远也"①，即是说人的本性相近，但会因后天社会环境的因素产生差异。孔子肯定了社会环境对人的影响，同时也相信存在主动影

---

① 孔子. 论语·洋货篇［M］. 北京：中华书局，1980：17.

响，因此他倡导"三人行，必有我师焉。择其善者而从之，其不善者而改之"①，号召我们向身边人学习，并主动学习优点，看到不好的缺点要主动改造。其中典型的例子是孔子的弟子子路，子路在拜师前，孔子称他"性鄙，好勇力，志伉直"②，孔子多次设礼施戒，以环境改变和影响子路，引导子路成长为孔门三千弟子七十二贤人中的佼佼者。

荀子曰："人之性恶，其善者，伪也。今人之性，生而有好利焉。"荀子认为人的本性是恶的，因为人有"好利"的天性，所以只有严加教化，通过外部环境的施压才能引导人规范言行。如他在《礼论》中所说："人生而有欲，欲而不得，则不能无求；求而无度量分界，则不能不争；争则乱，乱则穷。先王恶其乱也，故制礼义以分之，以养人之欲，给人之求，使欲必不穷乎物，物必不屈于欲，两者相持而长，是礼之所起也。"荀子充分肯定了外部环境对于人本身品性修养的影响，他以性恶论为中心思想进行发散，肯定了后天环境对于人塑造的重要作用。

2. 人如何作用于环境的观点

一是人可以认识环境。"格物致知"最早出自《礼记·大学》"致知在格物，物格而后知至"，意为推究事物的原理，从而获得知识。它是儒家的重要思想，是对人如何正确认识身边环境的方法解读。

"格物致知"在宋代由朱熹重新解读，赋予了更深层的含义。朱熹是宋代理学的集大成者，他最为经典的"格物致知"论实际上也就是论述人如何认识环境的思想。他认为："虽草木亦有理存焉。一草一木，岂不可以格，如麻麦稻粱，甚时种，甚时收，地之肥，地之硗，厚薄不同，此宜植某物，亦皆有理。"③在朱熹眼中，万物皆有理，其格物致知的思想以"理一分殊"为基础，"理一"是总天地万物之理的太极，而不同事物之间又有不同的理，这就是"分殊"。同时朱熹不是抽象地谈论自然界整体的理，而是自然界各个事物的具体的理，他意在通过对不同事物采取"格"的方法获取"知"，实际上承认了人在认识环境过程中可以

---

① 孔子. 论语·述而篇[M]. 北京：中华书局，1980：7.
② 孔子. 论语·子路篇[M]. 北京：中华书局，1980：13.
③ 朱熹. 朱子语类[M]. 北京：中华书局，1986：420.

充分发挥自身的主观能动性，通过找到不同事物的规律而获取环境的知识。

东汉思想家王充也有较为完整的认识论思想，在《论衡》中，王充对"知"即人的认识论有不少专门的论述。《论衡·别通篇》云："倮虫三百，人为之长。天地之性人为贵，贵其识知也。"人有认知能力，应该利用和发挥自己的认知能力，获得知识，扩大认知范围，认知各种事物性质，最终认识到事物内在的规律和本质。《论衡·实知篇》云："尽知万物之性，毕睹千道之要也。"王充所强调的"知"的内容，包括社会知识和自然知识，即天下之事、世间之物。天下之事强调人类社会现象和社会活动，世间之物强调自然现象。

二是人需要顺应自然规律。在抽象的自然环境下的以"天"为中心的环境论影响下，古人养成了遵从自然规律的生活哲学，人可以改造环境但不能妄图掌控环境，因为环境对于人来说是"天"这样带有神谕的存在。古人相信如果自然环境没有顺应规律则会发生灾祸，如《左传》中的："天反时为灾，地反物为妖，民反德为乱。"道家学派中，老子说："人法地，地法天，天法道，道法自然。"①道家的"天"，是与"地"相对的物质的天，而"人"是泛指所有个体的人，"天"和"人"因为"道"，即天地间按照自然规律运行而能够统一。老子相信"道"浑然天成，独立运行，是主宰天地运行的规律。因此，人只有遵循"道"才能达到自身的成就，在认识世界的过程中，人需要遵循自然的规律，也就是"道"，因为"道法自然"。

3. 人与环境相互关系的观点

一是朱熹的"以类而推"实践方法。朱熹在科学研究中倡导"以类而推"的方法，"今以十事言之，若理会得七八件，则那两三件触类可通。若四旁都理会得，则中间所未通者，其道理亦是如此"②。朱熹认为，要想认识事物的规律或学习新知识，可以用类比的方法进行分析，以类比作为桥梁搭建人对环境的认识。

对于自然环境，朱熹认为地质形成后还在不断变动，因为"常见高山有螺蚌

---

① 王弼注. 老子道德经注校释[M]. 北京：中华书局，2008：64.
② 朱熹. 朱子语类[M]. 北京：中华书局，1986：407.

壳，或生石中。此石即旧日之土，螺蚌即水中之物。下者却变而为高，柔者变而为刚。此事思之至深，有可验者"①；"今高山上多有石上蝎壳之类，是低处成高。又蝎须生于泥沙中，今乃在石上，则是柔化为刚。天地变迁，何常之有"②。朱熹通过对自然的深入观察和类比，推断出了地质变化的结论。他通过实践实现了对环境的认识，表明了人与环境之间关系的建立依靠实践为中介。

二是王夫之强调从实践获取知识。明末清初思想家王夫之已具有朴素的唯物主义思想，他反对"生而知之"的先验论。认为先验论实际上是一种否定环境和后天实践影响的思想。王夫之说："耳有聪，目有明，心思有睿智。入天下之声音研其理者，人之道也。聪必历于声而始辨，明必择于色而始晰，心出思而得之，不思则不得也。岂蓦然有闻，瞥然有见，心不待思，洞洞辉辉，如萤乍曜之得为生知哉？果尔，则天下之生知，无若禽兽。"③也就是说，凭借感官心知，进入世界万物声色之中，去探寻知晓事物的规律，这才是认识世界的途径。知识是后天获得的，非生而知之。王夫之不仅承认了人对环境的认识，也强调了人获取认识的途径必须依靠后天的实践活动，而不是先天获得。

（二）关于媒介与人的相关理论

在中国古代，"媒介"一词是与"传播"分开的。"媒介"最早出现在西晋学者杜预为《左传》作注的《春秋左传集解》一书中——"公不由媒介，自与齐侯会而成昏，非礼也"（卷2），以及"言已，介达之，介音界，媒介也"（卷30）。④ 同样，在同时代的《晋书·索蟣传》中也出现了"媒介"一词——"索曰，居冰上，与冰下人语，为阳语阴，媒介事也"⑤。之后，在《唐书·张行成传》中也出现了关于"媒介"的描述——"观古今用人，必因媒介"⑥。在这些文献中，"媒介"一词的词性为名词，是指"媒人、引荐者"，主要是代表一种人际传播概念，起到建构和维

---

① 朱熹．朱子语类［M］．北京：中华书局，1986：2367．

② 朱熹．朱子语类［M］．北京：中华书局，1986：2369．

③ 孔子．论语·季氏篇［M］．北京：中华书局，1980：16．

④ 左丘明．春秋左传集解［M］．上海：上海人民出版社，1977：79，1801．

⑤ 房玄龄．晋书·索沈传（二十五史缩印本，第四册）［M］．北京：中华书局，1997：639．

⑥ 刘昫．旧唐书（第八册）［M］．北京：中华书局，1975：2703．

系当时所处时代的人际关系的功能。直到晚清，在黄遵宪撰写的《日本国志》①、杨巩编著的《中外农学合编》②以及袁枚所著的《随园食单》③中出现的"媒介"一词，已经逐渐增加了动词词性，主要指代各类介绍人以及具有联系、传递功能的事物，代表一种大众传播概念。由此可见，"媒介"一词在中国的古典认知中，特指使双方发生关系的人或物。

在媒介不发达、人们对符号充满崇拜的古代，中国人极其注重信息接受的主体性，常常体现的是一种"受者"的主体性思维方式和主体性接受观念。在中国古代文人雅士的传播观念中，"观""味""知"既代表了中国古代的传播现实，也体现了中国古人对于传播和媒介的思维方式、立场和视角，认为传播应该更多地关注能动的、具体的、个体的传播对象，而非被动的、抽象的、群体的传播受众。④在中国古代大众媒介不发达的时代背景下，"观"是将物、言、意融为一体，体现了一种整体、全面、综合的传播理念；"味"的提出，是因为中国古人认为在进行传播活动时，人们内心的反应和活动过程十分重要，应该注重传播对象的主观能动性；"知"则代表了中国古人在传播活动中对传播对象进行信息接受时应该达到的一种理想状态。

1. 儒家媒介思想研究

《论语》作为儒家的重要文献，从价值传播的视角来看，存在着四种优秀的传播模式——知行合一、情理交融、推己及人、传授兼顾。⑤《论语》和儒家的传播思想将信息传递与价值传递区分开来，所构建的传播思维是具有互动性的。

儒家认为，语言符号是传播中十分重要的因素，是一种重要的媒介，可以起到传播信息的功能，并且通过综合分析和判断，能够得到接近客观事实的信息，正如"察言而观色"⑥。在儒家看来，在使用语言这种媒介时，要考虑到语言媒介

---

① 黄遵宪. 日本国志[M]. 上海：上海古籍出版社，2001：328.
② 杨巩. 农学合编[M]. 北京：中华书局，1956：307.
③ 袁枚. 随园食单[M]. 西安：三秦出版社，2005：13.
④ 邵培仁. 华夏传播理论[M]. 杭州：浙江大学出版社，2020：131.
⑤ 邵培仁. 华夏传播理论[M]. 杭州：浙江大学出版社，2020：257.
⑥ 钱穆. 论语新解[M]. 北京：三联书店，2002：320.

的遮蔽性，语言并不能够准确表达一个真实的信息和想法，所以语言媒介的使用者要能做到言语和内心一致。在儒家视域下，其他多种媒介都是语言的延伸和变化，语言是了解人、认识人的工具，"不知言，无以知人"①，语言媒介甚至具有"一言兴邦""一言丧邦"②的威力，所以语言媒介的使用者一定要谨慎。值得一提的是，孔子发现了语言媒介与社会发展之间存在错位，并提出"正名"③理论。但荀子则认为媒介是具有社会性的，社会现实是第一性，传播符号则是第二性，并且还认识到传播媒介必须要不断进行更新、创造，才能满足社会发展所带来的传播需求。④

在儒家看来，"以仁释礼，内仁外礼"⑤的传播概念既拥有内在的人性根基，也具有外在的实践可行性；能够最大限度地保证传播效果。儒家认为，"仁"是传播过程中传播者和接收者所具备的自然的人性，是传播的前提；"礼"本身是一套特殊的传播模式，是传播过程中的实践规则；"仁"的价值也正是在"礼"的实践下来传播的。在儒家的传播模式中，媒介传播效果的好坏，取决于自身"仁"的高低以及对于"礼"的把握能力。孔子在传播过程中所建立的"推己及人"的人际传播模式，不仅强调传播者的主体性，同时也强调接受者的主体性，认为具有主体性的接受者在与传播者的互动过程中，同样会成为传播主体。而孟子则更强调非语言符号媒介在传播过程中的重要性，在孟子看来，"君子所性，仁义礼智根于心，其生色也，睟然见于面，盎于背，施于四体，四体不言而喻。"⑥因此孟子认为身体形态对传播效果极为重要，并执着追求传播主体之间的平等关系。

2. 道家媒介思想研究

以老子为代表的道家学派所建立的传播思想是一种去符号化、充满辩证性的传播思想。老子认为媒介的使用必然存在主观因素，也必然含有价值的判断和主

---

① 朱熹. 四书章句集注[M]. 北京：中华书局，1983：56.
② 朱熹. 四书章句集注[M]. 北京：中华书局，1983：145.
③ 龚文庠. 说服学——攻心的学问[M]. 北京：人民出版社，1994：44.
④ 王先谦. 荀子集解[M]. 北京：中华书局，1988：414.
⑤ 邵培仁. 华夏传播理论[M]. 杭州：浙江大学出版社，2020：259.
⑥ 焦循. 孟子正义[M]. 北京：中华书局，1987：750.

观的裁定。在老子看来，媒介的使用将人们所处的世界变得简单、抽象。老子在《道德经》中对语言媒介的使用提出了要求，即"希言自然"①，同时主张"俭言"。老子认为，在使用语言媒介进行传播时，仅仅依靠语言来表达和交流是无法了解事物的本真的，在传播过程中，语言媒介容易出现噪音导致事物的本真出现偏离。所以，老子认为在使用语言媒介进行交流时，要有"慎言（七十章）"的行为、"慎言"②的自觉、"贵言（十七章）"的态度以及"希言"的思想。老子所主张的传播观念是要认识到传播过程中传播对象的多样性③，尊重传播过程中每一个个体包括事物在内的平等性④，反对传播者在传播过程中以自我利益为核心⑤，追求传播活动的绝对客观和自由，让传播过程中的每一个个体都能够发挥其本身所具有的价值和意义⑥。同时，老子也对传播者的基本素质提出了要求，认为传播者自身素质和品行对于传播效果极其重要，应该不断通过自省来规范自己的思想和行为，从而保持本性⑦。

在传播的去符号化和辩证性方面，庄子承接老子的思想，并且有了更精细的理解。庄子认为，"心"在传播过程中起着极为重要的作用，"心"才是真正的自己，除去"心"和自己的身体之外，"心"的附属以及身体的延伸这些有形的、可易的事物，便是媒介。媒介是传递与接收信息最重要的工具，在庄子看来，"心"是人们沟通过程中的一个基本的起点，也是一个终极的目标，是一个包含了道德、精神、情感、思想、信念等要素的精神世界。在庄子视域下，媒介不是中性的，而是根据媒介本身性质的冷暖可以分为冷媒介与暖媒介⑧。冷媒介会使"心"失去温度，会使人淡漠情感、败坏道德；暖媒介则会温暖人"心"，增强情感，提升道德。庄子认为，每个人在使用媒介前要格外警惕媒介（尤其是新媒

---

① 陈鼓应.老子今注今译[M].北京：商务印书馆，2003：126.
② 陈鼓应.老子今注今译[M].北京：商务印书馆，2003：243.
③ 杨柳桥.庄子译注·至乐[M].上海：上海古籍出版社，2012：199.
④ 杨柳桥.庄子译注·至乐[M].上海：上海古籍出版社，2012：181.
⑤ 王夫之.老子衍[M].北京：北京出版社，1999：3861.
⑥ 陈鼓应.老子今注今译[M].北京：商务印书馆，2003：215.
⑦ 陈鼓应.老子今注今译[M].北京：商务印书馆，2003：198.
⑧ ［加］马歇尔·麦克卢汉.理解媒介——论人的延伸[M].何道宽，译.北京：商务印书馆，2000：51.

介)损失自己的身心，也就是"人为物役"。在庄子看来，人们对于媒介的使用有着三种境界：第一种境界是在使用过程中弱化甚至无用化媒介的功利价值；第二种境界是在使用媒介的过程中不盲目追求媒介，也不过度依赖媒介；第三种境界是"无用乃大用"，在使用媒介的过程中彻底忘记媒介的存在，消除人我和物我的对立，从而达到"道通为一""一以是终"。可见，古代有关媒介的中华智慧对当下仍然具有较强的指导意义。

四、媒介与人的发展的关系探源

媒介建构了人的生存环境，深刻改变了人的生活交往方式，影响了人的思想观念和行为选择，同时，人是具有能动性的，这表现在：人创造了媒介，人对媒介环境具有理性规约的作用，因此人与媒介互为建构、相互影响，共同作用于人的发展和社会的变迁。本部分将从媒介作为环境的角度，阐述媒介是如何影响人的，人又是如何建构媒介环境的。

(一)媒介即环境

早在媒介技术还没有完全展现其魅力的年代，马克思就指出："没有造出机车、铁路、电报、自动走锭精纺机等等。……它们是人的手创造出来的人大脑的器官：是对象化的知识力量。"[1]可见，马克思对于媒介技术的认识是深刻、独到且极富预见性的。我们在麦克卢汉"媒介是人的延伸"等媒介环境学派的观点中，也能看到马克思对于后续媒介技术研究的影响和启发。媒介作为"人的手创造出来的人大脑的器官"，是人创造出来的技术，是人的本质力量的对象化，但从媒介对人的影响角度看，媒介更是环境，它塑造了人的生存空间。波兹曼早在1968年就指出，我们生存的环境，除现实环境外，还有一个由语言、技术和其他符号组成的媒介环境，它塑造了"我们头脑中的图像"[2]。因此，我们可以说，媒介环境是一个社会的传媒所营造的社会情境，它由各式各样的媒介及其传递的信息和

---

① 马克思恩格斯选集(第2卷)[M]．北京：人民出版社，2012：784-785．

② Postman Neil. Science and the Story that We Need[J]. First Things，1997(1)：69．

其他符号内容所构成，并由一个社会主导媒介技术所决定。在之前的论述中我们知道，媒介不是中性的，每一种媒介的物质结构和符号形式都让媒介具有一定的偏向性，因此每一种新媒介的产生，都会创造出一种全新的环境。当前，社交媒介作为当前社会的主导媒介，已经渗透到世界的每一处角落，成为人们赖以生存和发展的全新空间，我们现在常说的"媒介化生存""数字化生存""网络化生存"都是媒介对人的生存方式发生直接影响的具体体现。

1. 媒介是人的感知环境

要想感知周围的环境，毋庸置疑，我们需要调动起人的感觉器官。但是当我们用直接经验的方式获得对全部世界的感知时，我们就创造出了媒介。在麦克卢汉看来，媒介正是作用于人的感官，使人们获得对世界的认知。当媒介作用于人的眼睛时，就延伸了人的视觉，比如文字；当媒介作用于人的耳朵时，就延伸了人的听觉，比如广播。每一种媒介所作用的感官不同，人们在媒介的感官过滤下所接收到的资料也就有所不同，对世界的理解和感知自然也会不同，因此可以说，媒介作为中介，在人和现实环境之间建构了一个不同于现实环境的感知环境，这种感知环境就是人们在媒介感官延伸的作用下所感知到的物质世界。当前，在社交媒介主导下的媒介环境中，社交媒介综合作用于人的整体感官，同时延伸我们的视觉、听觉、触觉等多种感官，在大量生动图片、逼真视频影像等直观内容的刺激下，把人们带入真实的或者模拟的再现现场，让人看得更远、听得更清、了解得更多，人们就是在对大量的图片、视频的编码解码中，扩大了感性认知的素材，由此建构了一个经由社交媒介感知特征过滤的感知环境。

2. 媒介是人的符号环境

在人的思维内环境和人所在的社会环境之间，媒介建构了一个由一套符号代码构成的符号环境，每种媒介都有一套独特的符号系统，因此可以说，每种媒介都建构了一种不同的符号环境。我们使用一种媒介，就是使用它所提供的符码去表征、言说、思考、感知和认识我们的物质世界，因此我们到底怎样在脑海里去认识周围的世界，媒介所建构的符号环境发挥着重要的作用。举个例子，同一个故事，我们以文本的形式通过阅读获取故事信息时，是通过文字媒介里的词汇符号和语法规则去建构这个故事，进而生成意义，而如果是以视频的形式通过观看来获取故事信息时，我们是通过视频媒介里的镜头语言等电影词汇和视听规则来建构它，很显然，两种不同的符号结构将影响我们的感知，进而影响我们对于故事信息本身的理解。由此可以看到，我们使用媒介，就是通过媒介的符号环境，将人们对于现实客观世界的感知经验转化为不同的符号形式，供人的思维活动加工，生成对世界的"概念图"。在当前社交媒介环境下，我们生活在由文字、图像、声音等多重符号系统构建的符号环境中，既有作用于人的形象思维的符号形式，比如基于虚拟技术、VR技术的指向实物，也有作用于人的抽象思维的符号形式；既有如各类语言文字的推理性符号，也有类似如"：）""：-D"各种表情符号的表征性符号，他们共同发挥作用，构成一个感知—符号环境，以便更易于人们对于世界更全面的理解和把握。

3. 媒介是人的文化环境

斯图亚特·霍尔认为，文化就是共同生活的人用类似的方法解释世界，能用彼此理解的方式表达自我及对世界的想法和感情①，涉及共享意义。媒介为人们提供了这种"类似的方法"、"彼此理解的方式"，比如，在人类社会的早期，"彼此理解的方式"就是人类的语言；在当前，就是包括语言、图像、声音等在内的社交媒介。每种媒介都构建了一种独特的文化环境。在口语为主导媒介的时代，人们的交流没有借助技术形态，使用的交流媒介就是自己的语言，面对面的交流调动了全身体的感官参与，感知体验是完备的，同时由于口语传播覆盖面比较小，人们形成了部落化的社群生存样态，因此以口语为主导媒介的社会文化氛围是平等的、亲密的、互助合作的、以集体主义为导向的。随后文字成为主导媒介，视觉传播模式代替了需要调动全部感官参与的口语传播模式，人们不需要借助于外界的交流而获取信息，以眼睛为媒介独立获取经验信息的能力大幅提高，基于文字的理性思维也不断发展，人们开始走出部落化的感性社会，集体主义逐渐被个体主义所代替，因此文字媒介塑造了严肃理性、倾向于个体主义、等级关系明确、脱离部落化的文化倾向。当前，社交媒介将人延伸至全球，我们可以与

---

① 邹赞. 论斯图亚特·霍尔对文化研究的理论贡献[D]. 乌鲁木齐：新疆大学，2008.

外界建立起超越时空的连接，"地球村"的出现让人们感受到原始部落社会的亲密联系。去权威、追求平权、和谐多元的文化氛围成为主流，因此，媒介未必改变我们文化中的一切，但它们必定改变有关我们文化的一切①，不同的媒介塑造不同的文化。值得一提的是，媒介对教育的影响要高度关注，它既直接影响我们使用和依赖媒介时能够知道什么，又影响我们如何了解这些东西。② 就是说，媒介影响我们获取的信息内容和获取信息的手段，学习的手段可以包括看书、听线下课、听网课，看视频，等等，不同的学习手段会影响学习的效果，因此媒介应成为教育关注的重要课题。

（二）媒介对人的影响

媒介的影响有三个方面的特点：一是隐蔽性。麦克卢汉用"鱼"和"水"来形容媒介影响的不易察觉性。波兹曼对此也指出："媒介的独特之处在于，虽然它指导着我们看待和了解事物的方式，但它的这种介入却往往不为人所注意。"③正是媒介对人类生活的深刻卷入，形成了媒介和人类如此频繁的亲密接触，构建了人们生存不可或缺的"背景"，人们沉浸其中，难以察觉媒介的存在，尤其在当前"万众皆媒"的时代，当每个人集信息生产者、消费者、传播者于一体，人类自身成为信息传播中心的时候，人和媒介融为一体，媒介对人的影响就更为凸显这种"润物无声"的隐蔽性。质言之，媒介对人的影响是潜移默化的，是弥散的，充满渗透性。二是双重性。所谓双重性，即是指媒介对人的影响，一方面表现为对人的主观世界外化的促进作用；另一方面则表现为对人的异化倾向。当然，所谓积极或者消极影响，都是从人的主观需要出发，事实上，任何事物都是对立统一的，既有积极的因素，也有消极的因素，而且对于主体的人和作为客体的媒介来说，媒介要发挥什么作用，还要看主体的自身素质。比如，随着信息技术的不

---

① ［加］马歇尔·麦克卢汉. 理解媒介——论人的延伸［M］. 何道宽，译. 北京：商务印书馆，2000：193.

② ［美］林文刚. 媒介环境学：思想沿革与多维视野［M］. 何道宽，译. 北京：北京大学出版社，2007：187.

③ ［美］林文刚. 媒介环境学：思想沿革与多维视野［M］. 何道宽，译. 北京：北京大学出版社，2007：30.

断发展，人类社会进入了读图时代，弹幕视频网站、直播应用等图像媒介增强了信息呈现的丰富性和生动性，提高了信息传播的效果，同时降低了获取信息的门槛，任何人都可以参与其中，营造了强烈的在场感和参与感，但由于图像媒介诉诸于感性，更多要求人们去感觉而非去思考，因此容易使人们疏离抽象思维，不利于人的理性和创造力的发展。就像麦克卢汉所说的，媒介延伸人的身体，赋予人力量，但也会导致人的"自我截除"，造成人的自我迷失。这就是媒介的双重性影响。三是目的性。不同于其他环境因素，媒介对人的影响不是无目的的，而是具有明确的指向性。纵观媒介演化的历史过程，其根本目的都是为了消除传播的时空障碍，让信息"飞"得更快、更远一些，比如，文字的出现打破了信息只能口口相传的桎梏，广播则加快了这种传播速度，电视直播似乎"折叠"了时间，让时间障碍逐渐趋于零和，手机则让空间显得不再遥远，获取信息的空间障碍正在被突破，而随着信息技术的发展，移动互联网下的手机直播、即时通信等，则彻底消弭了时空的阻隔，人们从置身事外到参与其中，信息从"遥在"到"泛在"，每个人都在经历"第一现场"，"在场感"体验强烈。就像莱文森的"人性化趋势"所认为的，媒介总是以更加符合生物本性的方式满足人对信息的需要，变得越来越人性化，媒介环境作为"人化环境"，本身体现着技术的渗透，发挥着媒介环境改造人、发展人的目的倾向。具体说来，媒介对人的影响包括以下几个部分：

1. 媒介影响和改变了人的生活方式

马克思说过，"人们的存在就是他们的现实生活过程"。媒介对人的影响，最显著也最直接的就是从人们的日常生活视野去考察。当前，以社交媒介为主导的媒介环境已经成为社会环境构成的主导因素，是人们生存发展不可或缺的空间场域，塑造了人们与过去不同的生活方式，"全时在线、时时上线"已经成为人们普遍的生活形态，社交媒体上移动金融、移动医疗等新兴领域的移动应用方式多方位地满足了人们的各种生活需求，可以说，由于媒介的全面渗透，人的媒介化生存开始形成，这突出表现在：其一，媒介改变了人的表达手段，形成了视频化生存方式。以往人们表达思想、进行社会互动的主要媒介是文字，但随着网络视频媒介的普及，视频拍摄工具越来越随身化、视频加工剪辑工作越来越傻瓜化，以及传播平台逐步社交化，越来越多的普通人拥有了视频记录权和创作权，人们通过视频来记录生活、表达思想，参与社会互动的热情和能力得到大幅度的激发和提高，于是人们用视频找到了更多的表达手段和个人存在感，发现了更多在虚拟空间里现身的机会，抖音、快手等短视频平台的爆火，每天必不可少、不能自拔的"刷视频"时间，都让人们不得不承认，人们用视频创造了一个新的世界，"戏如人生，人生如戏"，正是对当前人的视频化生存的最好诠释。其二，媒介拓宽了人的生活场域，形成了虚拟化生存方式。当互联网媒介出现的那一刻，就意味着人的虚拟化生存进程的开始。互联网媒介为人们打造了一个完全不同于现实环境的虚拟环境，人们幻化成各种以账号、头像、昵称等元素表征的符号存在，在虚拟环境里进行虚拟交往、虚拟娱乐，开展各种虚拟实践，应该说，虚拟环境扩大了环境的形式，延伸了人的活动形式，虚拟生存方式则提升了人的本质力量，为人的发展提供了更多可能。现在随着后互联网时代的到来，现在社交环境和虚拟环境的界限越来越趋于模糊，现实空间逐渐成为人们在虚拟空间里传播的内容，人们越来越倾向于从手机的取景框即传播价值的视角来审视现实空间，凸显了现实空间的"媒介化"。与此同时，虚拟空间又在高度模拟和回归现实空间，网络信息正在按照现实世界的定义，以实体化面貌呈现，原来密密麻麻的网址变成了形状各异的二维码印刷在现实中的大街小巷，网络交互也从敲击、触摸方式，变成了肢体动作、语音靠拢，由此看来，人们的虚拟生存也逐渐呈现出虚实交融的特点。其三，媒介催生了人的新的生存样态，形成了人的数据化生存方式。现在，人不仅以肉体的形式存在，而且还以"数据"化身的形式存在。以前，一天下来我们具体做了什么事情，只能靠大脑模糊的记忆，但现在随时随地的数据化，几乎可以还原人们每时每刻的生活痕迹，那些我们在进入各种网络平台注册时填写的个人信息，在微信、微博、短视频 APP 等社交平台上公开分享的内容，在百度、淘宝等各种平台上浏览、购物、点赞等所有行为数据，都作为你留在这个世界上的"物证"被记录了下来，这些弥散在各种终端与平台的数据都成为个体的映射和化身，作为一种数据化生存，像"信息档案"记录了个体存在的真实性。

2. 媒介影响和改变了人的交往方式

人作为感性的存在生活在社会中，必然要和这样或者那样的感性存在发生联系，因此人与人之间的交往是社会发展的必然产物和基本前提。"孤立的，个别的人，不管是作为道德实体或作为思维实体，都未具备人的本质。人的本质只是包含在团体之中，包含在人与人的统一之中，但是这个统一只是建立在'自我'和'你'的区别的实在性上面的。"①马克思对费尔巴哈关于人的社会性给予高度赞扬，并指出，"人对自身的关系只有通过他对他人的关系，才成为对他来说是对象性、现实性的关系"②。在此基础上，马克思进一步超越对"人的社会性"的抽象理解，提出了"人的本质不是单个人所固有的抽象物，在其现实性上，它是一切社会关系的总和"③。在人类历史上，人的社会交往手段的变革是推动人的交往方式变迁最主要的力量。人类社会早期，人的交往手段非常落后，"鸿雁传书""鱼传尺素"形象地描述了当时人们的交往方式，因此交往范围比较受限，人们只能基于血缘、地域等关系在一定范围内形成社群，交往方式呈现出封闭性、地域性。如果说这种交往方式主要是以对自然的依赖关系为基础构建人的交往关系的话，那么随着电报、铁路、轮船等工具的出现，基于对这些"物的依赖"则大大拓宽了人的交往空间，节约了人的交往时间，尤其是当前飞速发展的信息化技术和移动互联网技术打破了传统社会的时空限制，改变了社会时空结构，社会交往方式走向了对"信息和知识的依赖"。这种对"信息和知识的依赖"，突出表现在人们对近年来风起云涌的社交媒体和移动终端的"疯狂拥抱"，可以说，社交媒体彻底改变了人类交往的时空观，表现在：第一，人们交往的效率得到提升，可以不受任何时空限制，随时随地进行信息传递，"异步互动"变成了"实时互动"，当然，人与外界的联系越多，也意味着人受到外界影响的可能性就越大。第二，人们交往的维度大大丰富。过去，人们交往的方式主要是书信、短信等文字交流，现在视频、音频、文字等多媒体形态同步呈现，尤其是移动视频直播的出现，更是让信息传递更加丰富。第三，人们交往的体验更加优化，VR、AR 等虚拟现实技术让人们的交往增强了真实感和临场感，如同"面对面交流"的临场感体验的交往方式正在实现。第四，人们交往的模式更加多元。以前，个体交往

---

① 费尔巴哈哲学著作选集[M]. 北京：商务印书馆，1984：185.

② 马克思恩格斯选集(第 1 卷)[M]. 北京：人民出版社，2012：59.

③ 马克思恩格斯选集(第 1 卷)[M]. 北京：人民出版社，2012：139.

多基于亲人朋友间的情感交流、同事间的工作交流，现在人们发生链接产生互动的模式则更多，有的是在打游戏中认识的，有的是在知乎中同一个问题帖里偶遇的，有的则是在同一个直播房间发现了彼此。不仅是个体互动，群体互动也是如此，过去人们基于血缘、地缘、宗教等形式结成共同体，但微信、微博等社交媒介的出现，则让人们跨越自然因素的束缚，以更加自由的方式构建社会关系，通过兴趣、爱好、偶像、职业等形成不同类型的社群，改变了人们聚集交流和群体互动的方式。

3. 媒介影响和改变了人的认知和思维方式

网络媒介尤其是社交媒介的兴起，为人们提供了丰富的信息源，同时多媒体表征的信息内容也增强了信息传播的效果，拓宽了人们的认知来源，优化了人们的感知体验，使人们获取信息、认识世界的能力大大提升，但同时，社交媒体也给人的认知和思维带来了一定的冲击。第一，媒介丰富了人的认知来源，但同时也可能造成人的认知窄化。媒介的使用与满足理论告诉我们，人们选择使用媒介是为了满足某种需要，比如说，休闲放松、获取知识、自我表达等，尼葛洛庞帝在《数字化生存》中曾指出，假如有家报业公司愿意让所有采编人员按照你的吩咐来编一份报纸，那又会是怎样的情景呢？这份报纸将综合了一些对你来说"不那么重要"的消息，但可能和你认识的人或你明天要见的人有关。假如《波士顿环球报》不能提供正好符合你需要的信息，你可能愿意出比100页的《波士顿环球报》高得多的价钱，来买一份只有10页但专门为你编辑的《波士顿环球报》。你会消耗掉其中每一个比特。你可以称它为《我的日报》。① 所谓"《我的日报》"即是个人化信息，说的是，相对于"《我们的日报》"，人们倾向于获取自己感兴趣的信息，尤其是现在当人们将社交媒体作为自己的主要信息渠道，基于社会关系构建信息网络的情况下，人们更容易受到群体环境的影响，更易于将一些信息阻隔在外，进而强化信息的同质化，凯斯·R. 桑斯坦把人们的这种选择性心理及

---

① ［美］尼古拉斯·尼葛洛庞帝. 数字化生存［M］. 胡泳，范海燕，译. 海南：海南出版社，2017：182.

其带来的后果称为"信息茧房"，意味着我们只接触我们选择和愉悦我们的信息。① 这种由此带来的"回声室效应"一定程度上将造成人的认知窄化，以至于让人们觉得世界就是他们所打开的有限个窗口界面的风景。第二，媒介信息的碎片化，可能会造成人的认知片面化。早在 PC 时代，人们的阅读就呈现碎片化，移动互联网的出现，进一步推动碎片化的进程，我们越来越倾向于利用零碎的时间段来获取信息，早上起床刷牙的间隙刷两个新闻视频，排队买早饭的时候看看微信公众号的文章，为了迎合人们使用媒介的碎片化，信息传播也逐渐碎片化，我们发现，越来越短的视频、越来越简练的新闻……我们越来越难以从一两个信息和窗口里获取对事物的完整认识，人们通过这种碎片化的信息串联起整体认知的难度加大，容易产生"盲人摸象"的后果，而且当前人们对媒介的过度依赖又放大了媒介的作用，"人们对媒介的过分依赖已经一步步地引入一种无法自拔的困境当中。媒介上每天报道的信息就是人们行动的方向，人们做每件事之前都希望从媒介上找到依据"②。因此，如果我们不能提高梳理和整合碎片信息的能力和媒介素养的话，就很容易造成人的认知片面化，难以获得对于事物的完整认知。第三，媒介丰富的信息呈现方式，有可能会弱化人的理性思维。人认识事物的第一阶段是感知，感知是客观事物直接作用于人的感觉器官如眼、耳、鼻、舌、身等在大脑中产生的反应形式，而人的思维加工和处理就是通过感知获取的信息。现在随着社交媒体呈现信息的方式和手段越来越丰富多元，图像、视频、音频等多种媒介形式同时作用于人的感官，给人们带来强烈刺激和愉悦的感官体验，因此丰富了人的感知信息，延伸和强化了人的形象思维，但同时由于人们常常满足于这种感官体验，容易疏远用抽象思维形成理性认识的模式。另一方面，在文字和印刷媒介作为社会主流媒介的年代，人们主要通过文字交流思想、形成认识，整体有序的文字排版方式和逻辑严谨的演绎风格让人们倾向于对线性思维的运用，但当前，无论是现在信息呈现的结构还是多线索的新媒体叙事手法，抑或是人们越来越习惯于多任务处理多界面浏览的行为方式，都无形中塑造了人们非线性思维的模式，这样的结果可能会提高人们认识事物的广度，削弱深度，同样会

---

① ［美］凯斯·R. 桑斯坦. 信息乌托邦［M］. 毕竞悦，译. 北京：法律出版社，2008：8.

② 张平. 媒介化生存的危机［J］. 青年记者，2011(16)：50-51.

阻碍人们理性思维的发展。

(三)人对媒介的理性规约

马克思主义认为,人在环境面前并非完全被动,人对环境具有能动的反作用,表现在人可以认识和改造客观环境。媒介环境正是人认识和改造客观环境的结果。从历史来看,正是我们通过开发、使用、发展媒介技术这些实践活动,并以此为中介维持生存、发展自我、认识世界、改造世界,才不断推进着外部环境的"媒介化"。所以,媒介环境作为"人化环境",是人对客观环境重新塑造的典型例证,体现了人的主观能动性和创造性,闪耀着人类理性的光芒。人对媒介的规约,体现在以下几个方面:

1. 人类理性规定媒介演化的方向

每一种媒介技术都是"双刃剑",利弊皆有,就像莱文森所说:"寻找一种固有好的或者坏的属性的技术是徒劳无益的。因为枪的好处是可以作为打猎的工具而使人们免于饥饿,但坏处是可以杀人……总之,一切技术都是刀子的翻版,既可用于好的目的,也可用于坏的目的。"①也就是说,一切技术的应用潜力和后果都是不可预测的,这是一切技术固有的属性。② 尽管媒介技术一旦被发明,"信息系统"就会"产生必不可免、难以抗拒的社会影响或其他效应"③,这被称为"硬"的媒介决定论,但从实际情况来看,媒介演化发展始终是朝着有利于发展人、服务人、解放人的走向的,并且呈现出越来越人性化的趋势,媒介技术越来越适合人的需要。比如,在技术没有发明之前,人们依靠口语交流,好处是这样的交流是多个感官的共同参与,因此大家会感到亲切、自然、直观,但对方只能在彼此可视可听的感官允许的范围之内交流,接着,文字、印刷术、广播等媒介

---

① Levinson P. On Behalf of Human: The Technological Edge[M]. The World and I, 1996: 300-313.

② [美]保罗·莱文森. 手机:挡不住的呼唤[M]. 何道宽,译. 北京:中国人民大学出版社,2004:11.

③ [美]保罗·莱文森,软利器:信息革命的自然历史与为未来[M]. 何道宽译. 上海:复旦大学出版社,2011:3.

陆续被发明出来，这些媒介实现了超出人类生物学感官局限性进行跨时空交流的进步，但却夺走了面对面交流的形象和直观，再后来，人们又发明了新的媒介技术来优化交流——既能超越人类生物学感官局限性的同时又不失去自然的真实世界，这样，电话、电视、手机等数字技术产品便出现了。① 从媒介演化的历史视野来看，媒介之所以始终能够沿着有利于人的发展的方向演化，不得不说人在其中的决定性作用，也即人决定技术的发展，而不是相反。这是因为，一方面，媒介是人类发明的，主动权在于人。技术是人的思想的体现②，技术的本质就是物质世界和思想世界的结合③。我们以媒介技术为中介，体现和延伸我们的思想，并塑造客观世界。如人类发明建造小木屋的技术，就是将作为物质材料的树木和把树木用作栖身手段的观念融合的结果。即便人的思想会有各种各样不完美的地方，发明的媒介技术也会有这样或者那样的弊端，但媒介技术的创造发明出自人类之手，人类在媒介技术的存在源头上是有决定权的。另一方面，媒介的影响如何从可能变为现实，决定权在人。我们看到媒介一直能够朝着正确的走向演化，是因为媒介仅能"使事件可能发生——事件的形态和影响是信息技术以外的其他因素形成的结构"④，也就是说，"媒介的影响"只能"是可能的结果"，最终让"可能"变成"现实"的，还在于"信息技术以外的其他因素形成的结构"，也就是人的选择，尽管这一选择既有理性的成分，也有情感的成分；尽管这一选择有可能是人"间接实施的理性"⑤，因为很多媒介的形成带有"无心插柳""意料之外"的偶然性，比如，托马斯·爱迪生开始以为他发明的留声机多半是用来做电话记录的，而电话是贝尔为了给妻子发明助听器过程中意料之外取得的结果，但这些终归都是人做出的理性选择。为什么人们能做出这种理性选择？在于人的理性评

① Levinson P. Human Replay: A Theory of the Evolution of Media[D]. New York: New York University, 1979.

② [美]保罗·莱文森. 数字麦克卢汉[M]. 何道宽，译. 北京：社会科学出版社，2001: 90.

③ [美]保罗·莱文森. 思想无羁——技术时代的认识论[M]. 何道宽，译. 南京：南京大学出版社，2004: 12.

④ [美]保罗·莱文森，软利器：信息革命的自然历史与为未来[M]. 何道宽译. 上海：复旦大学出版社，2011: 4.

⑤ [美]保罗·莱文森，软利器：信息革命的自然历史与为未来[M]. 何道宽译. 上海：复旦大学出版社，2011: 5.

估。事实上，人们不是对媒介简单地接受，而是基于人的需求，评估媒介的利弊，再决定用还是不用，要知道媒介技术能否发展，前提条件是它能否赢得人们的普遍接受和使用。而在使用过程中，由于媒介技术应用后果的不可预测性，可能会产生意料之外的后果，带来新的问题，但人们会明确地、有意识地运用理性，采取补救性措施改进技术，所以，"媒介不是这个涵盖一切的模式或无所不包的什么东西的一部分，媒介不会压倒我们选择的能力。也许媒介会使我们麻木，会使我们着迷，但麻木和痴迷状态总是短暂的"①。因此从媒介演化的进程来看，人是媒介的进化环境，人是积极驾驭技术的主人②，这是人在媒介技术发展中主体地位和主观能动性、理性思维的具体体现。

2. 人类理性决定媒介传播的思想内容

麦克卢汉曾指出，使用者是内容。③ 莱文森对此做过更进一步的阐释，人"不是在媒介中被发送出去，而是发号施令，创造媒介的内容。对别人已经创造出的内容，人们拥有空前的自主选择能力"④。从个体的角度来看，媒介内容由人创造；从历史的维度来看，人可以理性控制和决定媒介内容。这里我们以报刊和社交媒介的发展历程为例，做一说明。随着印刷术的发明，普通人接受文明和教育启蒙的机会大大增加，被封建桎梏压迫的民主思想得以唤醒，渴望获得"自由"的集体情绪迎来了资本主义时代报刊自由主义发展的阶段，在这期间，报纸和杂志得到迅猛发展，一批知名报社和报纸，如路透社、法新社和《泰晤士报》《纽约时报》等纷纷出现，但同时，在自由主义新闻理论的大旗下，报刊的发展遇到了严重的问题，表现在两个方面：一个是基于政治利益，各类政治报刊成了不同党派争夺利益的战场；二是基于经济利益，追逐利润成了各种商

---

① [美]保罗·莱文森. 数字麦克卢汉[M]. 何道宽，译. 北京：社会科学出版社，2001：262.

② [美]保罗·莱文森. 数字麦克卢汉[M]. 何道宽，译. 北京：社会科学出版社，2001：56.

③ [美]保罗·莱文森. 数字麦克卢汉[M]. 何道宽，译. 北京：社会科学出版社，2001：54.

④ [美]保罗·莱文森. 数字麦克卢汉[M]. 何道宽，译. 北京：社会科学出版社，2001：56.

业报刊的价值所在。因此，一时间，虚假新闻、黄色新闻、博取眼球追求轰动效应的各色新闻悉数上演，"自由"有了代价。我们在前文中说过，任何一种媒介因为应用后果的不可预测性，以至于产生消极影响。针对这些弊端，人们通常既通过社会手段如法律来加以纠正，也利用技术的手段来调节。针对报刊"自由主义"带来的弊端，正是通过社会手段即提出"媒体要履行社会责任"理论并作为新闻行业一项行为规范，从而让报刊发展回到了正常的轨道。另外一个例子，社交媒介。随着社交媒介的发展，人们突破生物学极限，跨越时空阻隔，随时随地可以交流信息，给人们的学习生活工作带来了极大便利，人们不仅是传播内容的消费者、传播者，还是传播内容的生产者，每个人都可以像专业媒体一样生产内容，普通人拥有了记录和传播的能力，这大大提升了人的主体性，但同时由于"把关人"的角色缺失，又带来了网络谣言、网络诈骗、网络暴力、网络淫秽色情、网络垃圾等大量充斥网络的有害信息，造成巨大危害。与报刊一样，仍然需要人类理性去力挽狂澜。在我国，通过颁布《中华人民共和国网络安全法》等一系列法律法规，来规范媒介发展。从上述两个例子可以看到，人类理性对于媒介传播内容的规约和控制，尽管"法律总是速度最慢的要素"，但"法律或早或迟总是要赶上技术的"①。当前，每个人都可以自主生产内容(UGC)，但这更需要每个人对媒介的理性认知，提高媒介素养，共同营造清朗的网络空间。

3. 人类理性认识和消解媒介对人的负面效应

我们知道，媒介技术被发明出来，一定是带着人的意图的，它一定是为了解决某种问题而出现，同时，也会造成新的问题。对此，人类有理性的认知，并且能够利用人类理性对抗和消解媒介对人造成的异化。我们从媒介的偏向性开始说起。波兹曼在《娱乐至死》一书里总结了一个核心观点，那就是一种媒介会带来一种认识论。这强调的是媒介会影响人的思想方式，由媒介的偏向性造成人的思维偏向。在他看来，在印刷术统治下的文化中，公众话语往往是事实和观点明确

---

① ［美］保罗·莱文森. 新新媒介［M］. 何道宽，译. 上海：复旦大学出版社，2011：186.

而有序的组合，铅字那种有序排列的、具有逻辑命题的特点，能够培养人们对于知识的分析管理能力。① 这样一个由印刷机统治的时代，他称为"阐释时代"，阐释的是一种思想的模式，一种学习的方法，一种表达的途径。② 而电视媒介带来的是娱乐时代，娱乐是电视上所有话语的超意识形态，电视把娱乐精神变成了表现一切经历的形式，不管什么内容，也不管采取什么视角，电视上的一切都是为了给我们娱乐。③ 而在互联网统治的时代，人们更青睐于分享和参与，同时互联网集图像、视频、音频等共同作用于人的感官的特点，塑造了人们开放分享、注重参与表达的媒介文化，培养了人们非线性、多元化的思维方式，但同时也推动了泛娱乐化、情绪化、浅薄化、碎片化传播等问题，尤其是移动互联网的到来，更是加剧了这些问题的发生。质言之，每一种媒介都会带来人的思想和行为模式的变化，但同时我们从来没有无动于衷地看着问题发生，而是以积极的态度采取措施去理性对待媒介，正确使用媒介。另一方面，媒介对人的负面效应还突出表现在媒介对人的异化上面。随着媒介环境成为社会环境的主导因素，媒介的影响力不断加深，尤其是移动互联网的出现，媒介对人的控制和改造达到顶峰，"媒介化生存"、异化了的"媒介人"已经不是什么稀奇的事情。"在马克思看来，所谓异化，是指人的物质和精神生产及其产品蜕变为脱离生产者，反过来成为统治者的一种反常现象。异化过程就是人的主体性完全丧失，遭遇本来由自己创造出来而现在成了压制自身的物质力量和精神力量的被奴役过程。在异化过程中，人的能动性丧失了，人的个性不能全面发展，只能片面发展，甚至畸形发展"，而"作为人类交流沟通的媒介变异成为支配人、控制人的主体，而人则越来越被异化为媒介控制和改造的对象，成为媒介的奴役对象"。④ 在媒介化时代的今天，媒介异化突出表现为人对媒介的过度依赖，失去了对媒介的批判和反思，即"低头族""手机控"等网络成瘾、信息焦虑症、网络交往成瘾等过度依赖媒介生存的

---

① ［美］尼尔·波兹曼. 娱乐至死［M］. 章艳，译. 南宁：广西师范大学出版社，2015：67.

② ［美］尼尔·波兹曼. 娱乐至死［M］. 章艳，译. 南宁：广西师范大学出版社，2015：83.

③ ［美］尼尔·波兹曼. 娱乐至死［M］. 章艳，译. 南宁：广西师范大学出版社，2015：114.

④ 胡钦太. 媒介时代的异化现象及其调适［J］. 学术研究，2009(9)：19-23.

现象。同媒介造成的思维偏向一样，人类从来没有停止呼吁和改进优化的步伐，社会手段也好，技术补偿也好，人类在努力采取措施对抗媒介异化，如现在推出的番茄计时、offtime 等计时软件，可以实现记录并强制性减少手机使用时间的功能，都是人类理性面对异化现象作出的努力和选择。

第三章　"00后"大学生对社交媒体的使用及其影响

在工业化浪潮、信息化革命的合力作用下，互联网已从门户时代转向社交媒体时代，尤其是近年来随着云计算、物联网、大数据和虚拟技术的迅猛发展，社交媒体风靡全球，媒介影响力已被推至历史巅峰，从来没有哪个媒介会对人类社会产生如此全面的影响，媒介环境俨然成为社会环境的主导因素。我们在社交媒体上交友、获取信息、娱乐、购物，社交媒体已经成为人的生存和发展方式，成为人们日常生活与社会交往不可或缺的重要场域，渗透到我们生活与工作学习的方方面面。而作为在全球化和信息化环境中成长起来的"00后"大学生，社交媒体对他们的影响尤其明显，可以说，他们衔着鼠标出生，玩着智能手机长大，是真正的互联网"原著民"和典型的移动"原生代"，那么，作为在社交媒体环境下成长起来的这一代人，他们的生活方式和生存样态是怎样的呢？他们在社交媒体上做些什么？社交媒体对他们的思维方式和行为表现产生了什么样的影响力？回答这些问题，既能帮助我们全面了解大学生在社交媒体上的生存样态，进一步把握社交媒体对大学生思想和行为的影响，也能为我们在社交媒体环境下加强大学生教育引导工作提供现实依据，同时为我们开展后续研究提供现实基础。

一、"00后"大学生对社交媒体的使用及其影响的实证调研情况

本次调研采取自编问卷的形式进行。为确保数据来源广度和数据填答准确度，笔者于2021年7月通过组织线下调研的方式对全国31个省份和新疆生产建设兵团的40所高校的学生展开调查，调查对象覆盖面广，抽样方案科学有效，样本具有代表性。下面具体说明本次实证调研的抽样方案设计和具体实施、调查

对象情况和调研方法。

(一)抽样方案设计

本次调研采用的是分层抽样与两阶段抽样相结合的方法对在校大学生进行抽样。

1. 分地区分层抽样

由于中国东部、中部和西部地区的经济社会文化发展差异较大,所以首先运用分层级方法划分东、中、西部的三大分区,然后在每个层级内实施独立多阶段抽样。

2. 概率比例规模抽样方法

在分层抽样之后,运用概率比例规模抽样方法来对三大分区的每一层独立进行抽样。这一阶段采用的是 PPS(Probability-Proportional-to-Size Sampling)抽样不等概率抽样方法,即"概率与元素的规模大小成比例的抽样"方法。这种方法保证每个单位在每次抽样中入样的概率与单位的规模大小成比例的放回抽样。此处根据实际条件,抽样学校的概率与该区域大学生人数成正比,最终我们从全国 31 个省份和新疆生产建设兵团选择了 40 所高校作为调查高校。从分布地域来看,东部地区共抽取 12 个省市的 16 所高校、中部地区共抽取 9 个省份的 13 所高校、西部地区共抽取 10 个省市的 11 所高校。从高校类型来看,40 所高校中,一流大学建设高校有 10 所,占比 25%;一流学科建设高校有 13 所,占比 32.5%;非双一流类高校有 17 所,占比 42.5%。多样本学校如表 3-1 所示。

表 3-1　抽样地区及学校分布表

分区	包含省份	包含学校
东部地区	北京、上海、天津、浙江、河北、辽宁、广东、广西、江苏、福建、山东、海南	北京师范大学、天津大学、河北师范大学、沈阳工业大学、东北大学、同济大学、上海大学、南京师范大学、中国矿业大学、浙江大学、福建师范大学、广州医科大学、海南大学、山东师范大学、桂林理工大学、东北师范大学

续表

分区	包含省份	包含学校
中部地区	湖北、湖南、山西、黑龙江、安徽、内蒙古、吉林、江西、河南	内蒙古农业大学、山西财经大学、哈尔滨工业大学、合肥工业大学、江西师范大学、河南大学、汉阳师范大学、武汉科技大学、中南大学、长沙理工大学、华中农业大学、华中科技大学、武汉工程大学
西部地区	四川、重庆、贵州、甘肃、青海、云南、西藏、陕西、宁夏、新疆	西南交通大学、西南大学、贵州民族大学、云南大学、西藏农牧学院、陕西科技大学、西安交通大学、兰州大学、青海大学、塔里木大学、石河子大学

(二)调查对象分布情况

为保证数据精准度,笔者在每所高校均采取辅导员组织调查对象线下集中填答的方式进行,避免调查对象在没有监督情况下错答、随意填答等造成结果不准确的情况。本次调查共计抽取 4000 个样本,回收 3613 份,剔除无效问卷后,保留有效问卷 3073 份,有效率为 76.83%。下面就问卷分布情况、调查对象情况及调研方法做一简要说明,见表 3-2。

表 3-2 回收有效样本描述性统计

变 量	类 型	样本量	占比	总计
学校	双一流高校	1607	52.3%	3073
	非双一流高校	1466	47.7%	
年级	本科一年级	1271	41.4%	3073
	本科二年级	946	30.8%	
	本科三年级	701	22.8%	
	本科四年级	155	5.0%	
学校地域分布	省会城市	2444	79.5%	3073
	非省会城市	629	20.5%	

续表

变　量	类　　型	样本量	占比	总计
性别	男	1675	54.5%	3073
	女	1398	45.5%	
来自区域	城市	1790	58.2%	3073
	农村	1283	41.8%	
政治面貌	中共党员(含预备党员)	587	19.1%	3073
	共青团员	2250	73.2%	
	群众	222	7.2%	
	民主党派	14	0.5%	
性格	外向型	1661	54.1%	3073
	内向型	1412	45.9%	
父母受教育水平	初中及以下	1021	33.2%	3073
	高中(中职、中专)	935	30.4%	
	大专	402	13.1%	
	大学本科	608	19.8%	
	研究生及以上	107	3.5%	
所学专业	人文社科类	941	30.6%	3073
	理工农医类	2132	69.4%	
学习成绩	前30%	1140	37.1%	3073
	中游	1483	48.3%	
	后30%	450	14.6%	

　　从受访学生所在学校来看，来自"双一流"高校的学生人数1607人，占比52.3%；来自非"双一流"高校的学生人数1466人，占比47.7%。从受访大学生的性别比例来看，男生共1675人，占比54.5%；女生共1398人，占比45.5%，男女分布较为均衡。从受访学生学校所在地，有2444名受访学生所在学校位于北上广深和其他省会城市，占总人数比重的79.5%；有629名受访学生所在学校位于其他非省会城市，占比为20.5%。

从受访大学生的年级分布来看，本科一年级学生最多，共1271人，占比为41.4%；其次是本科二年级学生，共946人，占比30.8%；本科三年级学生共701人，占比22.8%；本科四年级（含五年制本科五年级）学生155人，占比为5.0%。本科四年级（含五年制本科五年级）学生样本数较少的原因是，我们调研的时间是2021年7月初，当时他们绝大多数已经毕业离开校园，只有少数高校还未举办毕业典礼，毕业生暂未离校，以上做一说明。

从受访学生的家庭所在地看，有1790名学生在城镇，占比58.2%；有1283名学生来自农村，占比41.8%。从政治面貌上看，受访大学生是共青团员的共有2250人，占比73.2%；其次是中共党员（含预备党员），共587人，占比19.1%；群众及民主党派人数占比较少，共236人，占比7.7%。

从性格类型来看，54.1%的受访学生认为自己属于外向型人格，45.9%的受访学生认为自己属于内向型人格。

从受访学生的父母受教育水平（以学历较高者为准）来看，父母属于初中及以下学历的，共1021人，占比33.2%；属于高中（中职、中专）学历的，共935人，占比30.4%；大专及以上学历的，共1117人，占比36.3%。从受访学生的就读专业来看，有941名学生来自人文社科专业，占比30.6%；有2132名学生来自理工农医专业，占比69.4%。

从受访学生的学习情况来看，1140名学生的学习成绩在班级中位于前30%，占比37.1%；1483学生位于班级中游，占比48.3%；450名学生位于班级后30%，占比14.6%。

（三）调查方法及问卷数据分析工具

本次的调研方法主要是问卷调查法，辅以小组座谈法和质性访谈法。通过问卷调查收集到的数据，是本书的主要数据来源。在问卷调查的具体实施过程中，采用分层抽样和两阶段抽样结合的方法，按照分配好的最佳样本量抽取样本，对抽出的样本进行问卷调查，并通过样本信息对总体情况进行推断。对于收集到的样本数据，本书通过SPSS.20进行数据处理，一方面开展描述性分析，以了解基本社交媒体使用情况；另一方面，则运用Pearson相关系数检验、回归分析等方式开展解释性分析，了解不同变量对大学生社交媒体生存样态的影响情况。

在编制问卷过程中，笔者选取了 50 余名大学生作为受访者，组织了两次小组座谈。第一次，是在问卷编制前，主要目的是了解其使用社交媒体的情况，并请他们自述社交媒体对日常生活和学习工作的影响，分别编号为 A1-A50。第二次，是在问卷试测之后，主要目的是请大学生填写问卷，并反馈填答问卷的感受，提出问卷改进的建议。另外，笔者从中选择了 23 名受访大学生参与深度访谈，以揭示受访大学生在社交媒体使用等方面的潜在动机、态度和情感等。

二、"00 后"大学生使用社交媒体的现实样态

通过实证调研，不难发现，社交媒体在"00 后"大学生的日常生活中扮演着重要的角色，一定程度上改变了"00 后"大学生的生活方式、人际交往、信息互动、休闲娱乐等方式。整体来看，"00 后"大学生社交媒体的使用呈现出一些新特点、新趋势，表现出较之以往不同的生存样态。

(一)沉浸式使用：大学生社交媒体使用的基本情况

1. 大学生对社交媒体的依存程度高，但使用类型较为集中

当问及每天使用社交媒体的时长时，有近 2/3（64.1%）的受访学生表示，日均社交媒体使用时长在 5 个小时以上，其中 22.8% 的受访学生对社交媒体的依存达到了几乎时时在线的程度。粗略统计，除去"几乎时时在线（以 12 小时计算）"选项，如果每个时间段选项按照中间值来估算，大学生日均社交媒体使用时长为 7.0455，见表 3-3。由此，从使用的时间维度来看，受访学生对社交媒体具有较高的依存度。这一方面表现为，对社交媒体高依存人群的比例和程度都在提高；另一方面则表现为，大学生整个群体对社交媒体的依存程度在加重。

因此，"随时上线、随时下线、全面连线"，是当前大学生使用社交媒体的整体描述，社交媒体已经嵌入大学生日常生活的各个领域，大学生对社交媒体的使用，更多是一种"伴随"行为，形象一点说，就是"我做任何事情的时候都用社交媒体"，都可以伴随上课、自习、吃饭、走路、聊天、运动等所有行为，在任何时候、任何地点出现或者结束。"随时随地""物尽其用""为我所用"，这是大

学生在社交媒体环境下作为"沉浸人"的行为表征。

表 3-3 受访者社交媒体使用时长

变 量	类 型	样本量	占比	总计
社交媒体 使用时长	几乎时时在线	702	22.8%	3073
	8~10 小时	664	21.6%	
	5~8 小时	607	19.8%	
	3~5 小时	602	19.6%	
	1~3 小时	435	14.2%	
	1 小时以内	63	2.1%	

日均使用时长				
样本量	最小值	最大值	平均值	标准差
3073	0	24	7.0455	1.4349

但与此同时，虽然大学生使用社交媒体的时间较长，但他们却只"钟情"于少数几种社交媒体类型。调查显示，91.9%的受访学生表示，使用社交媒体的数量在 10 个以下，其中，近 2/3（60.6%）的学生只使用 5 个以下的社交媒体，他们活跃在相对集中的几个头部网络平台，因此更容易在社交媒体上遇到对方，易于产生更广泛的基于某条热搜信息、某个共同关注的主播、某个兴趣社群等之上的更为密集的关系网络，也就更有可能彼此影响。

表 3-4 受访者社交媒体使用数量

变 量	类 型	样本量	占比	总计
社交媒体 使用数量	0~5 款以下	1863	60.6%	3073
	6~10 款	961	31.3%	
	11~15 款	150	4.9%	
	16~20 款	56	1.8%	
	20 款以上	43	1.4%	

数据显示，大学生使用频次最高的社交媒体依次为（前五位）：微信、QQ等即时通信类（42.46%），微博、QQ空间等信息广场类（22.65%），抖音、B站、快手等短视频类（12.83%），知乎、小红书等内容社区类（9.73%），网易云音乐、王者荣耀等功能类（5.88%）。由此不难发现，微信、QQ、微博是最受学生喜爱的社交媒体"三巨头"，已然成为学生的主要网络场域，而相对于垂直类的社交媒体，他们更青睐于综合类的社交媒体。

表3-5　受访者社交媒体使用类型

变　量	类　　　型	占比
社交媒体使用类型（多选）	微信、QQ等即时通信类	42.5%
	微博、QQ空间、微信朋友圈等信息广场类	22.7%
	豆瓣、知乎、小红书、百度贴吧等内容社区类	9.7%
	抖音、B站、快手等短视频类	12.8%
	陌陌、探探、soul等与陌生人交友类	1.5%
	网易云音乐、王者荣耀、Keep、大众点评、全民k歌等功能类	5.9%
	作业帮、课程表等学习类	1.9%
	百度百科、百度知道、互动百科等集体协作类	3.0%
	其他	0.1%

　　而对于学生"微信和QQ，到底更常用哪一个"这个问题，我们在调查中发现，73.2%的受访学生表示"比起微信，更喜欢用QQ"，在微信影响力居高不下的当下，这个结果似乎与很多人的认知不符，也与当下很多思政工作者更倾向于利用微信公众号、微信群开展工作的思路偏好不符，在随后的访谈中，很多学生表示，"相比微信，QQ的设计更符合年轻人的特点，更个性、更好玩"，"身边的同学朋友都在QQ里玩，互动比较方便"，"成年人用微信比较多，比如家里的亲戚长辈，但不希望自己的日常生活被他们看见，更希望和成年人的世界保持一些距离"，等等。鉴于此，我们一方面要认识到，QQ是学生常使用的社交媒体之一，要重视通过QQ与学生互动交流，高度关注和准确把握学生在QQ平台呈

现的思想动态和行为特征；另一方面，要调整工作思路，加强对 QQ 网络育人功能的深层次探究，构建基于 QQ 特别是 QQ 空间特征的思想政治教育模式，提高思想政治教育针对性和实效性。

表 3-6 受访者社交媒体使用偏好：微信与 QQ 比较

变 量	类 型	样本量	占比	总计
相比微信，我平时用 QQ 比较多	非常符合	765	24.9%	3073
	比较符合	782	25.4%	
	一般	732	23.8%	
	不太符合	428	13.9%	
	不符合	366	11.9%	

进一步运用单因素方差分析，发现学校所在地域对使用微信和 QQ 的情况有显著影响（F＝14.6，p<0.001），事后分析发现，一线城市学生使用微信更多，明显高于省会和非省会城市。

2. 社交媒体在满足大学生社会互动需求的同时，也成为大学生新闻获取的重要入口

当被问及"使用社交媒体的目的"时，排在前三的是"日常交流沟通"（39.7%）、"获取资讯"（20.9%）、"娱乐休闲"（14.7%），而对于"最常使用的社交媒体功能"的问题，分别有 70.5%、34.0%、28.4% 的受访学生表示，"与好友交流""查看新闻资讯""查看好友动态"是最常使用的功能。因此可以注意到，社交媒体是大学生开展社会交往、维系和发展人际关系的重要平台。

随着移动社交媒体的飞速发展，信息流动进入了全新的时代，人们找到了发现、分享和谈论新闻的新方式，社交作为新闻入口的现象越来越普遍。在这次调查中，我们同样注意到，超过 1/3 的大学生最常在社交媒体上看新闻，社交媒体作为新闻信源平台，在满足学生信息获取需求方面，正在发挥越来越重要的作用。另外，从信息行为的分类来看，一般可分为积极搜索、持续搜索、消极注意

二、"00后"大学生使用社交媒体的现实样态

和消极搜索四大类。与积极搜索有所不同，消极注意和消极搜索更强调的是人们并未有意寻求相关信息的情况下，在没有预想到的情境下，意外注意和获取的信息行为。① 大学生通过社交媒体获取新闻资讯，通常是在日常"刷"微博、"刷"朋友圈中获得，并未刻意搜索发现，因此，大学生在社交媒体中发生的信息行为多是"信息偶遇"。

同时，8.1%的大学生使用社交媒体的主要目的是"记录日常，表达情绪"，6.4%的大学生最常使用社交媒体的"发布个人动态"功能，可见，利用社交媒体进行自我展示，"写心情""表感悟""晒自拍""才艺展示"以及记录运动、旅游、美食、购物、祝福等日常生活，满足自我表现需求，也成为大学生使用社交媒体的重要动机。自我表现既是大学生自我认知的需要，又是社会互动的基础，大学生依据现实自我构建虚拟自我的同时，也在深刻影响现实自我的定位和发展。因此，应充分关注社交媒体在构建大学生自我认同方面的重要作用。

表3-7　使用社交媒体的目的及功能

变　量	类　型	占比
社交媒体使用目的	日常交流沟通	39.7%
	资讯获取	20.9%
	记录日常，表达情绪	8.1%
	娱乐休闲	14.7%
	分享传播	3.3%
	满足工作学习需要	7.1%
	兴趣培养	2.0%
	关注好友动态	3.2%
	结交新朋友	0.8%
	其他	0.2%

① 曲慧，杨颖兮，杨嘉仪. 年轻群体作为网络用户的特征画像——以百度百家号的调研分析结论为例(一)[J]. 青年记者，2020(07)：44-47.

变　　量	类　　型	占比
社交媒体最常使用的功能	与好友交流	41.3%
	查看新闻资讯	19.9%
	查看好友动态	16.6%
	发布个人动态	6.4%
	点赞	5.5%
	留言评论	2.1%
	转发分享	1.1%
	收藏	1.3%
	加入群组	1.4%
	发起活动	0.4%
	发现新朋友	0.6%
	搜索	2.7%
	其他	0.6%

3. 视频化生存成为大学生新的生存方式，但视频直播参与度并不高

随着以抖音、快手、B 站、秒拍等 APP 为代表的移动视频应用的普及，普通人拥有了视频记录权、创作权，人们有了更多的表达方式和社交方式，大学生作为其中最新锐、最有活力的群体，自然一如既往地走在潮流最前沿。调查显示，超过八成（85.4%）的大学生认为，除了文字化生存，视频化生存已经成为他们新的生存方式。在大学生眼里，视频的意义，不仅仅是作为一种新的传播手段，而是日常生活的视频化，他们以视频这种符号形式存在与互动，进行日常交流和社交，生活在视频世界之中。其中，短视频作为一种以秒为单位计算长度的视频类型，因其简短明了的视频时长、自带滤镜的审美偏好、互动性强的社交特性，尤其受到大学生的青睐。调查显示，近 2/3（64.0%）的大学生日均观看短视频的时间超过半个小时，如果按照大多数短视频时长控制在 15 秒的标准来计算，那么这意味着，大学生日均观看短视频的数量在 120 个以上，其中 17.5%的大学

生更是"一刷上瘾"不能自拔,每天花在短视频上的时间超过2个小时。在访谈中,一些学生表示,"不仅爱看短视频,还喜欢自己拍摄剪辑短视频,一些短视频平台如抖音自带的视频制作软件剪映,都非常傻瓜,易于上手"。也有的学生说,"短视频容易上头,一刷就停不下来,有时候一低头一抬头,就是半个小时"。不得不说,"一刷就停不下来"的短视频成了大多数学生日常生活中不可或缺的必需品。

值得注意的是,对于近年来大火的视频直播,大学生的表现却相对克制冷静。调查中发现,超过70%(71.4%)的大学生并不会每天都看视频直播,仅有28.6%的大学生表示每天会看。而在观看视频直播中,26.9%的学生表示并不会与主播互动,13.7%的学生表示会通过查看和发送弹幕的方式与主播及其他观看者进行互动,而采取其他更为深入的方式与主播进行互动的比例则较少。

表3-8　受访者短视频使用情况

变　量	类　　型	样本量	占比	总计
短视频日均观看时长	10分钟以内	430	14.0%	3073
	10~30分钟	677	22.0%	
	0.5~1小时	662	21.5%	
	1~2小时	767	25.0%	
	2个小时以上	537	17.5%	
我们这代人不仅是文字化生存,更是视频化生存	非常符合	610	19.9%	3073
	比较符合	1135	36.9%	
	一般	879	28.6%	
	不太符合	291	9.5%	
	不符合	158	5.1%	
我每天都会看网络视频直播	非常符合	344	11.2%	3073
	比较符合	536	17.4%	
	一般	668	21.7%	
	不太符合	593	19.3%	
	不符合	932	30.3%	

续表

变 量	类 型	样本量	占比	总计
观看直播过程 状态	采用发弹幕的方式参与互动	788	25.6%	3073
	订阅或关注主播	374	12.2%	
	查看弹幕	422	13.7%	
	分享直播	91	3.0%	
	只看直播，无互动	827	26.9%	
	通过打赏与主播进行互动	8	0.3%	
	使用私信与主播直接互动	13	0.4%	
	观看直播后会进一步参与线上线下互动	12	0.4%	
	不看直播	538	17.5%	

（二）媒介化交往：社交媒体环境下大学生的人际交往

1. 社交媒体是大学生当前最常使用的社交方式，主要基于强关系构建社交圈子

调查显示，88.0%的大学生最常使用QQ、微信等社交媒体进行社交，可见，相对于传统的社交方式，社交媒体因其便捷性、多媒体性和即时性，已经替代了传统的电话、书信、邮件和面对面等社交方式，成为大学生最常使用的社交方式。

表3-9 常用社交方式

变 量	类 型	样本量	占比	总计
最常用的 社交方式	通过QQ、微信等社交媒体 （包括微信电话等）	2704	88.0%	3073
	电话沟通	151	4.9%	
	见面沟通	154	5.0%	
	书信形式	58	1.9%	
	电子邮件	6	0.2%	

而当问到"通过社交媒体和哪些人群进行互动交往"的问题时，91.2%的大学生选择了亲人(71.6%)、同学(13.7%)和现实中的朋友(5.9%)。根据美国社会学家格兰诺维特基于互动频率、感情力量、亲密程度和互惠交换等四方面提出的强弱关系理论①，可以发现，大学生主要是基于亲朋好友等强关系构建社会关系网络，属于熟人社交范畴。综上可见，大学生社交主要基于社交媒体，并通过社交媒体构建自己的强关系社交圈子，陌生人社交、开拓弱关系社交圈子并不是大学生社交生活的主流。

表3-10 大学生社交媒体主要互动对象

变　　量	类　　型	占比
社交媒体主要互动对象(多选)	亲人	71.6%
	同学(指同一所高校)	13.7%
	老师	4.9%
	利用网络相识的朋友	2.9%
	现实中认识的朋友(非同学)	5.9%
	微博、贴吧等平台里的陌生人	0.7%
	网络主播	0.3%
	其他	0.1%

2. 大学生对于网络社群的信息和交往需求显著，"若隐若现"成为群中常态

关于受访大学生目前使用最多的网络社群的类型，问卷中设置了限选三项并按照使用程度由高到低进行排序的题型，其中，"沟通交流类，如QQ群、微信群等"是大学生使用最多的一类网络社群(54.4%)，"信息分享类，如微博超话、贴吧等"是大学生使用第二多的网络社群(17.5%)，除此之外，"兴趣爱好类，

---

① Granovetter M S. The Strength of Weak Ties[J]. American Journal of Sociology，1973，78(6)：1360-1380.

如豆瓣小组、QQ兴趣部落等"(10.2%)、"学习类，如逻辑思维、网易云课堂等"(8.1%)、"购物消费类，如淘宝群聊、小米社区等"也是大学生使用较多的网络社群。

综上可知，从"大学生目前使用最多的网络社群类型"来看，信息获取和人际交往的社群功能是影响大学生选择使用社交媒体的重要因素，因此，从使用偏好上可以看出，大学生对于网络社群的信息获取和人际交往需求显著。

表3-11　大学生社交媒体主要互动对象

变　量	类　型	占比
大学生目前使用最多的网络社群类型(多选)	沟通交流类，如QQ群、微信群等	54.4%
	信息分享类，如微博超话、贴吧等	17.5%
	兴趣爱好类，如豆瓣小组、QQ兴趣部落等	10.2%
	学习类，如逻辑思维、网易云课堂等	8.1%
	购物消费类，如淘宝群聊、小米社区等	5.9%
	生活服务类，如大众点评社区等	1.8%
	休闲娱乐类，如明星/网红粉丝群、网游群、直播群等	2.1%

而在考察受访大学生对所在网络社群的关注度和活跃度的问题中，我们发现，数据结果呈现两个方面的特点：一方面，受访大学生对于所在网络社群的关注度要高于活跃度，数据显示，选择"非常关注"、"比较关注"的受访大学生占比40.4%，但选择"非常活跃"和"比较活跃"的受访大学生则为22.8%，对比可知，"关注，但不参与"、"我在，但我又不在"成为很多大学生在网络社群中的常态。另一方面，无论是关注度，还是活跃度，都有相当比例的受访大学生选择"一般"这个相对模糊的选项(46.7%、49.9%)，而选择"非常关注"、"不关注"、"非常活跃"、"不活跃"(10.5%、1.3%；6.2%，7.3%)的比例都相对较低，这在一定程度上反映了大学生网络社群的群体结构性特点，既有活跃的，也有安静的，各有定位。而从整体性来看，多数大学生在网络社群保持一种"若即若离""若隐若现"的存在状态，大学生网络社群属于偏松散型的组织结构，"汇集但没

有聚集",整体风格和群内氛围尚缺少一定的"内向性"。进一步的差异分析发现,男生对网络社群的关注度、活跃度均明显高于女生。

表3-12 大学生在网络社群中的关注和活跃程度

变　量	类　型	样本量	占比	总计
对网络社群关注程度	非常关注	323	10.5%	3073
	比较关注	919	29.9%	
	一般	1435	46.7%	
	不太关注	356	11.6%	
	不关注	40	1.3%	
在网络社群的活跃程度	非常活跃	191	6.2%	3073
	比较活跃	504	16.4%	
	一般	1553	49.9%	
	不太活跃	621	20.2%	
	不活跃	224	7.3%	

3. 大学生社交网络呈现无标度特性和社团性,"圈层效应"显著

大学生的社交网络呈现出复杂网络的属性。调查显示,有87.2%的受访大学生表示,其社交媒体上好友人数在100人以上,但有81.5%的受访大学生平均每周在社交媒体上直接交流互动的人数在20人以下。也就是说,大学生在日常学习生活中一般都拥有较为稳定的社交网络人数,但与之频繁沟通的好友人数往往又很少,这一现象体现了大学生社交网络无标度性的不均匀性质,即不是所有的社交关系亲疏程度都是一致的。同时,在访谈中我们了解到,在大学生的社交网络中,他们往往会与舍友、同班同学、辅导员、任课教师等物理距离较近的人建立联系并展开交流,这体现了大学生社交网络无标度性的择优连接增长的特性。

表 3-13 大学生在网络社群中的关注和活跃程度

变量	类型	样本量	占比	总计
受访大学生在社交媒体上的好友个数	1000 人以上	224	7.3%	3073
	500~1000 人	584	19.0%	
	200~500 人	1152	37.5%	
	100~200 人	719	23.4%	
	50~100 人	326	10.6%	
	50 人以下	68	2.2%	
平均每周在社交媒体上直接交流互动的好友人数	10 人以内	1521	49.5%	3073
	11~20 人	983	32.0%	
	21~50 人	335	10.9%	
	51~100 人	191	6.2%	
	100 人以上	46	1.5%	
加入并留在某个网络社群的原因	能发展自己的兴趣爱好	1499	48.8%	3073
	能扩大社交圈	361	11.7%	
	能获得有价值的信息资讯和知识技能	565	18.4%	
	工作学习需要	452	14.7%	
	群主或者某些群成员很专业或很有号召力	60	2.0%	
	群内交流互动多，氛围轻松自由，放松身心	88	2.9%	
	有需求或者困难都能在群里得到支持帮助	35	1.1%	
	可以获得本群成员的专属机会或福利	3	0.1%	
	群里会定期组织线上线下活动	10	0.3%	

除此之外，大学生社交网络还体现出明显的社团性，即"物以类聚，人以群分"，当被问到"您在社交媒体上经常互动交流的对象一般是怎样的人"时，绝大多数受访大学生选择了"年龄相近"（67.6%）、"与自己兴趣爱好相同"（6.2%）、"与自己观点相近"（8.2%）。而在访谈环节回答"您愿意加入并留在某个网络社群的原因是什么"的问题时，48.8%的受访大学生以压倒性的倾向选择了"能发展自己的兴趣爱好"，可见，大学生的社交网络出现了明显的以兴趣爱好为导向的

圈群化、趣缘化趋势。综上，大学生更易于与自己个人情况较为相近的人群建立连接，形成联系较为紧密的社交网络，且较易受到他人影响，因此大学生社交网络具有较强的同质性，容易产生"圈层效应"。

表3-14　大学生社交媒体主要互动对象特点

变　量	类　型	占比
受访大学生在社交媒体上经常互动的人群特点(多选)	年龄相近	67.6%
	性格不同	4.6%
	风趣幽默，情商高	5.9%
	与自己观点不同	1.8%
	与自己观点相近	8.2%
	与自己兴趣爱好不同	5.3%
	与自己兴趣爱好相同	6.2%
	工作学习生活需要	0.4%

4. 大学生热衷于新兴的网络社交表达形式，但社交"黑话"使用"不冷不热"

在各种社交媒体中频繁使用网络流行词、表情包等新兴的网络社交表达形式，是大学生常见的网络社交行为和网络文化现象。调查显示，93.4%的受访大学生表示会在社交媒体平台的聊天中使用表情包，其中，45.9%的受访大学生表示"聊天离不开表情包，使用频率高"。在随后访谈过程中，多位受访大学生表示，"自己会主动收藏、下载、使用表情包"，"最爱在群里和大家一起斗图，不仅可以收获自己喜爱的表情包，还能收获那种一起参与的快乐感"。当问及"为什么会喜欢使用表情包"的问题时，多位受访者表示，"使用方便""形象表达自己的情绪情感""增加对话的趣味性，活跃聊天氛围""大家都在用"等原因是使用表情包的主要心理动机，可见，表情包的感知易用性、感知有用性、感知娱乐性以及外部的同伴压力，是影响大学生表情包使用与满足的重要因素。在"是否会无节制使用表情包"时，多位受访大学生表示，一般会根据与聊天对象的关系确定使用什么类型、多大"尺度"的表情包，可见，大学生表情包的使用，热中有"冷"，相对克制谨慎。但也有个别受访大学生认为，自己平时不太使用表情包，主要原因在于，"使用表情包浪费时间"，"对表情包理解不同，容易产生歧义"等。总体来说，以表情包为代表的新兴的网络社交表达方式，受到学生的广泛热捧，并形成了相对规范的使用规则。

但同时，大学生对于 xswl、基操勿 6、弧等社交"黑话"的使用情况，却不如表情包那么"热"。调查显示，近一半(49.4%)的受访大学生表示，自己平时"不喜欢""不太喜欢"使用网络"黑话"。在访谈过程中，多位受访大学生表示，"使用范围比较受限，只对一个圈子里的人才会用"、"不混圈子，不懂"是他们不使用社交"黑话"的两个主要原因。近年来，社交"黑话"作为网络流行词的一种，不断受到年轻大学生的喜爱，但相对于其他网络流行词，社交"黑话"则更显小众。由于社交"黑话"大多或源于某个电竞主播、娱乐明星等公众人物的一句金句，或源于某个细分的兴趣圈子内部发明的暗语，或源于某个复杂的具有特定含义的"梗"，比如，"基操勿 6"就是来自电子竞技的直播弹幕，直意为"不要大惊小怪，不要发 666，这只是基本操作"，表现一种低调的得意，因此社交"黑话"自形成之初就有一种强烈的原始的排他性，"圈地自萌""隔圈如隔山"是大学生使用社交"黑话"的基本模式。在一定程度上，社交"黑话"不仅仅是一种语义表达，更多的作为一种自我表达、情感宣泄、建构身份和寻求认同的重要工具，作为一种新的圈层化的生活方式，因此，更加讲究适当的语境和合适的对象，是大学生使用社交"黑话"的必备前提，这可能是社交"黑话"无法"破圈"传播、使用受限的主要原因。

表 3-15 大学生网络黑话级表情包使用情况

变 量	类 型	样本量	占比	总计
我平时喜欢用 xswl、扩列、弧 等网络"黑话"	非常符合	332	10.8%	3073
	比较符合	503	16.4%	
	一般	808	26.3%	
	不太符合	567	18.5%	
	不符合	863	28.1%	

续表

变 量	类 型	样本量	占比	总计
大学生聊天中表情包使用情况	聊天离不开表情包,使用频率高	1411	45.9%	3073
	自己会主动收藏、下载、使用表情包	504	16.4%	
	不爱使用表情包	808	26.3%	
	没有特意关注过	350	11.4%	

郑欣、朱沁怡[1]等学者的研究表明,"00后"社交"黑话"的形成,源自对书面语和口语的改写、缩写以及对网络语言的模仿、攫取和接受,并在他们日常生活的创造、使用和传播中成为自我表达、情感宣泄、身份建构以及寻求认同的重要工具。

(三)关系式互动:社交媒体环境下大学生的信息互动

1. 社会关系网络成为大学生的主要信息源,易加剧"信息茧房"现象

众所周知,大众传媒是过去人们获取信息的主要渠道,在人们获取信息的所有渠道里,传统媒体贡献的社会信息占到八成以上。[2] 但在当前社交媒体时代,这种信息传播格局发生了根本倒置。调查显示,大学生获取各类资讯的主要渠道排名前三位的是:微信朋友圈、QQ空间好友的转发分享(36.9%),关注的微信公众号、微博等平台的推送(25.7%),微信群、QQ群等网络社群内的转发分享(10.7%),占比73.3%。而通过新闻资讯类APP、新闻资讯类网站、报纸广播等途径获取资讯的比例不足8%。初步判断,大学生当前获取信息的主要渠道来自其社会关系网络,大学生的社会关系成为其主要信息源,大学生获取的信息来自社交媒体平台上所关联的他人。这意味着,他们将会越来越多地受到所在社会关系网络的影响和约束,作为信息源的关系网的质量,决定了其信息获取的质量和

① 郑欣,朱沁怡. "人以圈居":青少年网络语言的圈层化传播研究[J]. 新闻界,2019(7):25-36.

② 喻国明. 社交网络时代话语表达的特点与逻辑[J]. 新闻与写作,2017(7):41-43.

范围，影响他们对社会环境的认知。每个社会关系，都是一条条向外界信息传递对大学生可能产生影响的线路。

表 3-16　大学生获取咨询的渠道

变　量	类　　型	样本量	占比	总计
获取各类资讯的主要渠道	微信朋友圈、QQ 空间中好友的转发分享	1134	36.9%	3073
	关注的微信公众号、微博等平台的推送	790	25.7%	
	即时通信软件的弹窗发送	286	9.3%	
	微信群、QQ 群等网络社群内的转发分享	329	10.7%	
	抖音、B 站等短视频类平台的推送	298	9.7%	
	今日头条等资讯 APP 的智能推荐	89	2.9%	
	新闻资讯类网站	126	4.1%	
	报纸广播	15	0.5%	
	其他	9	0.3%	

进一步考察社会关系对信息获取的重要性，数据结果显示，相对于信息内容（30.2%）、信息呈现形式（16.4%）、信息热度（7.6%），45.3%的受访大学生表示，信息源是决定信息影响力的首要因素，可见，"谁发的"要比"发什么""怎样发"更重要。其中，对信息发布者的主观评价、与信息发布者的关系质量更是直接决定了信息有效度。调查显示，有81.8%的受访大学生表示：如果我对某人比较信任，我就会认同他所发布（包括分享转发）的网络信息。初步推断，在社交媒体环境下，社会关系质量是影响信息有效度的重要因素，大学生的社会关系网络作为信息过滤器、社会化的信息推荐机制，深刻影响着大学生获取信息的范围和质量，也影响着大学生的态度、看法、价值观等。

但同时，大学生基于社会关系构建的信息网络，也可能会把一些信息隔绝在外，强化一个社会关系网络中的信息偏好，因此易产生"信息茧房""回声室效应"。凯斯·R.桑斯坦把人们的选择性心理及其带来的结果称为信息茧房，指出：信息茧房意味着，我们只接触我们选择和愉悦我们的信息。① 而这又会导致信息的同质化，带来"回声室效应"，导致人们信息获取的窄化。对此尼葛洛庞帝在《数字化生存》一书中曾经指出，在提供极端个性化的"我的日报"的同时，我们还需要公共性的"我们的日报"。② 因此，大学生不仅需要拥有如个人社交媒体所提供的个性化信息渠道，高校还要提供必要的如校园广播等公共性信息供给渠道，以维持大学生个性化信息和公共性信息之间的平衡，避免信息"偏食"，降低陷入"信息茧房"的可能性。

表3-17　大学生对获取信息信任程度影响因素

变　量	类　　型	样本量	占比	总计
如果我对某人比较信任，我就倾向于接受他所发布、分享转发的网络信息	非常符合	477	15.5%	3073
	比较符合	1049	34.1%	
	一般	1002	32.6%	
	不太符合	369	12.0%	
	不符合	176	5.7%	
信息的哪些方面会增强或者减弱它对您的影响	信息来源（如信息发布机构、信息转发分享人）	1438	46.8%	3073
	信息内容	928	30.2%	
	信息呈现形式（如视频、图片等形式）	473	16.4%	
	信息热度（受关注度）	234	7.6%	

① ［美］凯斯·R.桑斯坦.信息乌托邦［M］.毕竞悦，译.北京：法律出版社，2008：8.
② ［美］尼古拉斯·尼葛洛庞帝.数字化生存［M］.胡泳，范海燕，译.海南：海南出版社，2017：182.

表3-18 大学生信任资讯优先级

变 量	类 型	占比
几类群体对同一个社会事件的看法产生冲突时,您倾向于相信谁(多选)	父母	27.1%
	老师	18.2%
	要好的朋友	13.3%
	谈得来的网友	2.3%
	大多数网民	1.7%
	网络大V(微博、微信等)	1.4%
	官方媒体	19.8%
	自己	15.9%
	其他	0.3%

2. 大学生社交媒体信息分享行为整体低迷,娱乐性偏好明显

在社交媒体环境中,信息分享行为是最简单、最容易发生的信息传播行为,是社交网络领域扩散信息和激活传播的核心行为,也是网络交往行为中主动性极强的互动行为。[1] 我们为了解大学生社交媒体信息分享行为现状以及影响因素,首先设置了相关情境题目进行考察。因在问卷施测期间,主流媒体正在集中报道祁发宝等五位"卫国戍边英雄"在喀喇昆仑山英勇战斗、誓死捍卫国土的感人事迹,同时全国上下正在开展党史学习教育,中央电视台正在播出《全国大学生党史知识竞答》特别节目,我们便以此为基本素材设计题目,考察大学生对正能量信息和时事类信息的分享行为。

调查显示,当看到祁发宝等五位"卫国戍边英雄"的感人事迹时,有44.3%的受访大学生表示会感动、敬佩并积极转发,同时有6.8%的受访大学生受别人影响,也会选择转发。这表明大学生在社交媒体上的信息分享行为具有一定的情绪性。实际上,情感层面支持被认为是影响社会互动和社交网络建立、维系的最

---

① 胥琳佳,屈启兴. 突发公共卫生事件中社交媒体内容与社会网络结构对转发行为的影响[J]. 现代传播(中国传媒大学学报),2018,40(11):155-160.

主要特征，而正能量信息所附有的积极情绪可以让人产生共情共鸣，受到感染、鼓舞，从而产生表达的欲望。① 但值得注意的是，仍然有48.9%的受访大学生选择不转发，其中，38.6%的大学生即便深受感动、敬佩，但也不会分享转发，觉得能激励自己就好。值得一提的是，5.2%的大学生表示，频繁刷到类似的信息，导致情感体验和分享意愿降低，最终导致不转发行为的发生，这里就要特别注意人们在大量同质性信息包围下的反同质性现象，也即"信息流量逆反"，即人们会对某些出现次数太多的信息产生排斥和逆反心理，进而会选择屏蔽、无视信息。同样，当看到如倡导环境保护、性别平等、关爱弱势群体等公益信息时，53.1%的受访大学生表示"不转发，但会积极实践"（47.5%）、"不转发，且对我没影响"（5.6%），而在"是否关注并转发过《全国大学生党史知识竞答》节目、庆祝中国共产党成立100周年等相关信息"的调查中，54.8%的受访大学生表示关注了官方信息，但并没有转发。

综上，初步判断，大学生社交媒体信息分享行为整体上处于较为低迷的状态，这与前面"表3-8　大学生在社交媒体的状态"的结论不谋而合。在访谈过程中，我们就这个问题与来访者进行了深入的交流，并发现："懒得转发""怕别人看得烦""朋友圈转发不自在，一般会转发小群"，是大学生就不转发行为谈及最多的原因，可见，社交媒体环境下，人"懒"的本性、"知觉负面评价"等社交需求、受访者所处的社会规范以及人际互动环境等社会环境性因素，是影响大学生信息分享行为的主要原因，但这里没有涉及信息内容本身，因此是否可以推断，大学生在社交媒体中对于个人形象管理、社交需求的满足、与外部环境的协调方面的重视程度高于对信息需求的满足，其中，"知觉负面评价"是指个体对他人负面评价的担忧，通常会伴随心理焦虑感，也被称为"评价忧虑"，② 这涉及个体形象管理。另外，受访者所处的社会规范和人际情境氛围，是指个体所感受到他人对分享转发行为的认同度，这涉及外部环境压力。就该结论，值得注意的是，

① 霍明奎，竺佳琪. 突发公共卫生事件下社交网络用户正能量信息分享行为机理及管理策略[J]. 情报科学，2020，38(11)：121-127.

② Rosenberg M J. The Conditions and Consequences of Evaluation Apprehension[A]. Robert Rosenthal, Ralph L Rosnow(Eds.). Artificat in behavioral research[C]//Oxford：Oxford University Press，2009：211-263.

大学生信息分享行为的发生,极有可能具有媒介选择性,他们不在微信朋友圈、微博、QQ空间等转发,但他们可能会选择更为私密、更为安全、也更为直接的微信群、QQ群等志同道合、兴趣相仿的社群里分享,这需要我们在后面的工作中深入探究。

表3-19 大学生对获取信息信任程度影响因素

变 量	类 型	样本量	占比	总计
对"祁发宝事迹"态度	感动敬佩,积极在社交媒体上分享转发相关信息,让更多人看到	1361	44.3%	3073
	感动敬佩,但不会分享转发,觉得能激励自己就好	1186	38.6%	
	感动敬佩,开始时不会分享转发,但看到身边人都在转发,就会参与其中	209	6.8%	
	开始感动敬佩,但由于太多媒体报道,易产生信息疲劳,感动敬佩之情逐渐降低	160	5.2%	
	没有感动敬佩,认为是媒体过度渲染	154	0.5%	
	没有感动敬佩,认为跟自己没什么关系	61	0.2%	
	没有看到过相关报道	135	4.4%	
对公益信息的处理态度	转发,受此影响,积极实践	980	31.9%	3073
	转发,但实践较少	424	13.8%	
	不转发,但会积极实践	1497	48.7%	
	不转发,且对我没影响	172	5.6%	
是否关注或转发党史知识竞答和建党100周年相关信息	还没关注	378	12.3%	3073
	关注了,没转发	1709	55.6%	
	关注并及时转发	986	32.1%	

那么,从信息内涵的维度看,在社交媒体中,究竟什么样的信息内容,会吸引大学生去转发分享呢?我们从技术接受模型理论出发,考察信息的感知有用

性、感知易感性、感知趣味性对于个体信息分享行为的影响。数据结果显示，以微信朋友圈和QQ空间为例，当被问及"你看见什么样的信息会转发分享"时，有58.15%的受访大学生选择了"有趣好玩的信息"，而排名第二的选项则是"无论什么信息都不会转发分享"（15.42%），其余选项均低于7%。初步判断，信息的感知趣味性是影响大学生信息分享行为的主要因素。这一结论与信息互动层次更高的"评论留言"行为高度一致。调查发现，有63.86%的受访大学生会对"有趣好玩的信息"选择评论留言。研究表明，有趣的信息本身能满足用户消遣、审美享受和情绪释放的需求。这也验证了自媒介产生以来人类对于媒介娱乐性功能的定位和追求，也验证了在"泛娱乐化"情境下，大学生对于趣味性阅读内容的信息传播偏好。作为思想政治教育工作者，我们需要思考的是，一方面如何加强思想引领，避免陷入娱乐至死的泥沼；另一方面如何提高思想政治教育内容的趣味性和生动性，做到既有意思也有意义。

表3-20 大学生转发评论信息特征

变　量	类　　型	占比
在微信朋友圈或QQ空间，大学生选择分享转发的信息特征（多选）	有趣好玩的信息	58.2%
	与自己有关的信息	5.6%
	解决实际问题、对自己实用的信息	5.8%
	能让自己产生认同、触动内心的信息	6.1%
	自己感兴趣且了解比较深入的信息	3.8%
	被转发了很多次、关注度高的信息	1.0%
	国家大事	2.9%
	学校重要事情	1.3%
	无论什么信息，都不会转发分享	15.4%
在微信朋友圈或QQ空间，大学生选择留言评论的信息特征（多选）	有趣好玩的信息	63.9%
	与自己有关的信息	8.5%
	解答自己疑问、对自己有用的信息	5.9%
	能让自己产生认同、触动内心的信息	6.1%
	自己感兴趣且了解比较深入的信息	3.5%

续表

变　量	类　型	占比
在微信朋友圈或QQ空间，大学生选择留言评论的信息特征（多选）	被转发了很多次、关注度高的信息	0.4%
	国家大事	1.5%
	学校重要事情	0.8%
	无论什么信息，都不会留言评论	9.5%

3. 原创模式是大学生社交媒体内容生产的主要模式，点赞是大学生最典型的互动行为

在社交媒体中，每个个体都在构建自己的传播中心，这意味着大学生不仅根据自己的需要来生产信息、收集信息，也在通过自己的社会关系网络来传播信息、消费信息，进行信息筛选，进而实现对自我信息网络和意义网络的建构。可见，每个大学生的社会关系网络在其传播中心构建过程中发挥着巨大的作用，因为每个大学生的社会关系网络，就是他们自己设置的信息源，既是一个信息的过滤网络，也是一种社会化的信息推荐机制。

社交媒体常见的内容生产模式，可分为原创模式、分享模式和交互模式。[①]原创模式主要是指个体通过社交媒体主动发布信息的一种内容生产模式，常见行为是发布朋友圈、说说、微博等个人动态；分享模式则是指通过转发分享他人信息，常见行为是转发、分享等；交互模式则是指信息生产者、信息传播者和信息消费者互动过程中所产生的新内容，常见行为是评论、点赞、回复等。调查发现，65.0%的大学生通过积极发布个人动态来进行内容生产，可见，大学生社交媒体内容生产的主要模式是原创模式。在被问到"在社交媒体上发布信息的动机是什么"时，1997位大学生认为是为了自我表达。相对于强烈的自我表达欲求和发布个人动态的积极主动，大学生在网络互动中则表现为较为突出的"懒惰"和"消极"倾向，利用分享模式和交互模式进行内容生产的比例非常低，

①　张学波. 社交媒体中信息传播与用户行为关系[M]. 广州：中山大学出版社，2019：10.

调查显示，只有4.8%的大学生会进行"留言评论""转发分享"，相比而言，点赞（9.50%）是大学生最常使用的互动行为，这可能跟点赞是所有互动行为中最简便、易操作的特点有关，尤其是当人们"想评论但无话可说"的时候，点赞更凸显了其优势。

值得注意的是，在社交媒体中，10.7%的大学生更倾向于以"静静窥屏"的状态存在，他们既不会积极发布个人动态，也不会与他人发生互动行为，"只围观，不表态""单向度，而非双向度信息流动"，成为他们在社交媒体生存中典型的存在状态。

综上所说，大学生在社交媒体的表现更偏向于"内隐的自我狂欢"，而在与外部发生信息互动、构建关系网络中，则缺少开放共享的行为，呈现出"孤岛式、浮萍式生存"的现象。

表3-21　受访者社交媒体使用状态及使用动机

变　量	类　型	占比
社交媒体个人状态	积极发布个人动态	65.0%
	经常发表个人观点和看法	7.3%
	静静窥屏浏览查看	10.7%
	点赞	9.5%
	留言评论	3.6%
	转发分享	1.2%
	经常发起自己感兴趣的话题、活动	1.5%
	说不清	1.2%
在社交媒体上发布、分享、评论等行为的主要动机	自我表达	65.7%
	赢得赞同	11.5%
	工作学习需要	15.7%
	影响他人	2.7%
	围观凑热闹	4.5%

4. 大学生媒介批判能力与媒介依赖倾向并存，社交媒体整体表现出理性包容

社交媒体中的每个个体，既是信息消费者，又是信息生产者，在此我们重点考察大学生的媒介使用素养、信息消费素养和信息生产素养。作为互联网原住民，"00后"大学生"亲互联网"特质明显，媒介接触时间长，媒介应用意识和媒介使用能力强，热衷于利用媒介进行各种网络"求证"，是他们典型的群体特征，因此具有较强的媒介使用素养。

而媒介批判能力是衡量媒介素养的一项重要指标，数据结果显示，对于社交媒体中出现的各种爆炸性信息，48.7%的受访大学生表示会独立思考，得出自己的结论；38.6%的受访大学生认为有些信息看似正确，但实则是误导，有时候自己也会被误导；10.5%的受访大学生认为很多时候这些信息值得信任。初步判断，大学生具有一定的信息辨识、分析和批判能力，具有信息消费自我把关的意识，能够理性廓清网络信息，坚持独立思考，并具有质疑反思精神，对媒介所营造的"拟态环境"具有一定的认识。而问卷发放之时，社交媒体上陆续出现"成都四十九中学生坠亡事件"的相关消息，本书由此设置了一项情境题进一步考察。调查显示，51.8%的受访大学生相信官方媒体的报道，不会轻易表态；19.5%的受访大学生不轻信任何一方的观点，理性判断所获取的信息；8.5%的受访大学生持观望态度；少数受访大学生表示相信"大多数网民的观点"（5.7%）、"网络大V的观点"（3.3%）和"辅导员发布的相关信息观点"（3.2%），可见，大学生具有一定的媒介依赖倾向，表现出对官方媒体的信任度。质言之，大学生具有一定的媒介批判能力，但同时也表现出对媒介的依赖倾向。值得一提的是，只有3.2%的受访大学生选择相信辅导员发布的相关信息，这在某种程度上折射出高校辅导员在舆论引导工作中的缺失和不足，辅导员在大学生中的信任度和权威感值得进一步探究。

表 3-22　大学生对获取信息信任程度影响因素

变　量	类　　型	样本量	占比	总计
大学生对社交媒体上各种爆炸性信息的态度	觉得很多信息和观点都很正确，值得信任	323	10.5%	3073
	有些信息和观点看似正确，其实是在误导，但有时候自己也会被影响	1186	38.6%	
	对于各种信息和观点只是看一看，会独立思考，得出自己的结论	1564	50.9%	
大学生对"成都四十九中学生坠亡事件"相关信息的处理方式	相信官方媒体的报道，不轻易表态	1593	51.8%	3073
	相信网络大 V 的观点	102	3.3%	
	易受大多数网民观点的影响	174	5.7%	
	相信辅导员在社交媒体上转发或者撰写的相关信息	99	3.2%	
	不轻信任何一方，理性判断所获取的信息	599	19.5%	
	不知道信什么，一直持观望态度	262	8.5%	
	还没关注过	243	7.9%	

　　而对于信息生产素养，负责地发布信息和言论的素养、负责地进行信息再传播的素养被认为是人们信息生产素养的具体表现。数据结果显示，当网上出现热点事件的舆论争端时，67.6%的受访大学生表示不太会参与其中发表个人观点，担心带偏节奏，这在一定程度上表明大学生对于个人信息生产和社交媒体表达的严谨态度和把关责任意识，意见表达的道德素质较高。同时，当被问及"如果在社交媒体上看到错误或虚假信息，会如何处理"时，30.9%的受访大学生表示会立即关掉页面，继续浏览别的页面；27.1%的受访大学生会及时向有关部门反映，终止信息传播；24.4%受访大学生会主动反驳澄清，避免更多人被误导。整体上看，大学生对于网络虚假与错误信息是零容忍的，半数以上(51.5%)的大学生会积极采取措施，敢于发声，避免错误信息扩散蔓延，助力维持公共领域的良好秩序，表现出较好的网络道德素质，但同时也有12.1%的受访大学生选择继续看，并且不采取任何措施，任由不良信息传播，值得关注。

表 3-23　大学生对获取信息信任程度影响因素

变　量	类　型	样本量	占比	总计
当网上出现热点事件的舆论争端时，大学生参与其中发表个人观点的情况	非常符合	381	12.4%	3073
	比较符合	538	17.5%	
	一般	876	28.5%	
	不太符合	710	23.1%	
	不符合	569	18.5%	
在社交媒体上，大学生看到错误或虚假信息后的处理情况	主动反驳澄清，避免更多人被误导	748	24.4%	3073
	通过举报等有效途径向有关部门反映，终止传播	833	27.1%	
	立即关掉页面，继续浏览别的页面	949	30.9%	
	继续看，感觉会受到影响	101	3.3%	
	继续看，但自信不会受到影响	253	8.2%	
	转发分享，参与传播	19	0.6%	
	说不清	169	5.5%	

同时，大学生在社交媒体上并没有表现出"凡是不同必骂之，凡是有人骂必跟之"以及"非此即彼、非白即黑"的网络戾气和网络二分式思维模式。调查结果显示，在回答"您能够接受社交媒体中各种同自己观点不同的观念吗"时，47.8%大学生表示能够接受，33.4%的大学生表示有的能接受，16.5%有的不能接受，而表示不能接受的学生只有1.1%。可以看出，大学生中持异己观念、全盘拒斥的比例比较小，大部分学生对社交媒体传播的异己观念持接受和选择性接受的态度。在回答"是否习惯用'是'与'非'、'对'与'错'来表达对网络热点事件看法"时，79.8%的受访大学生表示不会简单用"是"与"非"、"对"与"错"表达对网络热点事件的看法。这既表明大学生理性意识的觉醒、辩证思维的运用以及包容心态的体现，也表明处在社交媒体环境中的当代大学生已经开始自觉或不自觉地调整自身观念结构，在同质与异质、多元与一元的对立统一的辩证分析中寻求思想观念的最佳平衡点和最优化结构。

综上，在社交媒体环境下，大学生媒介素养表现出令人期待的积极态势，整体上理性平和、冷静客观，这可能跟"00后"大学生媒介接触时间较长、媒介使用经验较为丰富有关，也跟近年来不断加强网络文明建设、积极推动媒介素养教育有关。但值得一提的是，大学生中具有较高媒介素养的并不多，一般在社交媒体中具有较高影响力和传播力的人被认为具有较高的媒介素养，调查结果显示，只有28.2%的受访大学生表示自己身边有影响力和传播力较高的大学生，可见，积极发掘大学生中媒介素养较高的优秀分子，使之发挥舆论意见领袖的引导作用，在舆论引导工作中，具有重要的现实意义。

表3-24　大学生对获取信息信任程度影响因素

变　量	类　型	样本量	占比	总计
对社交媒体上异于个人观点的不同观念的处理态度	能够接受	1506	49.0%	3073
	有的能够接受	1026	33.4%	
	有的不能接受	507	16.5%	
	不能接受	34	1.1%	
我在网上习惯用"是"与"否"、"对"与"错"来表达对热点事件的看法	非常符合	175	5.7%	3073
	比较符合	363	11.8%	
	一般	713	23.2%	
	不太符合	753	24.5%	
	不符合	1069	34.8%	
我身边没有在社交媒体上影响力和传播力比较强的同学	非常符合	323	10.5%	3073
	比较符合	854	27.8%	
	一般	1029	33.5%	
	不太符合	562	18.3%	
	不符合	304	9.9%	

三、社交媒体的使用对"00后"大学生思想行为的影响

在分析大学生使用社交媒体的现实样态基础上，我们运用描述性分析以及

Pearson 相关系数检验、回归分析，从价值观念与价值追求、道德观念与道德实践、爱国情感与爱国行为、文化认同与文化消费、生活观念与生活方式等五个方面，一一分析社交媒体的使用对"00后"大学生思想行为的影响。

(一)社交媒体的使用对"00后"大学生价值观念和价值追求的影响

1. 现状分析

价值观作为人们以自身的需要为尺度对事物重要性的认识的观念系统①，具有极强的个性倾向性，对人的思想行为具有重要的导向作用和动力作用。我们设置了五个具体问题对大学生的价值观进行考察。

表 3-25 社交媒体的使用对大学生价值观和价值追求的影响分析

变 量	类 型	样本量	占比	总计
您衡量个人成功的最重要标准	自我的满足程度	1254	40.8%	3073
	社会贡献	1180	38.4%	
	个人品行	378	12.3%	
	财富	129	4.2%	
	名誉	80	2.6%	
	权力	52	1.7%	
我会根据自身的具体情况设定合理的人生追求，不盲从外界评价	非常符合	906	29.5%	3073
	比较符合	1565	50.9%	
	一般	567	18.5%	
	不太符合	27	0.9%	
	不符合	8	0.3%	

---

① 张进辅. 论青年价值观的形成与引导[J]. 西南大学学报(社会科学版)，2007(3)：82-87.

续表

变 量	类 型	样本量	占比	总计
我追求自己的利益，但会与国家意志和社会责任取得协调	非常符合	1034	33.7%	3073
	比较符合	1411	45.9%	
	一般	540	17.6%	
	不太符合	63	2.1%	
	不符合	25	0.8%	
我积极获取资源，追求更高层次的物质生活水平	非常符合	714	23.2%	3073
	比较符合	1283	41.8%	
	一般	936	30.5%	
	不太符合	113	3.7%	
	不符合	27	0.9%	
物质只是实现人生价值的基础和手段，更高层次的精神追求才是我生活的目的	非常符合	740	24.1%	3073
	比较符合	1268	41.3%	
	一般	913	29.7%	
	不太符合	139	4.5%	
	不符合	13	0.4%	
我认同主流价值观，在纷繁复杂的网络信息中，对其他价值观也有一定的接纳	非常符合	947	30.8%	3073
	比较符合	1379	44.9%	
	一般	634	20.6%	
	不太符合	92	3.0%	
	不符合	21	0.7%	

第一个问题，"您衡量个人成功的最重要标准"

调查显示，大学生衡量成功的标准呈现明显的倾向性。绝大多数的受访大学生认为"自我满足的程度"（40.8%）和"社会贡献"（38.4%）是自己最看重的标准，两者基本持平，而对于"个人品行"（12.3%）、"财富"（4.2%）、"名誉"（2.6%）及"权力"（1.7%）等，他们并没有给予太多关注。

第二问题，"我会根据自身的具体情况设定合理的人生追求，不盲从外界评价"

有80.4%的受访大学生认为这样的说法"比较符合"（50.9%）或"非常符合"（29.5%），认为"不符合"和"不太符合"的只占1.1%。结合第一个问题，不难看出，无论是在价值目标的确立上，还是价值评价的设定上，大学生都表现出明显的自我化倾向，偏内控，更加关注自我的体验和判断，表现出较强的精神独立性，"我的地盘我说了算"、"我的人生我做主"的价值观念和人生态度得到大多数学生的认同。

第三个问题，"我追求自己的利益，但会与国家意志和社会责任取得协调"

调查显示，有79.6%的受访大学生赞同（45.9%）和非常赞同（33.7%）这样的说法，只有极少数（2.9%）不赞同。再对照第一个问题的结果，有38.4%的受访大学生认为"社会贡献"是衡量个人成功最看重的标准，因此，可以初步判断，大学生不仅关注个体利益，同时也关注社会利益和国家利益，因此在"个体—社会"维度的价值观念选择上，他们努力想要做到两者的协调兼容，呈现出明显的折中整合特性。

第四个问题，"我积极获取资源，追求更高层次的物质生活水平"

65.0%的受访大学生在面对这个问题时，选择了"非常符合"（23.2%）和"比较符合"（41.8%），认为这种做法不符合自己的情况只占了极少的比重（4.6%）。

第五个问题，"物质只是实现人生价值的基础和手段，更高层次的精神追求才是我生活的目的"

有65.4%的受访大学生对此持赞同（24.1%）和非常赞同（41.3%）的态度。综合来看，在"物质—精神"维度的价值观念上，他们仍然表现出明显的整合性，他们既不避讳对于物质生活的追求，也不否定对于精神追求的需要。

第六个问题，"我认同主流价值观，在纷繁复杂的网络信息中，对其他价值观也有一定的接纳"

有75.7%的受访大学生认为自己"比较符合"（44.9%）和"非常符合"（30.8%）这种说法，而认为"不符合"和"不太符合"的只占了3.7%。因此可以得出，大学生的价值观念表现出较强的多元化特征。

价值观的形成和发展，是个体内外环境影响的结果。媒介环境作为当前社会环境的主导因素，对大学生价值观的影响是必然的。那么社交媒体使用是如何影响价值观形成的呢？我们接下来主要通过相关分析得出结论。

2. 影响分析

将第三个问题与社交媒体使用情况进行相关性分析，发现使用社交媒体的数量与追求更高层次的物质生活水平呈显著负相关，系数为-0.058，$p<0.05$，对此我们认为这是由于社交媒体使用的数量越多，则大学生接触各类广告宣传和对外界物质生活了解的概率越大，这将可能影响他们的价值观，增加他们对于物质资源的需求和向往。

在社交媒体的使用情况中，对网络社群的关注程度和活跃程度也对大学生的价值观有一定程度的相关性。对网络社群的关注程度与"我认同主流价值观，在纷繁复杂的网络信息中，对其他价值观也有一定的接纳"情况显著正相关，相关系数为0.174，$p<0.05$；与不盲从外界评价情况显著正相关，相关系数为0.055，$p<0.05$；与更高层次的精神追求情况显著正相关，相关系数为0.102，$p<0.05$。总体来看，对网络社群关注程度越高的大学生，越希望与外界进行"小圈子"式的交流，那么他们的价值观就更多元，对人生追求也更有主见，倾向于更高层次的精神追求。

对于第六个问题与社交媒体使用情况进行相关性分析，发现社交媒体的使用时长、查看社交媒体的频率都与"我认同主流价值观，在纷繁复杂的网络信息中，对其他价值观也有一定的接纳"这个选项显著正相关，系数为0.037，$p<0.1$。这意味着，在社交媒体上花费的时间越长、查看社交媒体的频率越高，价值观越多元。

综上，社交媒体的使用显著影响着大学生的价值观念和价值追求，使大学生的价值观念更加多元开放，人生追求更具相对性，更有主见，也更倾向于精神层面，但也不放弃对物质资源的向往。

(二)社交媒体的使用对"00后"大学生道德观念和道德实践的影响

1. 现状分析

国无德不兴，人无德不立。在立德树人这一根本任务之下，社会高度关注大学生群体的道德水准和道德风貌，高校积极落实国家道德建设的有关举措，多措并举开展大学生道德教育。我们设置了七个问题考察大学生的道德观念和道德践行状况。

表 3-26 社交媒体使用对大学生道德观念和道德实践的影响

变　量	类　　型	样本量	占比	总计
我参与过志愿服务等公益活动	非常符合	1291	42.0%	3073
	比较符合	989	32.2%	
	一般	612	19.9%	
	不太符合	141	4.6%	
	不符合	40	1.3%	
我承认某种道德要求合理，但不一定会在日常生活中践行	非常符合	508	16.5%	3073
	比较符合	1064	34.6%	
	一般	1114	36.3%	
	不太符合	318	10.4%	
	不符合	69	2.3%	
当我出现道德失范行为时，我倾向于换一种标准解释和看待自己的行为	非常符合	383	12.5%	3073
	比较符合	837	27.2%	
	一般	938	30.5%	
	不太符合	623	20.3%	
	不符合	292	9.5%	
在社交媒体上我有与过网络欺负行为，对某个人或者某个人群发表过恶评或者其他攻击行为	非常符合	287	9.3%	3073
	比较符合	505	16.4%	
	一般	525	17.1%	
	不太符合	416	13.5%	
	不符合	1340	43.6%	
我认为我的道德水平高于网络上的多数人	非常符合	705	22.9%	3073
	比较符合	1019	33.2%	
	一般	1077	35.1%	
	不太符合	184	6.0%	
	不符合	88	2.9%	

续表

变　　量	类　　型	样本量	占比	总计
我认为社会道德规范是多元的，很难有统一的标准	非常符合	807	26.3%	3073
	比较符合	1081	35.2%	
	一般	826	26.8%	
	不太符合	263	8.6%	
	不符合	96	3.1%	

第一个问题和第二个问题合并来看。

第一个问题，"雷锋精神并未过时，值得发扬"

调查结果显示，对于这种说法，有51.8%和42.2%的受访大学生表示"认同"和"非常认同"，可见，大学生对雷锋精神表示高度认同，也体现了大学生崇德向善的价值追求，表现出较好的道德认知。

第二个问题，"我参与过志愿服务或公益活动"

调查显示，有74.2%的受访大学生表示自己参与过志愿服务或者公益活动，只有5.9%的受访大学生没有参与过，这说明大学生拥有积极的道德素养，对志愿服务、公益活动表现出较高的认同度，参与志愿服务或公益活动，是大学生道德践行的重要路径。整体来看，大学生拥有正确的道德认知、自觉的道德养成和积极的道德实践，反映了较好的道德素养和道德风貌。

第三个问题，"我承认某种道德要求合理，但不一定会在日常生活中践行"

调查结果显示，持"比较符合"(34.6%)、"非常符合"(16.5%)态度的大学生超过了一半的比例(51.1%)，仅有12.7%的受访大学生认为这种说法"不太符合"(10.4%)、"不符合"(2.3%)自己的情况。结合第一个问题的结果，可以初步判断，大学生在理论上认同的道德规范，常常不能转化为大学生实际发生的行为，正确的道德认知、自觉的道德养成与积极的道德实践还不能统一起来，尤其是社交媒体环境下，德知与德行不一致的矛盾表现得更为突出，"键盘侠"的存在就是一个典型例子，即在知行关系上表现为道德认知和道德践行的脱节。

第四个问题和第五个问题合并来看。

第四个问题，"当我出现道德失范行为时，我倾向于换一种标准解释和看待自己的行为"

在被问到这个问题时，选择"比较符合"（27.2%）、"非常符合"（12.5%）的大学生近四成（39.7%），选择"不太符合""不符合"的大学生占到了接近1/3的比例（29.8%），由此看来，大学生在面对自己的不道德行为时，道德推脱现象较为普遍。道德推脱是指个体产生的一些特定的认知倾向，这些认知倾向包括重新定义自己的行为使其伤害性显得更小，最大程度地减少自己在行为后果中的责任和降低对受伤目标痛苦的认同。① 因此，道德推脱是从自我保护的角度，使自身内部原有的道德标准失效，从而选择另外一种标准将某些不道德行为重塑为道德行为，以此摆脱内疚和自责情绪。

第五个问题，"在社交媒体上我有过网络欺负行为，对某个人或者某个人群发表过恶评或者其他攻击行为"

调查显示，认为这种说法"比较符合"（16.4%）、"非常符合"（9.3%）自身情况的大学生超过了1/4（25.7%）。我们仅将网络欺负行为作为例子，就出现了相对较高的比例，可以推测大学生网络不道德行为会有一定的发生率。这跟社交媒体环境的隐蔽性、虚拟性、在场性缺失有关。综合第四个问题的结果，一般而言，这种环境更易加剧大学生的道德推脱水平，使其无视自身内部道德标准，从而导致不道德行为的发生。

第六个问题，"我认为我的道德水平高于网络上的大多数人"

调查发现，有超过一半（56.6%）的受访大学生认同（33.2%）或者非常认同（22.9%）"我的道德水平高于网络上的大多数人"这种说法。这涉及自我道德评价。大学生自我道德评价是指大学生以自我为评价主体，以自我的道德活动为评价对象而展开的评价活动。② 也就是说，超过一半的大学生的自我道德评价倾向性较高。首先，我们应该肯定大学生群体的整体道德水准在全社会范围内处于较高层面。但同时，也要考虑以下两方面因素：一方面，大学生在进行自我道德评价时，评价标准容易采取双重甚至多重标准。我们在随后的访谈中证实了这种假

---

① Bandura A. Moral Disengagement in the Perpetuation of Inhumanities [J]. Personality and Social Psychology Review, 1999, 3(3): 193-209.

② 齐佩芳，李海珍. 大学生自我道德评价问题浅探[J]. 黑龙江教育（高教研究与评估），2007(5): 30-31.

设。受访大学生 A13 谈道：评价别人时比较苛刻，评价自己时相对比较温和。在说到雷锋精神时，他希望有更多人成为"雷锋"，但对自己并没有那么高的期待。因此可以看到，相对于社会评价标准，大学生倾向于采取较低的标准进行自我评价，因此容易出现偏差。另一方面，由于网络信息良莠不齐、网络环境复杂隐蔽，发生网络道德失范行为的可能性较高，这容易使得大学生对处在网络环境中的人们给予较低的道德评价，但对自己，他们认为自己不会受到网络环境的负面影响。这种现象与传播学者戴维森提出的"第三者效果"很符合，即人们倾向于夸大大众传媒对他人的影响，而认为对自己没有什么效果。但事实上，自己很可能与他人并没有什么不同。

第七个问题，"我认为社会道德规范是多元的，很难有统一的标准"

对于道德规范的看法，有超过六成(61.5%)的受访大学生认为"道德规范是多元的，很难有统一的标准"，而对此持否定态度的受访大学生只有 11.7%。在随后的访谈中，很多受访学生谈到，自己的评价标准不固定，会随着人、情境的变化而变化。因此从该问题的调查可以直观地看到，大学生的道德标准较为模糊，对于普遍的道德规范信任感不够，道德评价情境化、虚无化，呈现出明显的道德相对主义倾向。诚然，道德相对主义为大学生提供了文化多元和价值多元的理念和视角，但它更易抹杀道德判断标准的普遍性意义，过分强调道德原则的多样性、道德主体在道德判断中的主体性和自由性，容易导致道德评价的随意性和主观性，加之大学生思维批判理性不足、追求务实、阅历较浅等特点，使得大学生更易陷入"去道德化"的困境中。

2. 影响分析

在此，对社交媒体的使用对大学生道德观念和道德实践的影响，进行相关性分析。

社交媒体的使用数量与"当我出现道德失范行为时，我倾向于换一种标准解释和看待自己的行为"呈显著负相关，相关系数为-0.053，$p<0.05$。这说明社交媒体的使用数量越少，出现道德推脱行为的可能性越大，在一定程度上，社交媒体的使用规范了当代大学生的道德行为。

对"祁发宝卫国戍边"这一新闻的处理态度与是否参与过志愿服务等公益活

动呈显著正相关，相关系数为 0.047，p<0.05。说明当看到相关英雄事迹时产生感动敬佩之心并积极分享，希望让更多的人知道，那么自己参加志愿服务等公益活动的概率越大。

同时，加入网络社群的个数与是否参与过志愿服务等公益活动呈显著负相关，相关系数为-0.104，p<0.05。这意味着加入网络社群的人数越多，就越关注人与人关系的构建，参与志愿服务等公益活动的概率也越大，社交媒体的使用一定程度上促进了公益活动的参与。

社交媒体的使用时长与"我承认某种道德要求合理，但不一定会在日常生活中践行"即知行脱节呈显著正相关，相关系数为 0.082，p<0.05。这说明社交媒体使用时间越长，就越认同该观点，即更加知行统一。

社交媒体上的互动好友人数与"在社交媒体上我有过网络欺负行为，对某个人或者某个人群发表过恶评或者其他攻击行为"呈显著负相关，相关系数为-0.105，p<0.05。这说明在社交媒体上的互动人数越多，参与网络欺负行为越少，在社交媒体上互动的好友越多，则意味着有更稳定的人际关系和较好的媒介素养，更懂得如何在网上与人相处，因此发生网络冲突和暴力的可能性也会相应减少。

综上，社交媒体的使用一定程度上促进了大学生道德观念的提升和道德行为的发展，社交媒体上传播的正能量有利于激发和促成大学生的公益实践。

(三)社交媒体的使用对"00后"大学生爱国情感和爱国行为的影响

1. 现状分析

第一个问题，"我对中国人的身份、国家形象高度认同"

国家认同是思想政治教育要达到的重要目标。调查显示，有83.9%的受访大学生表示这种说法"比较符合"(25.7%)、"非常符合"(58.2%)自己的情况。这说明"我骄傲，我是中国人"是当前绝大多数大学生的青春表白。他们是在国家迅速发展过程中成长起来的，自然而然形成了对国家的认同，尤其是在经历"新冠"疫情之后，他们亲身感受到了中国特色社会主义的制度优势，有利于进一步提升对国家的认同度。但同时我们也要注意到，调查结果还显示，仍有2%的受访大学生对此持否定态度，对自己的中国人的身份、国家形象并不认同，虽然所占比例较小，但也应该引起我们的高度重视。当前，中国处于百年未有之大变局，国内外形势和社会生活都呈现出较高的复杂性，全球化的浪潮和各种社会思潮都冲击着他们的国家认同，国内社会生活中的矛盾和问题也影响着他们的国家认同，尤其是现在美西方国家抛出"中国威胁论"、借"新冠"疫情大肆抹黑中国，造成对大学生国家认同的干扰。因此，如何帮助大学生正确看待这些挑战，客观认识自己的国家，是当前思政工作者的重点任务。

第二个问题和第三个问题合并来看。

第二个问题，"我高度认同国家的大政方针、发展理念等"

调查显示，近八成（79.4%）的受访大学生表示自己"高度认同国家的大政方针、发展理念等"，其中"非常符合"的达到了51.0%，可见，大多数大学生对于当前党和国家的重大方针政策都有较高的认同度。但同时，第三个问题的调查结果又给我们提供了另外一个看待问题的视角。在被问及"党的十九届五中全会通过的《中共中央关于制定国民经济和社会发展第十四个五年规划和二〇三五年远景目标的建议》提出，要加快构建_____发展格局"的问题时，仅有37.9%的受访大学生选择了正确的选项"以国内大循环为主体，国内国际双循环相互促进"。我们以此例子可以推测，大学生对党和国家的方针政策可能停留在"高认同，低认知"的感性层面，存在"我需要认同"代替"我认同"、"情感上模糊认同"代替"理性的真正认同"的现象，这和我们长期以来爱国主义教育过分偏重政党伦理道德、重形式、强灌输有关，对此我们应该深刻反思。

第四个问题和第五个问题合并来看

第四个问题，"即使祖国还有这样或者那样的不足，但我相信她会一直进步"

调查结果显示，有超过83.9%的受访大学生表示相信（25.9%）、非常相信（58.7%）。即使祖国还有这样或者那样的不足，但我相信她会一直进步，说明大学生在面对当前经济全球化的曲折发展和当代资本主义新发展的过程中，能正确看待国家发展过程中存在的问题，对国家的未来充满信心和期待，树立起了强烈的民族自尊心和自信心。尤其是在这次疫情防控期间，广大青年学生在共同"战疫"的过程中，深切感受到了中国特色社会主义的制度优势和同舟共济、共克时艰的民族精神，进一步坚定了信心，坚定了信念，增强了听党话、跟党走的自觉。同时，我们来看第五个问题，当面对"我认为自己未来能够实现向上流动的目标"时，有65.3%的受访大学生持赞同（37.7%）或非常赞同（37.6%）的态度，说明他们对个人"成长之途"满怀希望。但我们也看到，对比第四个问题和第五个问题，相比对国家的信心，大学生对个人的信心则降低了18.6%，同时，认为自己"未来不能实现向上流动目标"的受访大学生有2.7%。综上可见，大学生对自身发展的信心相对不足，这可能跟快节奏的社会生活、"新冠"疫情引发的更加严峻的就业形势、学习科研"小环境"带来的内卷状态有关。他们在面对当前的校园生活，以及在预测未来的成长发展时，都带有较为明显的焦虑情绪和不安全感。另外，相对"国家"这样一个宏观概念，个体所面临的学习成长、择业交友、日常生活等具体现实的成长困境和发展难题，对大学生来说则更加具象和实在，感受也愈发贴切和真实，因此对于个体未来发展不确定的担忧也更加明显。

第六个问题，"去基层就业对我没什么吸引力"

调查显示，有34.2%的受访大学生对此持赞同（20%）和非常赞同（14.2%）的意见，同时，有28.2%的受访大学生并不认为去基层对自己没有吸引力。结合大学生在第一、二个问题上的表现，我们可以推测得出，当前大学生在情感上对国家认同更加浓烈真挚，政治态度上更加正面积极，更加趋"红"，但仍然有部分学生还不能自觉服务社会、奉献国家，他们不愿意在基层岗位上就业报国。可见，大学生蓬勃高涨的爱国情感并未完全转化为坚定的报国行为。值得注意的是，有37.6%的受访大学生选择了"说不清楚"这一个选项，他们对去基层就业没有表现出明确的想法，态度相对摇摆模糊，是我们开展爱国主义教育的重要对象。

表 3-27 社交媒体的使用对大学生爱国情感和爱国行为的影响

变 量	类 型	样本量	占比	总计
我对中国人的身份、国家形象高度认同	非常符合	1788	58.2%	3073
	比较符合	791	25.7%	
	一般	432	14.1%	
	不太符合	46	1.5%	
	不符合	16	0.5%	

续表

变　　量	类　　型	样本量	占比	总计
我高度认同国家的大政方针、发展理念等	非常符合	1568	51.0%	3073
	比较符合	872	28.4%	
	一般	490	15.9%	
	不太符合	117	3.8%	
	不符合	26	0.8%	
即使祖国还有这样或者那样的不足，但我相信她会一直进步	非常符合	1783	58.0%	3073
	比较符合	797	25.9%	
	一般	404	13.2%	
	不太符合	69	2.2%	
	不符合	20	0.7%	
去基层就业对我没什么吸引力	非常符合	436	14.2%	3073
	比较符合	615	20.0%	
	一般	1154	37.6%	
	不太符合	581	18.9%	
	不符合	287	9.3%	

2. 影响分析

通过对社交媒体的使用对大学生爱国情感和爱国行为影响的相关性分析，我们可以发现以下现象：

对"祁发宝卫国戍边"这一信息的处理态度与"我高度认同国家的大政方针、发展理念等"呈显著正相关，相关系数为 0.183，$p < 0.05$。这说明越倾向于在社交媒体上传播正能量，则越关注和认同国家大政方针等。同时常用社交方式与"我高度认同国家的大政方针、发展理念等"呈显著负相关，相关系数为 -0.087，$p < 0.05$。这意味着越倾向于在社交媒体上社交的大学生，越关注国家公共议题，说明社交媒体一定程度上提升了大学生的国家关注度。社交媒体的使用数量与"我对国家形象高度认同"呈显著正相关，相关系数为 0.048，$p < 0.05$。这说明社

交媒体的使用数量越多，对国家形象就越高度认同。同时，对社交媒体的态度与"我对国家形象高度认同"呈显著负相关，相关系数为 -0.156，$p<0.05$。同时，社交媒体的使用数量与认为"即使祖国还有这样或者那样的不足，但我相信她会一直进步"呈显著正相关，相关系数为 0.045，$p<0.1$。这说明社交媒体的使用数量越多，对国家发展就越充满信心。另外，使用网络社群个数与以上观点也呈显著正相关，相关系数为 0.056，$p<0.05$，进一步印证了上述观点。可见，大学生对社交媒体越信任、使用度越高，对国家形象的认同感就越高，对国家发展更有信心，这和近年来国家积极利用社交媒体加强主流意识形态宣传教育有关，社交媒体一定程度上增强了学生的国家认同和爱国情感。

社交媒体的使用时长与"去基层就业对我没有什么吸引力"呈显著负相关，相关系数为 -0.042，$p<0.1$。这说明社交媒体的使用时间越长，基层就业越有吸引力。同时，大学生在网络社群的活跃程度与以上观点呈显著正相关，相关系数为 0.098，$p<0.05$，这意味着在网络社群中活跃程度越高，越认为基层就业存在吸引力。可见，社交媒体在引导大学生将个人成长与国家发展同频共振的观念方面，起到了较好的宣传效果。

综上，社交媒体的使用一定程度上激发了大学生的国家认同、爱国情感和报国行为。

(四)社交媒体的使用对"00后"大学生文化认同与文化消费的影响

1. 现状分析

第一个问题，"'丧文化'对我产生了一定的影响"

从前些年的"马男波杰克""悲伤蛙pepe""咸鱼"大火，到2020的"985毕业自称废材"，"丧文化"持续受到人们的关注，包括在2021年爆火的流行词"躺平"都可以看做是"丧文化"的延续和发展。因此，"丧文化"是当前极具代表性的青年网络亚文化，也是一个备受关注的"现象级"文化景观。因此，为了了解大学生关于"佛系""丧"的认识，我们以访谈的形式进行了调查。访谈结果显示，22.1%的受访大学生表示'丧文化'等网络亚文化对自己产生了一定的影响，42.6%的受访大学生则认为并没有对自己产生影响。

受访大学生 A14："会受到一些影响，尤其当自己遭遇一些挫折、打击的时候，会说各种'丧'话宣泄宣泄，会觉得大家都很'丧'，我'丧'也很正常。"

受访大学生 A25："我更愿意理解'丧'是一种表达方式，喜欢正话反说，比如本来应该是'世上无难事，只要肯攀登'，比较正能量，但我们就喜欢给它反转，说成'世上无难事，只要肯放弃'，感觉这是一种说话的风格，自我解压，但并不代表我真的要放弃。"

受访大学生 A17："我确实是个比较'佛系'的人，但这并不代表我没有目标，比如说，今年我就报名参加了全国大学生英语比赛，还取得了不错的成绩。"

这几种看法在"00后"大学生中较为普遍，受"丧文化"的影响，少数大学生表现出"跟风"倾向，但对大多数大学生来说，"丧"并不是他们生活的常态，他们在社交媒体上自己设计或者使用各种"丧"表情包和流行词，对"丧文化"进行消费和再生产，更多的只是一种娱乐消遣、情绪宣泄和自我防御，并没有改变他们努力奋斗的精神内核，"丧中带乐"是大多数学生消费"丧文化"的主要心理基础和情感基调。相反，在很多人的眼里，他们表达"佛系""丧"，更看作是自己对于既有消费主义、功利主义文化的抵抗，是在强调自身对于个体价值追求的反思与张扬。因此可以看出，大学生对"丧"的认识与理解，可能与主流社会对于"丧"的定义和解读存在偏差。主流社会对于青年亚文化，往往存在二元对立的观念，采取"非此即彼""你死我活"①，因此常常将"丧文化"看作"洪水猛兽"，认为大学生"说丧即丧"，高估了"丧文化"对于大学生成长、发展的影响。

第二个问题，"看到喜欢的爱豆被黑，我会参与'饭圈互撕'"

"饭圈"文化在青年网络亚文化中也具有较强的代表性。作为当前偶像崇拜的新样态，以"追星"为核心特征的"饭圈"文化正在广大青少年中兴起。调查显示，有 19.3% 的受访大学生表示，"看到喜欢的爱豆被黑，我会参与'饭圈互撕'"，62.2% 的受访大学生则表示，他们并不会参与。因此可以初步推断，与我们常见诸报端的"疯狂、攻击性、缺乏理性"的粉丝负面形象不同，大学生的粉丝行为表现出较强的理性和规则意识，他们并不会因为自己喜欢的粉丝而违背规

---

① 刘朝霞，王瑜. 新媒体视域下青年网络"丧文化"传播研究——以流行词"佛系"为例[J]. 中国青年社会科学，2019，38(3)：101-110.

则，从而做出对社会有害的消极行为。"饭圈"文化的主要践行者是青少年，而大学生则是其中受教育程度相对较高的群体，可以推测他们在庞大的粉丝群体中起着正面引领和具有建设性的作用。

第三个问题，"我是传统文化爱好者即国风新青年"

调查显示，有51.6%的受访大学生评价自己是"传统文化者爱好者，即国风新青年"，其中包含赞同(27.3%)或非常赞同(24.3%)的态度，仅有14.8%的学生否定了这种评价。可见，大学生表现出对国风文化的热衷，对于国潮国风的追寻成为大学生群体中的时尚。近年来，中国诗词大会、中国汉字听写大会、经典咏流传等综艺节目以及民乐、古典舞、汉服等兴趣圈层和文化活动，都受到大学生的广泛关注和深度参与，他们借助社交媒体身体力行，积极推动传统文化与现代元素的融合，具有青年网络亚文化传播的特征，呈现出对国风文化的认同和信仰，体现了对本国文化的认知和认同，可以说，随着国家综合国力的强盛和文化软实力的提高，大学生对国风文化潮流的追逐，实质上，是对以往"文化自卑""文化无用"的摒弃，是其文化自觉与文化自信日益提升的现实表现。①

表3-28 社交媒体的使用对大学生文化认同的影响

变　量	类　　型	样本量	占比	总计
看到喜欢的爱豆被黑，我会参与"饭圈互撕"	非常符合	223	7.3%	3073
	比较符合	370	12.0%	
	一般	569	18.5%	
	不太符合	353	11.5%	
	不符合	1558	50.7%	
我是传统文化爱好者即国风新青年	非常符合	748	24.3%	3073
	比较符合	839	27.3%	
	一般	1033	33.6%	
	不太符合	267	8.7%	
	不符合	186	6.1%	

① 项久雨. 青年为何热衷"国风"文化[J]. 人民论坛，2020(17)：98-101.

2. 影响分析

在社交媒体的使用对大学生文化认同与文化消费的相关性分析中，有以下发现：

社交媒体的使用数量与"看到喜欢的爱豆被黑，我会参与'饭圈互撕'"呈显著负相关，相关系数为-0.134，$p < 0.05$。这意味着社交媒体的使用数量越多，越不倾向于"饭圈互撕"。同时，社交媒体的使用时长与"看到喜欢的爱豆被黑，我会参与'饭圈互撕'"呈显著正相关，相关系数为0.07，$p < 0.05$。以上，说明随着社交媒体使用的丰富和普及，人们对社交媒体有了更为理性的认识，持更为开放的态度，对亚文化糟粕的认识更加客观、清醒，对"饭圈"、追星等亚文化的追求更为理智。

社交媒体的使用情况与"'躺平''佛系'等网络流行文化对我并没有什么影响"呈显著负相关，相关系数为-0.058，$p < 0.05$。这意味着对社交媒体的使用越"沉浸"，越容易受到网络流行文化的影响。网络流行文化正在随着社交媒体的普及而加速传播。

同时，是否转发社交媒体上的公益信息与"'躺平''佛系'等网络流行文化对我并没有什么影响"呈显著正相关，相关系数为0.108，$p < 0.05$。这说明越倾向于转发社交媒体上的公益信息，越不容易受到"躺平""佛系"等网络流行文化的影响，意味着大学生越积极传播公益信息，越容易受到积极向上氛围的影响，从而对"躺平""佛系"等偏向消极的亚文化有更强的抵御力。

对"祁发宝卫国戍边"这一新闻的态度与"我是传统文化爱好者即国风新青年"呈显著正相关，相关系数是0.157，$p < 0.05$。同时，是否转发社交媒体上的公益信息与"我是传统文化爱好者即国风新青年"呈显著正相关，相关系数为0.158，$p < 0.05$。这意味越积极传播主旋律和正能量的大学生，越倾向于认同传统文化。

以上可见，社交媒体的良性使用，在一定程度上促进大学生对中华传统文化的认同，增强了对亚文化的理性认识和参与。

（五）社交媒体的使用对"00后"大学生生活观念和生活方式的影响

1. 现状分析

正如马克思所说，"个人怎样表现自己的生活，他们自己也就怎样"①。生活方式不仅体现一个人的思想意识和价值观念，而且对于后者也具有一定的反作用，尤其是社交媒体的兴起，放大了人们日常生活的比重和色彩。因此从生活方式的视角，我们可以窥见大学生思想行为的变化。大学生的生活方式是物质生活和精神生活的具体表现形式，我们选择了学习方式、交往方式和消费方式，来考察大学生的生活方式。

第一个方面，关于大学生学习方式的调查

在本次调查中，对"我主动在社交媒体上搜索有利于我专业学习的资源"问题，有71.3%的受访大学生表示"非常符合"（31.5%）和"比较符合"（39.8%）。可见，社交媒体对大学生的学习具有正向的影响，主要体现在他们具有主动通过社交媒体获取学习资源和有效信息的意识和能力。他们在各种链接或发散思维中跳转，这会大大拓展他们对知识接触的广度、深度，对激发他们的创新意识、培养他们的探索能力具有重要的作用。当然，这与大学生本身的信息选择和判断能力、对无关信息的抗干扰能力等媒介素养有关，否则，面对当前信息资源的碎片化、轻量化、易得性，也容易导致大学生的依赖和懒惰等心理和行为发生，阻碍大学生独立思考和系统思考能力的培养。这个结论正好与第二个问题的结果相符合，在被问到"社交媒体更多的是降低了我的学习效果"这个问题上，对此持肯定意见和否定意见的比例差距不大，具体来说，认为社交媒体降低了自己的学习效果的大学生，占了34.3%；不认同的，则占了24.5%；更多的大学生（41.2%），对此持中立态度。这既说明了互联网中立的工具性属性，也反映了社交媒体对大学生学习效果的影响因人而异，有的人可能更多地利用社交媒体去"摸鱼"，有的人则是充分利用社交媒体丰富的信息资源，这与人的媒介素养以及整体的素质能力息息相关。

对第三个问题"我更愿意参加师生互动性好、高影响力的教育活动"，受访

---

① 马克思恩格斯全集（第3卷）［M］. 北京：人民出版社，1960：24.

大学生表现出较高的一致性，有68.4%对此表示非常赞同（29.0%）和赞同（39.4%），仅有5.2%的受访大学生并不这么认为。可见，社交媒体催生的去中心化、去权威化和社交化同样影响了师生之间的交往，对于教育活动，大学生更看重师生之间的互动体验和活动影响力，如果只是单向的交流或是没有知名度和影响力的活动，很难获得学生的关注和参与。

第二个方面，关于大学生交往方式的调查

在本章第二部分"对'00后'大学生社交媒体生存样态的实证分析"中，我们曾涉及对大学生交往方式的分析，在此基础上，我们进一步探讨其交往方式的现状。在前文中我们知道，大学生主要依靠社交媒体开展交往活动，他们的社交，既有基于强关系建立起来的人际关系，也有基于弱关系的社交圈子，但更多还是熟人社交，现实社交和网络社交出现了日趋融合的趋势。同时，在网络社交表达偏好上，93.4%的受访大学生表示会在社交媒体平台的聊天中使用表情包，可见图像化社交日趋成为趋势。除此之外，我们还调查了另外两个问题：

对"相比于现实交往，我更擅长网络交往"问题，有48.3%的受访大学生表示"非常符合"（21.2%）和"比较符合"（27.0%），这跟长时间处于网络社交环境有关。当交往的情境从平面化的"聊天窗口""头像"切换到立体真实的人时，他们往往无法克服羞怯的心理，表现出"沉默内敛""缺乏逻辑"等不相适宜的表现。"比起说话我更愿意发信息"，是当前大学生更擅长网络交往的具体写照。

而当被问及交往体验时，对"无论线上还是线下，我常常感到孤独"问题，有33.4%的受访大学生表示"非常符合"（12.6%）和"比较符合"（20.8%）。孤独是一种与外界关系的主观体验。这说明虽然当前大学生拥有的社交工具是如此之便捷，与人沟通是如此之方便，表情包、短视频等社交方式是如此之生动，但都没有缓解反而加重了大学生的孤独感。这种孤独感让他们更加依赖手机，更加希望与他人建立联系，更加不愿意独处。当他们把自己七零八散地分解给各种社交APP、智能机器人时，他们逐渐失去了自我感，而这也意味着在这种社交媒体环境下孤独感成为常态化存在。

第三个方面，关于大学生消费方式的调查

在本次调查中，对"我购物时，除了看中商品质量，也看中商品的品牌文化"问题，有62.7%的受访大学生表示肯定，其中"非常符合"占27.8%，"比较符合"占34.9%；对此持否定态度的，则只占了9.1%。由此可以看出，大学生消费行为的产生，不仅跟商品的使用价值有关，还跟商品品牌所表征的文化价值有关。也就是说，他们不再仅仅关注商品的实际功用，还将品牌作为一种"符号价值"来消费，着重于商品所体现出来的象征价值。品牌作为一种文化表征，被大学生高度关注。社会学家让·鲍德里亚在《消费社会》一书中谈道，一件商品所具有的彰显社会等级和进行社会区分的功能就是它的符号价值，这种重视商品传达的社会和个人信息的消费行为，就是符号消费。① 可见，大学生的符号消费特征较明显，他们在购买商品时，与其说消费的是品牌，不如说消费的是文化，从而获得一种文化意义。大学生的符号消费，不仅仅体现在对品牌文化的重视上，在随后的访谈中我们注意到，很多大学生表示，"有时候消费，只是因为带货的主播好看"、"河南发大水时，因为鸿星尔克的野性捐款，我一口气买了3双鞋子和4件衣服，表示对这个品牌的支持"，可见，大学生的消费不仅只是"物的消费"，也是一种"精神的消费"。他们消费什么，不仅仅是满足对物的需要，也在于满足他们对自我价值诉求的需要，他们正是在符号消费中建构自我以及与他人的关系，进而形成自我认同，彰显自我价值。

表3-29 社交媒体的使用对大学生文化消费的影响

变 量	类 型	样本量	占比	总计
我主动在社交媒体上搜索有利于我专业学习的资源	非常符合	967	31.5%	3073
	比较符合	1224	39.8%	
	一般	739	24.1%	
	不太符合	111	3.6%	
	不符合	32	1.0%	
社交媒体更多的是降低了我的学习效果	非常符合	377	12.3%	3073
	比较符合	675	22.0%	
	一般	1268	41.2%	
	不太符合	494	16.1%	
	不符合	259	8.4%	

① [法]鲍德里亚. 消费社会[M]. 刘成富，全志钢，译. 南京：南京大学出版社，2008：73.

续表

变　量	类　型	样本量	占比	总计
我更愿意参加师生互动性好、高影响力的教育活动	非常符合	891	29.0%	3073
	比较符合	1212	39.4%	
	一般	809	26.3%	
	不太符合	126	4.1%	
	不符合	35	1.1%	

2. 影响分析

通过对社交媒体的使用情况对大学生学习方式影响的相关性分析，可以发现：

社交媒体的使用数量与"我主动在社交媒体上搜索有利于我专业学习的资源"呈显著负相关，相关系数为 -0.056，$p<0.05$。这说明社交媒体使用的数量越多，越不主动使用社交媒体搜索学习资源。

社交媒体的使用情况与"社交媒体更多的是降低了我的学习效果"呈显著正相关，相关系数为 0.099，$p<0.05$。同时，常用的社交方式与"社交媒体更多的是降低了我的学习效果"呈显著负相关，相关系数为 -0.15，$p<0.05$。以上说明使用社交媒体越频繁，越倾向于利用社交媒体来交往，对学习的干扰也就越明显。

社交媒体的使用数量与"我更愿意参加师生互动性好、高影响力的教育活动"呈显著负相关，相关系数为 -0.044，$p<0.1$。这说明社交媒体使用的数量越少，越倾向于参加师生互动性好的教育活动。同时，对网络社群的关注度与"我更愿意参加师生互动性好、高影响力的教育活动"呈显著正相关，相关系数为 0.09，$p<0.05$。这意味着关注网络社群的数量越多，越不愿意参加此类教育活动。以上可见，大学生越沉浸于社交媒体，越倾向于基于社交媒体的交流方式，而对线下的教育活动缺少关注。

社交媒体的使用时长与"我对国产动漫、国货品牌的认可度越来越高"呈显著正相关，相关系数为 0.036，$p<0.05$。这就意味着大学生社交媒体使用的越

长，对国产动漫及国货品牌的认可度越高，也意味着社交媒体已经成为大学生关注国产动漫等文化产品、认同和购买国货品牌的重要渠道。社交媒体的使用数量与"如果网上号召抵制 H&M 和耐克，我会积极参与"呈显著负相关，相关系数为 -0.054，$p < 0.05$。这说明社交媒体环境下，消费方式深受意识形态的影响。

综上，社交媒体在一定程度上影响了大学生的学习方式和消费观念，改变了他们的学习行为和消费行为。

第四章　社交媒体环境下"00后"大学生思想行为特点

思想与行为是思想政治教育的逻辑起点。精准了解社交媒体环境下"00后"大学生思想行为特点，深入把握大学生思想行为发展规律，是新时代大学生思想政治教育开展的前提和基础。基于实证调研，结合文献研究和日常观察，从大学生价值观与价值判断、道德观念与道德实践、爱国情感与爱国行为、文化认同与文化消费、生活观念与生活方式等五个维度建构大学生思想行为特点的分析框架，系统探讨社交媒体环境下大学生的群体特征和整体状态，精准解读当前"00后"大学生思想行为特点，强化对目前思想政治教育对象研究成果的整合与融通，为进一步提升大学生思想政治教育的时代性、针对性、有效性提供现实依据。

一、社交媒体环境下"00后"大学生价值观与价值选择的新特点

改革开放40多年来，大学生思想政治观念发生了复杂深刻的变化，大学生思想政治观念的变化具有明显的代际变化特征，有学者指出，相较"80后"大学生的"整合矛盾，挣扎苦闷"，"90后"大学生呈现出"理性务实，折中整合"的特点①。而"00后"大学生伴随社交媒体的兴起而成长，在价值观与价值选择上，更加突出了这种折中式整合、矛盾性统一的趋势。社交媒体的兴起消解了传统媒体占主导、信息单向传播的模式，微博、微信、QQ等社交媒体对青年大学生价

---

① 余双好.大学生代际特征对思想政治教育的影响及发展趋向[J].思想教育研究，2014(9)：8-15.

值观的影响已经成为国家和社会共同关注的议题。社交媒体通过文字、图像等形式，构筑起多元化话语体系。这些话语传播对青年群体价值观的形成和趋向有着不可低估的影响，其影响在大学生的自我价值、价值观念的多元化、价值取向、价值选择、价值发展等方面表现得尤为明显，价值选择上也呈现出诸多新特点。

（一）价值关注向己性与社会性"折中式共生"

"90后"大学生已呈现出自我取向越来越明显的趋势[①]，而"00后"大学生的主体意识进一步增强，其价值关注表现出更明显的向己性特点。"我觉得""我认为""我想要"等表达方式的频繁使用，正是这种以自我为中心的典型体现，反映出当代大学生普遍存在的自我中心主义倾向。调查也显示，"自我满足程度"是他们衡量成功的重要标准之一。"00后"大学生普遍认为选择权是"我"的核心权力。作为主体，他们认为自己有资格和能力自主做出各种选择和决定，并倾向于将周围的互动对象，如老师、同学、亲人等，视为平等的交流伙伴，而非替自己做决定的权威。在人际关系方面，他们认为，应以"我"为核心建立人际关系，即"我"是人际关系的出发点，这种人际关系呈现出明显的"需求"导向：只要对方能给自己带来利益、快乐或支持等，就可以成为朋友。这种自我意识还体现在他们对个体与集体关系的理解上。"00后"大学生认为，集体的存在价值在于其对个性的包容、对个体发展的促进以及对个人价值实现的助力。如果集体无法实现这些功能，那么其存在的必要性便会受到质疑。这些观点鲜明地展现了"00后"大学生强烈的个体意识[②]。

社交媒体的蓬勃发展，深刻地影响并强化了他们对自我价值的关注。在微信、微博等平台上，丰富多元的生活样态和文化风格层出不穷，引导着个体更加深入地审视自身的感受、体验和情绪。一个段子、一段视频，甚至一个简单的表情，就足以传神而生动地表达自我，无须严谨的逻辑推理、字斟句酌的推敲，抑

---

① 万美容，曾兰."90后"大学生思想行为特点及其引导策略[J].学校党建与思想教育，2012(22)：10-13.

② 吕小亮."00后"大学生思想行为特质及其培养对策[J].当代青年研究，2019(3)：46-50，32.

或冗长的长篇大论，就能即时呈现个体的心理状态和情感①。这种便捷的表达方式，使得大学生在关注外部世界的同时，得以更加聚焦于"我"的价值，既追求个性的张扬，也映照出内心的世界。社交媒体已然成为大学生获取信息、构建人际关系的重要载体，同时也扮演着个性化表达、实现社会参与的关键平台。在社交媒体时代，"人人手握麦克风""人人皆可为新闻发布者"，每个人都能够自由表达思想，凸显自身的存在。这种话语权和自主权的巩固，让大学生能够随时随地展现个人状态和体验，畅所欲言，专注于自身内在的感受。凡此种种，都进一步强化了学生对自我价值的关注。因此，无论是面对重大选择还是处理人际关系，他们都会更加重视自己的想法和感受，将个人观念、利益等置于优先位置，表现出显著的"向己性"。

然而，在将价值关注指向自我的同时，这些"00后"大学生又展现出鲜明的社会性特征，呈现出向己性与社会性"折中式共生"的现象。调查结果显示，大学生普遍认为，在追求个人利益的同时，也应与国家意志和社会责任相协调。除了"自我的满足程度"，"社会贡献"同样是他们衡量成功的重要标准。高达79.6%的学生表示，在追求自身利益的同时，也会努力与国家意志和社会责任保持一致。尽管他们可能并未像社会普遍期待的那样，将"对社会的贡献"置于个人成败之上，但对于当代大学生应当承担的社会责任，他们有着清醒的认知和高度的认同。在一些重大的国际国内盛事和危难时刻，大学生能够表现出积极的责任担当。因此，我们不能简单地用"自私""无社会责任感"等标签来概括他们。这种先个人后社会、先自身后他人的价值观取向，实则是一种理性而务实的回归，它不仅符合心理学上人格发展的规律，也契合了市场经济社会对"负责任的个体"的要求②。

(二)价值观念多元化与主导性"矛盾式并存"

与"80后""90后"不同，"00后"是真正伴随互联网，特别是社交媒体成长起来的一代，社交媒体已然深度融入了他们成长的全过程。在这样的环境下，

---

① 李小玲. 新时代大学生主流意识形态认同研究[D]. 上海：华东师范大学，2020.
② 谢妮. 当代大学生价值观的个体化取向[J]. 中国高等教育，2015(Z1)：71-73.

"00后"大学生对他人信息表现出更为开放的态度，也乐于通过文字、表情包等形式在社交媒体上分享自己的所思所感和生活经历。拥有不同价值观的大学生，通过信息的传递与交换，逐渐形成了各具特色的价值群体。这些多元的价值源为大学生价值观的形成奠定了基础，他们可以根据自身的价值倾向，鉴别并选择符合自己价值观的群体，融入其中，从而扩大了群体的凝聚力和影响力。

许多大学生基于共同的兴趣爱好、追捧的偶像，乃至相似的情感体验，逐步形成了具有群体特征的文化和思维方式。社交媒体则进一步巩固和强化了这种文化与思维。他们借助流行的网络用语和表情包，表达自己与其他群体的差异，不断重塑人际交往的秩序，展示独特的言语和表达方式，打破了既有的规则约束。这种多元化的价值观在一定程度上可能冲击马克思主义价值观的主导地位，间接消解其信息传播的主导权。少数大学生对宏大社会问题表现出置身事外的旁观者姿态，过度重视个人利益，淡化主流，甚至以与主流不同为荣，呈现出非主流化倾向。调查发现，有75.7%的受访大学生在认同主流价值观的同时，对其他价值观也表现出一定的接纳。

然而，在一些核心观念上，大学生总体上仍表现出冷静思索的特点。多项研究表明，大学生对社会主义核心价值观展现出高度的认可和认同。在当代大学生价值观的多元格局中，健康、向上的价值观依然占据主导地位[①]。与"70后""80后"相比，他们关注的主题虽有所变化，但并未脱离主流。例如，他们积极追求社会公平正义，并将其作为现实性政治参与的价值目标；在经济领域，他们追求利益的满足，并将物质与精神追求融合，这成为大多数青年行为选择的价值观念。他们也比前几代青年更注重环境保护，对环境问题表现出高度关注和零容忍态度。因此，他们在价值观念多元化的同时，又表现出价值观念的主导性。这些多元的价值观，与社会规范要求、主流社会价值虽不完全一致，却也不发生正面冲突，逐步实现了自我价值与服务社会发展的统一。

(三)价值取向物质性与精神性"交错式共现"

2010年，我国GDP首次超越日本，成为世界第二大经济体。随着中国经济

---

① 杨业华，王彦. 当代大学生价值观状况特点探析[J]. 思想教育研究，2012(12)：11-14.

社会的飞速发展，相比"80后""90后"，"00后"不仅多为独生子女，更因经济的极大宽裕以及"4+2+1"的家庭结构，在物质生活方面基本无后顾之忧，得以实现更大程度的"财富自由"。在享受经济社会发展成果的同时，一些"00后"大学生对待物质、精神的态度也在逐步发生变化。

一方面，当前大学生不再把追求物质生活、谈论个人利益认为是低级和庸俗的表现，反而直接表明对物质充裕生活的向往并明确表态愿为之奋斗。调查发现，65.0%的受访学生赞同"我积极获取资源，追求更高层次的物质生活水平"。可见，"00后"大学生对物质因素在其生活、发展中的重要性表示接纳和认同。①

另一方面，在肯定物质重要性的同时，他们也能清醒认识到，物质只是实现人生价值和追求的过程和手段，而非最终结果。对更高层次的精神生活、更高境界的追求才是个体生活的终极目标。调查中发现，有65.4%的受访大学生赞同"物质只是实现人生价值的基础和手段，更高层次的精神追求才是生活的目的"，因此，"00后"大学生对物质和精神的追求呈现出一种明显的"交错式共现"的后物质主义倾向。

社交媒体时代，网络社交成为大学生填补闲暇时间最重要的方式之一。以往研究发现，"90后"后对工作的重视超过对个人闲暇时间的重视程度，然而"00后"大学生则更看重个人的闲暇时间。在自我实现上，他们致力于实现个人目标，强化自我认同，并最终达致自我的实现，并愿意为此不断调整自己的付出。② 例如，当前很多学校给学生转专业的机会，尽管很多专业要求转专业的同学需降一级，而在自己喜欢的专业面前，许多大学生愿意付出降级的代价。在就业方面，出现的慢就业现象、"考研二战"现象等，都是他们愿意为未来付出当前代价的具体体现。

当今社会，物质生活的富裕已经普遍存在，但人们精神生活的幸福并没有与

---

① 张睿，吴志鹏，黄枫岚."00后"大学生的思想观念及行为倾向研究[J]. 思想理论教育，2021(6)：93-99.

② 牛天，张帆. 嵌入、表达、认同：斜杠青年的自我实现研究[J]. 中国青年研究，2020(6)：90-95.

物质生活的富裕同步实现①。由功利主义价值观延伸而来的享乐主义，正在影响着人们的精神文化生活，让人变成纯粹的消费者，特别是把消费与社交混合在一起，小红书等 APP 已不能简单用社交 APP 来界定。这种将消费融入社交、融入信息传播的新趋势，也给价值取向物质性与精神性的交织提供了土壤。

（四）价值选择丰富性与趋同性"共生性并发"

改革开放不仅拓展了大学生生存的物理空间，更极大地丰富了他们的精神世界。随着开放的不断深入，"80后""90后"大学生对各种文化和价值观都展现出更为包容、开放的态度，呈现出与世界文化同频共振的态势。社交媒体更是打破了地域限制，实现了无国界的交流，"全球村"和"人类命运共同体"的概念在"00后"大学生中得到了更广泛的认同。这种多元文化的交流，使得当代大学生责任意识的界域变得更加宽广，对文明多样性的自觉也因此变得更加坚定②。

与此同时，这种全球化的信息流动和文化交融，也促使"00后"大学生在某些核心价值观上呈现出一种趋同性。尽管他们接触到的信息极为丰富，但在一些普世的、关乎人类福祉的议题上，如环境保护、社会公平、和平发展等，他们的认知和价值判断正逐步与国际主流思潮，以及我国所倡导的积极价值观形成共识。而不同价值观和文化的对比，反而让他们对中国文化、中国制度更具自信从容，这本身也是一种深层次的文化认同趋同。

伴随着社交媒体发展，西方普适价值观、宗教观念在大学生中广泛流传，并与我国传统价值观、马克思主义价值观相互影响、彼此激荡，这些不同的价值观对"00后"大学生的世界观、人生观、价值观都产生了极大影响。"00后"大学生的选择因此更加多样化，取向也更加多元化。与"80后"追求物质财富、"90后"追求自由不同，"00后"大学生所追求的是实现个性化价值③。而这种个性化价

---

① 邱勤．青年大学生精神生活的物化与应对[J]．黑龙江高教研究，2018，36（7）：150-153.

② 童建军，林晓娴．当代大学生思想动态与行为倾向分析[J]．思想理论教育，2019（4）：95-101.

③ 李丹，王莉．"00后"大学生"网络海淘"消费行为分析[J]．老区建设，2020（20）：54-60.

值的前提，正是价值选择的多元化和主观化。得益于近年来中国经济的高速发展，"00后"大学生在成长过程中基本较少出现物质匮乏、生活艰难等现实经济困扰，因此，在他们的人生规划中，更注重个人的价值追求。调查中有80.1%的受访大学生认为，应当根据自身的具体情况设定合理的人生追求，不盲从外界评价。

然而，价值选择的日益丰富，不可避免地带来了价值选择困难的问题。社交媒体上各类奇闻异事、社会百态既冲击着大学生对社会的认知，也让他们比"80后""90后"更早体验到信息轰炸带来的冲击。信息的高度互联互通使得世界任何角落的事件，瞬间可以传遍全球。他们每天在社交媒体上浏览的信息量远远超过了以往世代的学生，这种信息化既带来了丰富的人生体验，也带来了信息过载。同样，互联网"无孔不入"带来的丰富体验和便捷生活，也使得"宅"与"虚"成为"00后"大学生的一种生存样态。外卖、代跑腿服务的快速发展，正是对这一现状的形象反映。他们或因痴迷网络游戏而"宅"在宿舍，或借助虚拟世界塑造理想化的自我，以填补现实中的不足。这种过度沉溺虚拟、脱离现实的倾向，不仅可能导致孤独、颓废，阻碍大学生的身心健康成长，也可能在一定程度上分散其对主流价值观的关注，从而给价值认同的趋同带来新的复杂性。

(五)价值发展的裂变性与传承性"融合式演进"

当前，中国经济、社会、文化的迅速发展与快速转型，特别是信息获取方式、渠道和来源的革新，使得"00后"大学生对传统价值观表现出相对独立、更注重创新的特征。这在一定程度上带来了价值发展的"裂变"。

裂变性首先体现在价值观的独立性上。他们不再对权威抱有天然的敬畏和依赖，而是更加信赖自身的实践经验、个人体会和独立思考，并以此为依据作出价值判断，且不轻易因他人意见而改变。经济基础的不断巩固、社会氛围的总体宽松以及互联网空间的匿名性，使得他们能够在更大程度上自由决定自身的行为方式和活动范围。因此，大学生对教师、专家的信赖度较以往有明显下降，甚至出现了"砖家""叫兽"这类带有嘲讽意味的称谓。他们只对自己认同的事物才会付诸实践，这反映了他们对既有观念的审视与重构。

　　然而，这种价值的"裂变"并非完全脱离根基，而是与传承性并行，共同融合式演进。尽管"00后"大学生在表达方式、生活态度上展现出新颖的特质，但其核心价值观的形成依然深受中华优秀传统文化和社会主义核心价值观的熏陶。例如，他们在追求个人价值实现的同时，依然认同并践行着集体主义、爱国主义等传统美德，体现在对国家重大事件的关注、对社会公平正义的追求，以及在志愿服务中的积极参与。这些看似"新潮"的选择背后，往往蕴含着对民族大义、社会责任感的深层认同，这正是对传统价值观的现代化传承。

　　作为社会上思想最为活跃、对网络技术运用得心应手的群体之一，当代大学生对社会深刻变化发展最为敏感，主体意识的觉醒更快，要求也更强烈。他们在社交媒体时代拥有更多便捷的途径获取知识，也更容易找到支持与反馈，进而对社会乃至年长一代产生反向影响。

　　从各种网络亚文化对主流文化的渗透与价值扩张来看，青年群体亚文化反向影响整个社会文化的趋势越来越明显。青年群体在社会中的话语权已超越以往，网络成为他们发声的"扩音器"，他们的社会地位也越来越受到认可与重视。有学者早已提出，人类正在进入一个由年轻人向中老年人传递知识和信息的后喻时代[①]。这种由下而上的知识和价值观传递，不仅造就了不同世代群体间价值观的差异，带来了价值观发展的"裂变"；同时，也促进了代际间的深度交流与价值融合。这种影响并非对传统的简单颠覆，而是在对其进行批判性吸收和创造性转化基础上的发展，最终形成一种动态的、螺旋上升式的融合演进。

二、社交媒体环境下"00后"大学生道德观念与道德实践的新特点

　　在社交媒体环境下，青年学生在寻找、思考中不断成长变化，又在成长变化中寻找、思考，他们对社会道德的认识不断加深，并受到网络舆论、事件的强烈影响。相比"80后""90后"出现的网络道德知识匮乏、道德行为失范、道德情感

---

① 杨雄. 第五代青年价值观特点和变化趋势[J]. 青年研究，1999(12)：1-8.

冷漠等问题①，"00后"大学生在道德观念和道德实践上，出现了一些新的转机，也面临一些新的问题。总体而言，当代大学生的道德发展状况良好，在道德认知、道德行为层面均呈现出积极发展态势，但是在具体实践、关系到自身利益时，存在相对主义、知行不一等问题。

（一）道德认知与实践的同一性缺失

在道德认知层面，多数大学生能理解基本的道德规范要求，并认识到其在社会发展和维护成员利益方面的重要作用。调查显示，大学生积极参与志愿服务等公益活动，并普遍认同多数道德规范。这表明，他们普遍具有自觉的道德意愿，乐于通过自身行动践行道德要求，愿意成为志愿者，进而推动社会道德发展。近年来，一些道德模范的感人故事，如建党百年纪念大会前夕表彰的张桂梅等"七一勋章"获得者，在社交媒体上引发了包括大学生在内的全社会广泛关注，许多大学生被这位女校长的教育情怀所感动。对这些道德楷模的关注与向往，实质上也体现了大学生对道德的深刻认识与认同。

然而，正确的道德认知并非总能转化为实际的道德行为，大学生身上也存在着道德认知与实践不一致的问题。尤其是一旦周围出现违反道德标准并从中获利的行为时，学生的道德观念就可能受到冲击。校园道德状况是大学生群体道德实践的直接反映。例如，大学生普遍认为占座、违反交通规则是不道德行为，但大学校园里考研自习室占座现象屡禁不止，校内电动车不遵守交通规则的现象也频频出现，这些都暴露出部分大学生道德行为与认知脱节的情况。这表明，"00后"青年群体在一定程度上对具体道德行为的认识还不够清晰，尚未能将外在社会标准真正内化为行动上的自觉。

在网络虚拟环境中，道德判断的基础发生了改变。由于缺乏面对面的直接互动，当代大学生难以即时通过观察他人的反应来判断自己的行为是否符合道德标准，以及他人对自己的道德评价，这使得对自己的道德认同出现了心理上的延迟效应。从道德认知到道德实践并非一条直线，还会受到道德情感等多种因素的影

---

① 王弘，查桂义，张宁. 高校大学生网络道德现状调查及对策研究——基于五所高校的问卷调查[J]. 江淮论坛，2015(4)：189-192.

响，而这种心理上的延迟效应可能进一步加剧了认知与实践之间的鸿沟。

特别是社交媒体多元化的信息传播方式，使大学生成为各种价值观、各种信息的"接收站"。这种纷繁复杂、观点各异、真假难辨的信息流，对大学生的道德观念造成极大冲击，可能是造成这种同一性缺失的重要原因。面对社交平台上众说纷纭的观点，大学生涉世未深、心智尚未足够成熟，往往处于被动接受的地位，很容易被引导"站队"，从而失去独立思考的能力，被牵着鼻子走。即便这些道德观念是正面的，也往往难以深入学生内心，更难转化为实际行动。

（二）亲社会行为与道德推脱行为兼有

当前，"00后"大学生群体参与社会服务的积极性持续增强，这种参与逐步由以往的组织号召动员型向个人意愿自主选择型转变。近些年来，各类志愿服务活动、校园社团活动、社区公益事业蓬勃发展，大学生自发组织的社会服务团体数量和规模日益壮大，成为校园生活中一道亮丽的风景线。他们通过为他人和社会作出贡献，从自身行为中为他人带来愉悦、为社会创造价值中获得幸福感，进而实现自我价值[1]。特别是在诸如新冠疫情期间，"00后"大学生在居家学习、防疫的同时，积极投身社区、学校等地的志愿服务，并在社交媒体空间积极发声、传递正能量，与一线医护人员等共同贡献力量，这些充分展现了大学生在重大事件中积极的亲社会行为。

然而，他们的亲社会行为也表现出一定的选择性特征。在面对重大、紧急突发事件时，大学生往往能挺身而出、积极参与。这类行为通常带有明显的情绪特征，更多是出于一时的激动和热忱而为，体现了强烈的责任感。但与此形成对比的是，对于身边日常琐事和司空见惯、难以引发强烈情感的事件，许多学生却出现道德推脱的现象。例如，面对老人摔倒后"扶不扶"的问题，一些学生持保留态度，并以可能被讹诈等理由为自己的不作为进行推脱。他们通过降低对自己的道德要求、选择性忽视自身违反道德的行为等方式，重新定义自己的行为，从而使这些行为对自己的伤害更小，减少内疚和自责。

---

① 童建军，林晓娴. 当代大学生思想动态与行为倾向分析[J]. 思想理论教育，2019
（4）：95-101.

网络行为的虚拟性在其中扮演了复杂且关键的角色，它可能进一步弱化了从道德认知到行为实践的界限，从而影响了亲社会行为的形成并助长了道德推脱。网络环境下缺乏直接的情感连接和即时真诚的反馈，大学生的同情心、责任感等亲社会动机被削弱，导致其线上亲社会行为的积极性和持续性不足。同时，网络的匿名性也降低了大学生受社会规范约束的意识，减少了对行为后果的直接感知，使其更容易合理化不道德或推脱责任的行为。此外，虚拟世界中的庞杂信息可能导致大学生对道德边界的认知模糊，甚至出现不道德行为被默许或鼓励的现象。而缺乏对他人真实行为的观察和及时反馈，也阻碍了他们积极道德行为模式的习得，体现了当代大学生道德实践的复杂性和矛盾性。

(三)道德选择困难与道德相对主义交织

当代大学生对公平、正义等社会道德规范有着高度认同[①]。在社交媒体的深刻影响下，"00后"大学生不仅获取了大量相关信息，并对社会公平、公正形成了独立的价值判断和态度偏向。诸如"呼格案""聂树斌案"，以及近年来的扫黑除恶行动，都使大学生对社会秩序的良性发展、司法公正等社会问题有了更加深刻的认识，进而对社会未来发展、公平正义等抱有更加坚定的信心。此外，主流价值话语对公正、平等等社会道德规范的宣扬，也提高了"00后"大学生对社会公平的期待，促使他们对违反社会公平的事件持更为强烈的批判意识和零容忍态度。

然而，伴随着社交媒体的发展，"00后"大学生接触到更加多元的文化价值观，他们中的一部分群体在"社会道德到底是什么""应当用什么标准来判定行为是否道德"等问题上产生了迷茫，进而面临道德选择的困境。调查显示，有62.5%受访大学生认为"道德规范是多元的，很难有统一的标准"，而对此持否定态度的受访大学生仅有6.1%。这种对道德规范多样性的认知，让部分"00后"大学生在面对具体道德情境时，难以找到明确的判断依据，易产生"什么都行"的道德规则倾向，甚至陷入道德虚无主义。这不仅可能形成极端的利己主义，养成

① 张严，李智慧."00后"大学生思想和行为特点与引导策略研究——以全国29所高校调研为例[J].北京教育(高教)，2021(1)：66-69.

一切从自己出发的道德价值观，而且容易否定主流道德观念的统一性、规定性，导致他们对传统文化中的道德观念失去基本的信任和继承，并对道德行为失去判断能力。例如，当面对一个复杂事件，其中涉及多方利益且各有"道理"时，大学生可能因网络信息爆炸和道德标准的模糊而不知所措，难以做出明确的道德判断或选择。

网络上曾流行一时的"双标"现象便是一个典型例证。一些网民对不同群体、不同对象持有不同的道德判断标准，会根据自己的喜好、利益等原因作出截然不同的判断结果，甚至对同一事件的前后评判标准也会出现差异①。这种现象不仅是道德相对主义的体现，也加剧了旁观者的道德选择难度。不同于"90后"可能表现出的对他人要求严格、对自己则网开一面的特点②，"00后"的这种"宽容"还体现在对与自己有关联的他人的道德评判差异上。例如，一些大学生粉丝对自己偶像的失范行为持无底线的包容，为自己的"爱豆"的行为百般狡辩、找各种借口。还有些学生对自己闺蜜或好友"脚踏两只船"等行为也持包容态度。这种道德相对主义容易导致大学生产生道德观念的混乱，进而可能引发人际交往方面的问题。

（四）社会道德评价低与自我道德评价高并存

社交媒体上一系列负性事件的广泛传播，常常使大学生对社会道德的整体现状出现不满情绪。伴随着对社会道德现状的不满，许多"00后"大学生却表现出较强的道德优越感③。调查发现，56.1%的受访大学生认为自己的道德水平比网络上多数人高。这种普遍存在的自我道德评价偏高，在网络行为中体现得尤为明显。一个值得关注的现象是"键盘侠"群体的活跃，这一热词数年前就已出现，且近些年来愈演愈烈。他们往往自诩为道德的审判者，喜欢占据网络道德制高点，对各种社会事件发表评论，其言辞常常激烈，意在彰显个人的正义感。

---

①　程红艳. 道德相对主义时代的公民道德教育[J]. 高等教育研究，2015，36(8)：20-27.

②　陈秀兰，陈梅，洪新兰. "90后"大学生思想行为特点及引导策略[J]. 教育与职业，2012(26)：60-61.

③　肖玉霞. 微博围观与大学生社会责任感的养成[J]. 新闻战线，2015(9)：213-214.

值得注意的是，许多大学生也参与其中，成为"键盘侠"的一员，而他们群体内部对这一现象的看法也颇为复杂。有的学生认为，这是一种"路见不平，拔刀相助"的网络表达，虽然无法提供实际帮助，但通过发声支持正义也是一种态度。也有学生认为，一些"键盘侠"的初衷或许是好的，旨在维护道德规范和公平正义，但其表达方式过于激进，且往往停留在口头层面，缺乏实际行动。而更多的大学生则质疑"键盘侠"的行为动机，认为他们是以维护正义为幌子，实则是为了博取眼球、追求网络关注度。

这种大学生群体内部对"键盘侠"现象的多元认知，恰恰反映了大学生群体内部自我道德评价与社会道德评价之间的张力。他们可能一方面对社会上的一些道德失范现象感到不满，并希望通过网络表达自己的正义感，体现了较高的自我道德评价，但另一方面，他们对于这种网络表达方式的有效性和真实性也持有保留甚至批判的态度，反映了对社会道德环境的某种不信任，而网络环境下的"信息茧房"现象又进一步加剧了大学生的这种道德评价张力，即他们往往对自己群体内部、个体自我的道德高度认同，而对于与自己身份不同、圈子不同的人表现出明显的敌意和较低的评价，甚至在特定群体内形成一种"集体性优越感"。

三、社交媒体环境下"00 后"大学生爱国情感与报国行为的新特点

相较于"80 后""90 后"常用的论坛、贴吧等，微博、微信等社交媒体的即时性、互动性、连接性更强，因此"00 后"在网络上获取的信息更加多元、复杂，受到同龄人、网络大 V、意见领袖的影响更大，伴随着网络成长起来的他们对国家、社会、政治、意识形态等问题的态度，都会受到社交媒体的深刻影响。从调查结果来看，总体上，大学生爱国情感、爱国行为呈现积极向上的态势，但也存在诸多隐忧。

(一)爱党爱国情感强烈，但自觉践行尚有差距

当前大学生群体普遍展现出强烈的爱党爱国情感，这与他们成长于国家快速发展的时代背景密不可分。调查显示，高达 85.3%的受访大学生对中国人的身份

和国家形象非常认同，总体表现出较高的政治敏锐度和对国内外重大事件的关注度。他们亲历了国家从强大走向复兴的历程，对国家取得的举世瞩目成就以及国际地位的显著提升深感自豪，普遍认为国家兴亡是大学生的责任，并认识到改革创新和坚持对外开放是国家发展的关键，这体现了大学生群体中普遍存在的较强的民族责任感和历史使命感。

然而，尽管当代大学生普遍怀有强烈的爱党爱国情感，但在将其转化为自觉的实际行动方面，仍然存在一定的距离。这种"知易行难"的特点在涉及个人付出和长期坚持的实践中尤为突出。主要表现在，其爱国情感的表达更多停留在感性层面，理性认知和实践行动有所欠缺。大学生对国家的高度认同很大程度上源于直观的情感体验和对国家成就的感性认知。例如，面对"卫国戍边英雄"的感人事迹，虽然能够在社交媒体上引发强烈的共鸣，但调查显示，有一半的学生选择了不转发，而转发的学生中，情感上的触动是主要动因。这种感性驱动的爱国主义，其稳定性和持久性可能会受到个人境遇和社会环境变化的影响。一旦个人发展不顺、社会发展速度放缓或个人发展空间受限，这种感性认同可能难以支撑持续的爱国行动，甚至可能产生负面情绪。与此同时，在个人价值诉求与国家整体利益的平衡方面，也存在值得深思之处。许多大学生强调国家应保障个人发展和提供社会支持，但在个人层面主动为国家贡献力量、承担责任方面，尤其是在需要付出个人利益或承担一定风险时，其积极性可能会有所降低，虽然他们普遍认同国家发展需要个人贡献。因此，这种现象反映出大学生理论上的认同与实际行动之间的脱节。

（二）社会参与意识强，但社会参与行为谨慎

当代大学生普遍具有强烈的社会参与意识，并积极活跃在互联网舆论场中。"00后"大学生社会参与意识强烈，这主要归因于以下两方面：

一方面，社交媒体环境极大提升了信息获取和参与的便捷性。微信、微博等平台信息海量，热搜、公众号上的各类社会事件层出不穷，使得大学生能够迅速便捷地获取自己感兴趣的信息。社交媒体提供了一个全民参与、不分高低贵贱的相对虚拟环境，为大学生参与社会事务、发出自己声音、表达自己观点提供了广阔机会，极大地激发了他们广泛的参与和表达动机。

另一方面，"00后"大学生群体本身具有更强的信息传递和发声意识。与"80后""90后"不同，"00后"大学生在接收到新的有趣或有意义的信息后，不是"独自欣赏"，而是有很强的互动、交流、表达、分享和社交欲望。这种交流是参与意识的体现，也是不同文化审美和价值观交流与碰撞的需要。例如，他们观看综艺或剧集后，常会在豆瓣、微博等社交平台打分、评论，交流观看体验；在观看视频时，会通过弹幕等形式与他人交流感受。这种线上互动甚至能促成线下朋友的结识。以往的调查数据也显示，在社交媒体上各种点赞、转发、评论中，超过1/3来自"00后"用户，这不仅表明他们踊跃参与新闻和视频评论，也体现了他们较强的社会意识和公民意识①。

然而，尽管大学生社会参与意识强烈，但他们的社会参与行为却表现出一定的谨慎性。特别是对一些政治性较强的议题，则表现出敬而远之。此前一项针对大学生政治参与态度的调查发现，尽管多数大学生政治参与态度积极，但仍有超过1/4的大学生持消极态度②。此外，在社交媒体上，许多社会事件在发酵过程中常出现信息反转，真假难辨，在权威媒体发声之前往往难以有定论。这也使得大学生在参与社会事件时更加谨慎。我们在调查中还发现，许多学生表示，即使看到一些谣言，往往也仅限于不相信、不转发，而要主动站出来辩驳则感到比较困难。

(三)政治认同度高，但认知度低

在当前社交媒体场域中，主流意识形态得到了显著强化。"为祖国点赞""为祖国打CALL""厉害了我的国"等网络热词在大学生中广泛传播使用，表明当代青年大学生对国家大政方针抱有高度认同，爱党爱国等社会主义主流意识形态在社交媒体上有深厚的民意基础③。我国在中国特色社会主义的伟大实践中取得的

① 万晓红，夏方智.湖北高校大学生社交媒体使用状况的实证分析[J].理论月刊，2016(2)：150-154，171.

② 魏国强，陈金虎，丁纯.当代大学生公民参与状况及对策研究——以江苏省为例[A]//共青团江苏省委课题组."十一五"与青少年发展研究报告——第二届中国青少年发展论坛暨中国青少年研究会优秀论文集，天津：天津社会科学院出版社，2006：56-114.

③ 李艳艳.2020年度网络思想理论状况分析与思考[J].思想教育研究，2021(1)：135-141.

一系列伟大成就，是大学生对国家道路、大政方针高度认同的最根本来源。党的十八大以来，以习近平同志为核心的党中央统筹推进"五位一体"总体布局，协调推进"四个全面"战略布局，推动构建人类命运共同体，打赢脱贫攻坚战，取得全面建成小康社会的伟大历史成就，极大提升了青年大学生的国家认同感。我们的调查结果也印证了这一点，大学生在疫情防控、国家发展、中美博弈等重大问题上的认识，与党和国家保持高度一致。

然而，在对国家大政方针持高度认同的同时，许多大学生对政策具体认知却并不高[①]。以抗击新冠疫情为例，部分青年对抗疫政策的理解往往浅尝辄止，仅仅停留在知道和支持的层面，而对于为何实施这些防控政策、其背后的深层原因却知之甚少。同样，在调查中也发现，大学生对"国内国际双循环"的含义，即便口头上表示支持，但对于其具体的内涵和运行机制却了解不多。这种"高认同，低认知"的思想状况，在一定程度上反映出青年对许多政策的理解仅限于大概了解，一旦涉及具体内容则不甚了了。

这种现象使青年的政治认同更多停留在感性层面。一旦出现一些与个人预期不一致的事件，或受到社交媒体上纷繁舆论信息的干扰，就可能导致对公共政策、政治组织和政治行动者的认同出现较大起伏，进而产生"信而不坚"的问题。这种一知半解的状态也不利于大学生世界观、价值观的理性形成。健全的"三观"不仅依赖于感性的认同，更需要理性的分析和深入的思考。如果感性占据上风，青年人就可能被情绪或外部环境裹挟前进，而非经过理性分析形成自身独立的判断。因此，提升青年大学生对国家政策的深层认知，是从"感性认同"走向"理性自觉"的关键一步。

（四）主流意识形态影响力虽壮大，但主动传播动力不足

当前，我国大学生对主流意识形态的认同度普遍较高，展现出思想凝聚、积极向上的良好态势。他们普遍拥护党的领导，坚定不移地听党话、跟党走，信仰日益坚定。这主要体现在对国家发展成就的高度认同、核心价值观的普遍接受，

---

① 陈立."90后""00后"青年群体特征的再审视——以湖北省为例[J].中国青年社会科学，2021，40（1）：70-78.

以及积极回应国际舆论挑战等方面，这些都构成了主流意识形态在当代青年大学生群体中影响壮大的生动图景。

然而，值得注意的是，这种深厚的认同在很大程度上却呈现出消极接受和被动认可的特点，大学生的主动传播动力明显不足。尽管大学生对主流意识形态持有高度认同，但这种认同更多停留在感性层面，尚未完全转化为主动的、自觉的传播行为。本次调查中就发现，当看到如倡导环境保护、性别平等、关爱弱势群体等公益信息时，53.1%的受访大学生表示不会转发，而在"是否关注并转发过'庆祝中国共产党成立100周年''《全国大学生党史知识竞答》'节目等相关信息"的调查中，54.8%的受访大学生表示没有转发。这种现象的出现，与大学生对政策和理论的"一知半解"密切相关。如前文所述，许多大学生对国家大政方针的理解浅尝辄止，仅限于知道和支持，而对于为何实施这些政策、背后的深层逻辑和具体内涵却知之甚少。例如，他们可能支持"国内国际双循环"，但对其实际运作机制和对个人生活的影响并不清楚。当缺乏这种深度认知时，学生就难以用自己的语言去清晰、有力地解释和传播这些理念，继而影响了他们主动参与传播的意愿。他们可能会觉得"我支持，但我不知道怎么说得更好"，或者担心表达不当反而造成负面影响，因此选择不转发或不主动发声。

"主动传播动力不足"的另一个突出表现是，许多大学生在面对社会存在的问题或未来发展可能遭遇的挑战时，表现出"态度内隐"的倾向，不愿意表露自己内心的真实想法。这种"态度内隐"反映了复杂的社会心理。当前，社交媒体环境往往充斥着观点交锋，大学生可能担心表达真实想法会引来不必要的争议、攻击或被"贴标签"，从而影响人际关系或个人形象，尤其是在一些敏感或有争议的社会问题上，所以他们通常选择保持沉默，这可以理解为一种自我保护机制。这种内隐的态度使得教育者难以及时准确地获悉青年真实的意见和态度，不仅可能提高搜集意见建议的成本，甚至可能产生认知偏差，无法全面了解学生的思想动态。更重要的是，一些学生心中可能存有疑惑，但由于缺乏表达的渠道或意愿，这些疑惑无法得到及时解答，从而可能受到一些错误观点或消极信息的影响，影响其对主流意识形态的理性认知和坚定信仰。

当然，"主动传播动力不足"的原因还与大学生信息过载、表达疲劳以及传统的主流意识形态宣传方式与当代大学生的表达习惯、话语风格以及社交媒体脱节有关。

四、社交媒体环境下"00后"大学生文化认同与文化消费的新特点

文化是群体表达情感诉求与促进价值认同的重要方式，青年亚文化现象既是了解大学生群体思想观念和精神世界的观景窗，也有助于直观地感受大学生主体性的彰显和社会心态的弥散①。随着社交媒体的发展，"00后"大学生中存在的青年亚文化与社会总体环境之间不断交融、碰撞，大学生一方面表现出对主流文化、传统文化的高度认同，另一方面亦不断将群体文化渗透、影响、反哺主流文化，并在文化认同和文化消费方面呈现出一些新的特征。

（一）高度认同传统文化，推动现代文化与传统融合

当代大学生对中华优秀传统文化抱有强烈的民族文化认同感。他们普遍认识到我国传统文化的博大精深和源远流长，并在此基础上展现出将传统文化与现代生活相融合的鲜明特点。本次调查中，51.6%的受访大学生评价自己是"传统文化爱好者、国风新青年"，这充分体现了中华优秀传统文化在"00后"大学生中具有深厚的吸引力。

近年来，随着国产品牌的崛起，一种将传统文化元素与现代设计理念相结合的"国潮"风尚在大学生群体中蔚然成风。这标志着在以"00后"大学生为主的青年一代的积极参与下，传统文化不再仅仅是书本上的知识，而是与他们的日常生活和消费行为紧密联系起来，实现了从静态传承到动态融合的转变。

正是大学生的审美偏好和消费选择，巧妙地将中华五千年的文化积淀转化为具体的、可触及的商品，有效拉近了青年一代与传统文化的距离。他们对国货品质的认可，以及对融入传统文化元素的创意产品的热烈追捧，极大地推动了"新国潮"的全面崛起。例如，《上新了，故宫》等文化节目的热播，催生了故宫文创

---

① 李伟. 新媒体时代大学生亚文化现象的批判性分析——基于社会心态的视角[J]. 中国青年研究，2017(9)：107-113.

等一系列备受年轻人追捧的"潮品",使故宫成为一个充满活力的文化 IP。以"00后"大学生为主的青年一代作为这些文创产品的主要受众和推动者,通过消费行为表达对传统文化的认同,并促使品牌方在产品设计中更注重传统文化的传承与创新、年轻化表达,使得消费国潮产品成为一种新的时尚文化现象。

此外,大学生还积极探索传统艺术与现代艺术的融合。例如,他们将京剧等传统戏曲元素融入 Rap、嘻哈等流行音乐中,以创新的方式展现传统文化的魅力,既不拘泥于传统形式,又保留了传统文化的精髓。这种对传统文化的创造性转化和现代性表达,充分展现了当代大学生高度的文化认同、对文化融合的积极实践以及由此产生的文化自信。

(二)过度依赖社交媒体,文化区隔现象突出

当前,社交媒体依赖已成为大学生群体的普遍现象,并深刻影响着他们的学习生活和文化认同。社交媒体不仅是信息获取的工具,更成为一种生活方式,渗透到大学生的日常方方面面。调查显示,64.1%的受访学生表示日均社交媒体使用时长在 5 小时以上,其中 22.8%的学生几乎时时在线,表明社交媒体已成为他们不可或缺的陪伴工具。在这种深度依赖下,大学生群体在社交媒体环境中出现了不同的文化区隔现象。

基于对各类社交媒体的熟练运用,大学生借助流行的网络用语和表情包,不断重塑着人际交往的秩序,展示出独特的言语和表达方式,从而在一定程度上打破了传统的规则约束。当前盛行的各种表情包便是这种群体亚文化兴盛的具体体现。许多大学生热衷于"斗图",将其视为特有的网络交往方式。通过表情包,他们将恶搞文化和娱乐文化融入日常互动,实现对自我形象的管理。此次调查显示,高达 93.4%的受访大学生表示会在社交媒体聊天中使用表情包,近一半的学生甚至表示"聊天离不开表情包"。这些表情包往往代表了特定群体的兴趣与趣味,对于圈子之外的人而言,理解门槛较高。因此,表情包成为一种重要的文化符号,它是"00后"大学生社交网络的一部分,用以区分"自己人"和"外人",从而实现群体内部的彼此认同,同时与群体外其他人形成区隔。这种区隔的过程,也正是这些群体内的大学生形成强烈归属感的途径。通过独特的话语体系和表情符号,大学生在社交媒体上寻找符合自身认同要求的"圈内人",并由此构建起

独特的亚文化圈层。这种文化区隔侧重于社交互动和身份认同层面，通过特定的语言和符号系统，形成内部的文化默契与外部的文化壁垒。

除了上述基于亚文化的表达区隔，"信息茧房"是"00后"大学生群体中另一种显著的文化区隔现象，它主要以趣缘为划分标准。社交媒体信息的快速传播、大数据和人工智能技术的应用，共同促成了"00后"大学生"信息茧房式"的群体认同。这种群体认同的突出特点在于，个体无论是主动还是被动，都倾向于接收为自己量身定制的个性化信息，并期待与志趣相投的人或群体进行交流。在社交媒体场域中，"00后"大学生可以自由选择感兴趣的栏目和话题，接受符合个人趣味的信息，甚至只与志趣相投的群体交流。然而，一旦长期沉浸在价值观高度相同的同质化群体中，可能会导致他们交往对象和信息来源的窄化，从而形成"信息茧房"。这意味着处于"信息茧房"中的个体与其他个体或群体之间交流和关联的机会将日益减少，长此以往可能加剧群体极化和知识鸿沟现象，甚至降低社会黏性，阻碍社会共识的形成。这种高度同质化的信息接触，在一定程度上窄化了他们看待问题的视角，导致原本的观点不断被强化，而无法接触到其他的视角和解读，进而可能出现观点上的偏颇。

（三）积极生产传播亚文化，理性与感性并存

以娱乐文化、偶像文化和"丧"文化等为代表的青年亚文化，在"00后"大学生群体中表现得尤为突出。他们不仅是这些亚文化的消费者，更是积极的生产者和传播者，并呈现出将这些亚文化表达方式融入主流文化的趋势，展现出主流文化与青年亚文化共存共融的状态。在追求归属感和认同感的同时，他们的亚文化参与方式呈现出理性与感性并存的特点。

在网络社交时代，以"00后"大学生为主体的青年一代的偶像崇拜呈现出新特征，新型偶像层出不穷，"养成系""跨次元"乃至"虚拟偶像"频繁迭代。许多大学生通过影视作品、娱乐节目或好友推荐认识偶像，并被其特质所吸引，最终"入坑"成为粉丝。与传统追星相比，当前大学生"入圈"具有明显的物质性、筛选性与组织严密性。在"粉丝经济"驱动下，许多大学生通过"打榜"、购买周边等方式为偶像"买单"，甚至认为没有为偶像花钱、打榜投票的个体不算真正的粉丝，难以获得粉丝社群的承认与接受。然而，当代大学生的偶像崇拜并非全然

盲目，而是在感性中渗透着理性。这种理性一方面体现在追星对象的多元化上。袁隆平、屠呦呦等为国家、为社会作出重大贡献的"国之栋梁"，越来越成为大学生关注和崇拜的偶像。应该说，社会主导价值观极大地影响了该时代青少年的偶像选择和偶像崇拜趋势①。另一方面，这种理性还体现在对流量明星的关注焦点上。大学生追崇易烊千玺、赵丽颖、王俊凯等明星，不再仅仅停留在帅气、漂亮等外在特质上，而是更关注他们有能力却保持低调、年轻却沉稳、有才却不张扬、成就大却依旧敬业等人格品质。这表明"00后"大学生对偶像的崇拜是基于"始于颜值、陷于才艺、忠于人品"的思维逻辑，他们的追崇不再是毫无理由的狂热喜爱，而是基于偶像明星身上的才艺和人品，这体现出"00后"的偶像崇拜更趋理性化。

广泛流行于"00后"大学生中的"丧文化"也呈现出感性与理性并存的特点。"丧文化"是大学生群体在面对学业竞争、就业压力、社会期望等现实困境时，一种带有戏谑、自嘲色彩的情绪表达。这种文化形式往往通过看似消极的语言和表情包，来宣泄内心的疲惫和无力感。从感性层面看，它是一种情绪的即时释放，是对现实压力的本能反应。然而，这种"丧"并非全然的消极颓废。在很多时候，它更是一种群体性的情感共鸣和压力缓冲机制。大学生通过自嘲和玩梗，将个体性的负面情绪转化为群体共享的幽默，从而实现心理上的自我调适和相互慰藉。这背后隐藏着一种独特的理性，即在无法改变外部环境时，通过改变自身认知和情绪表达方式，来减轻心理负担，寻求一种内在的平衡。这种看似"躺平"的姿态，实际上是"00后"一代的青年大学生在高压环境下，对自我情绪的一种理性管理和对人生的重新审视，展现出他们既能感性地表达困境，也能理性地进行心理调适。

(四)文化消费能力旺盛，文化身份强中有弱

当代"00后"大学生不仅是文化的消费者，更是文化趋势的积极塑造者。他们普遍拥有较强的文化消费能力，这得益于社会经济发展和家庭可支配收入的增加。作为伴随互联网成长起来的"数字原住民"，他们熟练运用各类线上平台进

---

① 张宝君. 大学生偶像崇拜的调查与思考[J]. 学校党建与思想教育，2010(22)：91-92.

行购物、社交互动和信息分享，使得自身成为文化产品和服务的活跃消费者与传播者。他们的消费观念已发生明显变化，不再盲目追求国际品牌，而是更加注重产品的品质和所蕴含的文化价值。国产品牌的崛起正是顺应了大学生的这种消费趋势。例如，融合了丰富传统文化元素的国货产品，在他们眼中已不再是低端或土气的代名词，反而成为时尚的"潮品"，备受追捧。这种对"国潮"的热捧，将经典的中国传统文化、美学融入产品设计理念中，不仅为国潮系列提供了源源不断的创意素材，也极大地刺激了市场对传统文化产品的创新投入。可以说，大学生旺盛的文化消费能力，正成为一股不可忽视的市场驱动力，不仅推动了中国制造品牌的崛起，更将对中华文化的自信转化为实际的购买和使用行为，形成了良性循环，从而有力地塑造着当前文化市场的创新与发展格局。

"00后"大学生对国潮产品的热情购买，对汉服等传统文化符号的日常化拥抱，以及在情感上对中华文明的由衷自豪等，体现了他们强烈的民族文化自信，以及对自身所属的文化群体的认同感和归属感，这都表明了他们文化身份中"强"的一面。但这种强烈的认同往往缺乏深厚的理性认知和对传统文化具体内涵的系统了解。许多大学生对中华灿烂文明的具体内容了解不多，特别是文理分科背景下，一些学生对基本历史常识和文化核心要义缺乏系统了解。例如，他们可能笼统地知道中华文化"博大精深、历史悠久"，但对于其具体的内涵、代表性人物、思想流派，甚至一些基本常识都难以准确表述。同时，在面对西方文化冲击时，他们可能表现出一定的"崇洋"倾向。他们虽然在情感和消费上积极支持传统文化，但在深层认知和面对多元文化选择时，其文化根基仍显薄弱，呈现出文化身份强中有弱的复杂现状，需要进一步的深化与巩固。

五、社交媒体环境下"00后"大学生生活观念与生活方式的新特点

社交媒体为"00后"大学生的日常学习和生活等带来了极大便利，他们似乎有着比"80后""90后"更大的"朋友圈"、更多的信息资源，更多元的价值观念，但与此同时，社交媒体也在他们心中竖立起一堵无形的高墙，"高墙"内外区隔明显。这些都深刻重塑了他们的学习、消费和社交等生活观念和生活方式。

（一）多元共融和小众分化兼容并蓄

从"00后"大学生的整体视角来看，社交媒体的广泛应用及其独特的属性，深刻影响着他们的认知模式，使其形成了更为开放包容的群体文化认知。社交媒体构筑了一个去中心化、信息高度流动且富含互动性的场域，这正是大学生得以形成多元共融认知的关键。

不同于传统媒体的单向传播，社交媒体上信息来源极为广泛且多样，大学生在浏览社交平台时，能够接触到来自不同地域、不同背景、不同立场的海量信息和观点。这种即时性、碎片化和去权威化的信息获取方式，极大地拓展了他们的认知边界，促使他们习惯于在多元声音中进行判断和筛选。同时，网络社交在一定程度上激发了大学生的平等意识和个性表达，他们更敢于挑战权威，充分彰显个性①。"能够表达我的特征"和"能够发挥自己的才能"成为他们价值和行为选择的重要参照。这种自由的表达空间，也让他们在接受他人观点时，更倾向于平等对话而非简单评判。同时，社交媒体打破了地域和物理空间的限制，让大学生能够轻松联结到来自不同文化背景、持有不同观念的人，这种与异质群体的广泛接触，自然提升了他们对不同价值的理解和宽容度。正是在上述社交媒体特性的影响下，大学生在面对不同文化和观念时，展现出更强的接纳和适应能力，对不同价值的理解和宽容度相较以往显著提升。他们在交往中能够允许不同观念的存在，而不是轻易否定或排斥。例如，许多大学生对同性恋、异装癖等跨性别群体持有比社会大众更为开放和包容的态度。总体来说，他们一般不轻易全盘接受或拒绝某种单一的价值观，而是倾向于整合多元价值理念，吸收不同价值为己所用，努力形成自己初步的价值判断，在开放多元的社会中寻求平衡，并探索独特的价值追求。

与此同时，社交媒体也为大学生群体内部的小众分化提供了重要平台和机制。首先，社交媒体允许用户自由关注感兴趣的话题、群体和个人，这使得拥有相同爱好的"00后"大学生能够跨越地域限制迅速找到彼此，形成基于共同兴趣

---

① 童建军，林晓娴. 当代大学生思想动态与行为倾向分析[J]. 思想理论教育，2019（4）：95-101.

的线上社群，例如动漫爱好者、游戏玩家、特定明星的粉丝等。算法推荐机制也倾向于向用户推送与其偏好相关的内容，这在一定程度上导致了"信息茧房"的形成，大学生更容易接收到来自与自己兴趣相符的群体的信息，强化了群体内部的共识，但也减少了与不同群体交流的机会，加剧了小众分化。另外，社交媒体鼓励用户展示个性，大学生可以通过发布文字、图片、视频等多种形式的内容来表达自己的喜好、观点和身份。为了寻求认同感和归属感，他们更倾向于与那些与自己有相似表达方式和文化符号的人互动，从而在无形中缩小了自己的社交圈，形成了具有共同文化特征的小群体。再者，不同的社交媒体平台和兴趣社群往往发展出独特的网络用语、表情包和行为规范。大学生通过使用这些"圈内人"才懂的符号和语言，加强了群体内部的认同感，同时也与圈外人形成了一定的文化区隔。总而言之，社交媒体通过其聚合兴趣、鼓励个性表达、促进符号构建和算法推荐等机制，显著推动了大学生群体内部的小众分化，并使得这些小众群体展现出独特的文化特征和交往模式。

(三)陪伴式社交流行与群体化孤独蔓延的反向表现

在社交媒体日益普及的当下，大学生们对微信、微博等各类社交平台展现出惊人的依赖性。这些平台不仅成为他们最主要的人际交往工具，更是许多大学生每天花费大量时间与注意力的"数字家园"。本次调查也发现，无论是"00后"大学生手机里社交类 APP 的数量、每天在线的时间、查看消息的次数等，结果都表明大学生每天都会花费大量的时间和注意力在社交媒体上。相当一部分大学生只要有一天离开社交网站，就会感到不适应甚至焦虑，在交流方式选择上，许多学生也会优先选择使用社交媒体，而不是面对面交流[①]。这表明社交媒体已超越了单纯的社交功能，成为他们生活的一部分，并产生了心理和生理上的依赖与迷恋。

然而，这种看似"随时在线""实时交流"的陪伴式社交，却未能真正消解大学生的孤独感，反而导致了群体化孤独的蔓延。尽管社交媒体缩短了时空距离，

---

① 万晓红，夏方智. 湖北高校大学生社交媒体使用状况的实证分析[J]. 理论月刊，2016(2)：150-154，171.

方便了信息共享和自由互动，但它并未打破人与人之间的隔阂，甚至让这种隔阂越发加深。这种矛盾现象的深层原因在于：首先，社交媒体提供了肤浅的连接而非深度互动。虽然用户可以拥有庞大的"朋友"网络，但这些连接往往停留在表面，一个简单的"赞"或评论无法替代真实面对面交流中丰富的情感传递和深层理解。这种"数量胜于质量"的互动模式，使得大学生在虚拟世界中看似被包围，实则缺乏真正能提供情感支持和共鸣的深层连接。其次，"表演"与"比较"带来的压力加剧了孤独感。社交媒体成为人们展示"理想化自我"的舞台，用户倾向于发布光鲜亮丽、精心修饰的内容。当大学生不断看到别人"完美"的生活时，很容易将自己的生活与之比较，从而产生嫉妒、焦虑和自卑等负面情绪，加重了"自己不够好"的孤独感，渺小感、无意义感就会油然而生[1]。同时，对"错失恐惧症"的担忧也促使他们更频繁地查看动态，进一步陷入焦虑循环。再者，社交媒体在一定程度上取代了真实社交并削弱了社交技能。过度依赖线上交流会挤占与现实生活中亲近的人进行面对面互动的时间，导致与家人、朋友的深层联系逐渐减弱。长期习惯于通过屏幕互动，也可能使一些大学生在处理真实社交场合时感到不适或技能退化，进一步阻碍了他们在现实世界中建立有意义的人际关系。总而言之，社交媒体的便捷性提供的是一种"连接的幻象"，它让人们感觉与世界"保持联系"，但这种联系往往停留在表面，缺乏真实的情感深度和支持。当这种浅层连接无法满足人类深层次的归属感和情感需求时，孤独感便会愈发强烈。

(四)学习策略优化与深度思维模式消解的交织叠加

在社交媒体时代，网络信息以其无孔不入的特性，深刻影响着大学生的学习策略和思维模式[2]。

一方面，社交媒体为大学生优化学习策略提供了新的途径。调查显示，71.3%的学生会主动在社交媒体上搜索专业学习资源，这与传统获取知识的方式

① 白艳丽. 论社会化媒体与人际交往的危机——以微信朋友圈为例[J]. 西北民族大学学报(哲学社会科学版)，2016(5)：183-188.

② 杨国欣，宋韶培. 新媒体场域下大学生生活方式问题研究[J]. 学校党建与思想教育，2020(5)：91-93.

形成了鲜明对比。社交媒体提供了快速、开放的信息获取渠道，使得大学生能够接触到更为丰富多元的知识来源，并能够围绕自己感兴趣的话题，通过社交媒体获取多方面的有效信息，可以从更多角度进行深入探究，从而构建更为完善的知识结构和多元认知。这种"百花齐放"式的学习体验，使得大学生能够博采众长，最终形成自己的独到见解，这对于拓宽学习视野、优化学习策略是积极有益的。

另一方面，社交媒体也消解了大学生的深度思维模式。社交媒体上的知识典型特征是碎片化——知识点浅显、彼此独立，虽然"一看就懂"，却缺乏明确的逻辑联系，难以形成系统化的知识体系，导致"一看就懂"却"一看就忘"，影响知识的延续性和系统性。这种碎片化学习容易让学生产生知识上的"饱腹感"，误以为自己懂得很多，但实际上却难以提取有用信息并融入原有知识体系，甚至可能屏蔽真正有价值的信息。这最终导致了思维的浅层化、感性化，学生只了解知识的最浅层部分，缺乏探究深层问题的动机和能力，严重阻碍了独立思考和批判性思维的培养。此外，社交媒体环境还导致了部分大学生学习主动性的缺失和思维的依赖性。面对海量信息，一些学生难以有效筛选，选择过程已耗费大量精力，导致学习计划性变差。更有甚者，直接依赖搜索引擎完成作业，未经研究和思考便拼凑论文，这不仅造成了学习上的懈怠和依赖，严重阻碍了学习研究能力的培养，甚至引发学术不端行为。因此，社交媒体对大学生的学习策略和思维模式的影响是复杂而矛盾的。

（五）虚拟消费与消费异化的互促并发

"00后"大学生的消费行为，除了网络化之外，还显著表现出虚拟化和符号化的特征。虚拟消费已成为大学生消费的主流趋势之一。在本书中，虚拟消费指消费者购买和使用非物质性商品或服务的行为，例如网络游戏中的虚拟道具、皮肤、装备，线上打赏、为虚拟偶像或主播消费等。这些虚拟商品虽然没有实体，但它们能够满足大学生在精神、心理和社交层面的需求。因此，虚拟消费在大学生广泛流行的一个重要原因在于，虚拟消费的过程中能够不断获得情感认同[①]，

[①] 白帆. 情感认同如何助长虚拟消费：以手游玩家为例[J]. 中国青年研究，2021(11)：55-63.

其象征意义对消费者有着强大的吸引力。以网络游戏为典型代表的虚拟消费形式在大学生中广泛流行，许多学生通过网络游戏打发时间，甚至将其视为建立朋友圈、获取群体认同的重要途径，成为自我标签的一部分。这种情感上的归属感，进一步强化了大学生在虚拟消费上的金钱和时间投入，使其成为一种主流的消费模式。

然而，在这种主流的虚拟消费模式中，也出现了明显的消费异化现象。除了消费本身可能导致的异化外，虚拟消费的特性使其更容易与导致异化的因素相结合，从而引发并加剧消费异化。首先，虚拟消费的符号性使其成为炫耀性消费的新载体，助推了消费目的从实用转向符号和地位的异化。一些大学生尽管经济上尚未独立，却热衷于炫耀性消费，将消费作为身份识别和彰显地位的重要方式，以此获取群体认同。而虚拟商品往往高度符号化，其价值更多体现在象征意义而非实用功能，例如游戏中的稀有皮肤、虚拟角色的高级装扮，这让大学生能以更便捷、更直观的方式在虚拟社群中展现自身"优越性"，从而更易使消费从满足实际需求异化为单纯的符号竞争。其次，社交媒体上"完美"的虚拟图像与虚拟消费相结合，易使大学生消费观扭曲，导致攀比现象和过度消费的异化。社交媒体上无处不在的、比现实更具冲击力的"理想化"图像，为大学生设定了脱离实际的生活标准，他们渴望拥有"和在电视上看到的生活"①一样的生活。当这种理想与虚拟消费结合时，例如看到他人拥有稀有虚拟道具或在游戏中"一掷千金"，便会刺激攀比心理，导致大学生盲目追求与自身经济能力不符的消费水平。这种为了满足虚假社会认同和攀比欲望而进行的消费，正是消费异化的极端体现。此外，对虚拟消费中情感认同的过度追求，也导致了时间和金钱投入的异化。总而言之，虚拟消费在大学生中成为主流，而这种主流的消费形式又与消费异化现象相互促进、共同发展，两者并不是简单的并列，而是互相影响、互相加强的动态过程。

---

① [英]齐格蒙特·鲍曼. 流动的现代性[M]. 欧阳景根, 译. 上海：上海三联书店, 2002：129.

第五章 社交媒体环境下"00后"大学生思想行为教育引导问题检视

基于实证调研，我们分析了当前"00后"大学生的思想行为群体特征和发展趋势，整体上看，他们有很多让人喜出望外的地方，但同时喜中有忧，一些带倾向苗头性问题值得研究和关注。究其原因，这既跟当前经济社会发展的大背景有关，当然也跟大学生思想政治教育工作存在不足有关。具体而言，思想政治教育是一个综合体和生态圈，很多问题和困境的生成，大多是思想政治教育各要素之间的匹配关系、相应关系出现了偏差错位所致。因此，本章我们将以当前大学生的思想行为特点及其对思想信息的接受规律为基本依据，从教育者、教育对象、教育环境、教育过程等维度及其相互关系来全面审视大学生思想政治教育，并试图在三种关系的现实建构中检视大学生思想政治教育存在的主要问题及其成因。

一、社交媒体引发思想政治教育"主体式微"

思想政治教育者与教育对象的关系是思想政治教育的基本要素，构成思想政治教育的主要关系。在这对关系中，思想政治教育者是思想政治教育活动的组织者和实施者，占据主导性地位，体现主体性。对于思想政治教育者来说，具备怎样的主体性，意味着教育者与教育对象的关系具有怎样程度和范围的确定性。但近年来，以社交媒体为主导因素的教育环境发生了巨大的变化，思想政治教育者不能及时适应这种变化以及由此带来的其与教育对象的关系转换，导致出现思想政治教育主体式微甚或主体危机的现实境况。

（一）教育者对教育对象新特点精准把握不足

当前的"00后"大学生是真正的互联网原住民和典型的移动原生代，从内到外都印刻着互联网的烙印，尤其在当前经济全球化的影响更加深远、改革开放进入深水区、社会体制转型加剧、信息技术发展迅速的时代背景下，大学生的思想行为呈现出一些新的变化。但限于主客观等多重因素，尽管思想政治教育者与教育对象的互动更加便捷，但两者之间的沟壑正表现出模糊的、可见性特点，"模糊"，是指"竟不知道沟壑在哪里"；"可见"，则是指"肉身可以确切感受到的沟壑"。教育者对教育对象新特点把握不足，具体来说，体现在教育者对"他们是谁""他们需要什么""怎样给"认识分析不足。

1. 对"他们是谁"精准分析不足

思想政治教育者主体性彰显的首要前提是要充分认识和了解教育对象。当前，"00后"大学生的思想观念和行为方式越来越呈现出多样化、个性化、复杂化的态势，对"他们是谁"的问题的精准解答，越来越考验教育者自身的能力和水平。一是一维分析多，多维辩证分析少。在前述中我们提到，当前的大学生更像是一个"矛盾统一的复合体"，很多看似冲突矛盾的观点在他们身上得到了和谐的兼容，传统与现代、物质与精神、个体与社会等多极多维多层切面剖出了一个个复杂、多元、流变的个体，因此很难从某个方面去定义他们。但实际工作中，我们常常会因为某个学生某一方面的表现以点带面下结论，容易以偏概全"画像"，比如说，大学生表现出一定的功利性，但并不是完全没有超越功利性的奉献追求，疫情防控期间各地大学生的突出表现，就是例证。二是静态分析多，动态联系分析少。实际工作中，教育者对大学生的认识和把握，容易忽略时间因素，相对孤立地以大学生"此时此刻"的思想行为表现，形成"横断面画像"，而缺少以联系变化的思维，加入时间维度动态地分析。近年来，社会高度网络化，人们能够接触的信息面和信息量前所未有，青少年的社会化进程由此加快，很多思想认识和价值观念在大学之前就已经初步成形，这导致大学阶段的思想政治教育工作变得更为被动，如果我们不能以发展联系的思维"前置"认识"大学前的他们"，那么也将难以真正理解当下他们的所思所想、所行所为，从而陷入由

"表"无法入"里"、从"昔"无法到"今"的"断线"困境。三是经验型分析多，精准型分析少。一方面，对大学生的认识，我们很容易陷入一种"经验主义"境地，会不由自主地将我们接触的某个学生或某一部分学生表现出的特点感性地概括上升为群体特征，很难以整体视野从不同指标和维度来精准把握。另一方面，我们也缺乏有效的个体性分析，导致常常会人为地模糊掉不同成长阶段、不同专业背景、不同院校大学生的区别，忽略一个个具有特定价值倾向的、且处在不断发展变化中的"现实的人"的个性特征和个体需求，使"千人千面"沦为"千人一面"。

2. 对"他们需要什么"精准识别不足

精准识别教育对象的需求，对教育者发挥主体性有直接影响。我们常说，要以教育对象的利益为中心，这里说的不是某个具体利益，而是要以满足教育对象的成长需求和发展期待为中心，但在实践工作中，教育者常因识别方式有侧重、识别深度不相等，导致精准认知和判断尚有差距。一是自上而下间接识别与自下而上直接识别不能有效契合。开展思想政治教育是有教育目标的，因此我们更倾向于自上而下把党和国家对思想政治教育和人才培养的要求转化为大学生成长发展的需求。而在实际中，对于大学生自身的期待和需求关注不够，不能将两者有效对接起来。二是易识别物质需要，难辨识精神需要。人是复杂的多面体，具有多重属性，人的自然属性即生命属性是直观可测的，因此更容易受到关注。实际工作中，思想政治教育者对于大学生生活需求、物质需求的把握和研判相对精准，但对于更深层、也更为隐蔽的精神需求却缺少足够的耐心和手段，尤其是在社交媒体环境下，教育对象的真实需求掩藏在刷屏的弹幕、群里的斗图以及随处可见的段子里，变得更加隐晦和复杂，更需要教育者拨开"云雾"，在与教育对象形成较为信任关系的基础上，在长期的日常接触和精神交往中真正走进他们的内心。三是易了解一般性需求，难把握特殊性需求。教育对象的需求有一般性和特殊性之别，从整体角度来看，他们有一些共性的群体特征，但不同院系、不同专业、不同年级学生的思想状况和成长需求却有不小的差异，同时教育对象在不同的教育场景的需求也不尽相同，比如第一课堂和第二课堂、网上与网下不同的课堂教学等场景，都需要教育者转换视角科学识别不同的教育需求。四是采用经验手段单一识别得多，利用信息技术手段综合研判得少。当前，大学生活动的场域、接触的信息、交往的对象很难掌控，且其差异性较大，很难用一个剖面或者一个截面去描述教育对象的成长需求，因此仅仅依靠经验手段做感性判断和分析，很难有效识别。但在实际生活中，教育者受限于知识视野和工作惯性，仍将经验手段和直觉判断作为主要的识别手段，因此常常得出相对笼统和片面甚至错位的判断。而近年来迅猛发展的大数据、云计算、人工智能等技术可以对大学生价值倾向和行为偏好做精准分析和预测，从而为教育者精准识别教育对象成长需求提供多层次的参考，但当前教育者利用信息技术手段进行综合识别的意识和能力都还有待提高。

3. 对"怎样给"精准供给不足

供需关系是经济和社会生产领域的重要范畴，思想政治教育领域的供需关系同样不可忽视。教育者在精准识别教育对象基础上，精准供给就有了实现的可能，大学生对于思想政治教育的获得感才能日益提升。那么"怎样给"呢？现实工作中，我们常常因为"给"的方式、"给"的内容、"给"的时机不相恰，导致供给和需求之间存在结构性矛盾。具体来说，一方面是"所供非所需"，即教育者以"我有什么，就给你什么"的思维方式将教育对象客体化，仍然认为思想政治教育是单向度供给的过程，而不考虑教育对象"需要什么"。因此我们常常看到，思想政治教育供给不讲究方式，硬塞或者强塞，或者敷衍地扔过去，不注意教育方法，都只会使教育对象产生逆反和抵触心理。习近平总书记强调，"好的思想政治工作应该像盐，但不能光吃盐，最好的方式是将盐溶解到各种食物中自然而然吸收"。① 巧妙地将盐溶解到各种食物里，才是"给"的正确方式。其次，思想政治教育供给内容把握不准，不仅要将盐溶解到食物里，还要注意精准适量，不能"咸不咸，一勺半"。该当头棒喝的，不能"雷声大雨点小"；该"响鼓不用重槌敲"的，不能"山雨欲来风满楼"。除了"量"，还要讲究"质"，所供给内容的关注点和阐释力是否与教育对象的困惑需求和接受热点以及认知规律相称，是提升教育效果的重要方面，但目前我们并没有形成社交媒体环境下体系化、规模化、效

---

① 沿用好办法 改进老办法 探索新办法——三论学习贯彻习近平总书记高校思想政治工作会议讲话[N]. 人民日报，2016-12-11.

应化的内容供给。再者,"给"的时机不相恰,如果在教育过程中不创设适当的教育情境、不区分合适的教育场景、不选择相宜的教育环节,再好的供给都会大打折扣,尤其在教育对象的成长发展需求日益呈现多元化、复杂化的当下,将进一步导致"供需错配",弱化了思想政治教育实效性和针对性。另一方面是过分"以需给供"。"以需供给"的模式改变了"以供给需"的弊端,真正以教育对象成长发展需求为导向实现供给。但过分以需求定供给,同样会有局限性。这既表现在"不是教育对象所有的需求都具有合理性",还表现在"教育对象的'需要'也需要引导",这就是说,如果对教育对象所有的需求不加区分,不做判断,照单全收,那么思想政治教育的"引领"意义将矮化为"迎合",同时,教育对象限于个人阅历和境界,他们对于自身成长发展需要的理解和认识存在局限性,对于一些超越性追求和精神价值定位,他们无法自然获知,这也体现了"灌输"的价值所在,因此,有些需要是教育对象感知不到的,需要我们引导激发他们产生需要。

(二)教育者与教育对象新关系建构不畅

在思想政治教育各要素构成的各种关系中,教育者与教育对象之间的关系是最基本也是最重要的关系,尤其是当前社交媒体为交往性思想政治教育的发展提供了理想的空间场域,更凸显了教育者与教育对象的交往关系的重要性。当然,社交媒体在推动教育者与教育对象的主体性发展的同时,也为建构两者新型关系带来了新的挑战。

1. 教育者对与教育对象新关系的重要性认识尚有差距

受主体性哲学的影响,传统的思想政治教育过分注重主体性,教育者与受教育者的关系主要是主体与客体的关系,即教育者更多把教育对象当作是自己的工作对象,看作是填充教育内容的"容器",从而忽略教育对象具有的人的主体性和能动性。教育者在具体的教育活动过程中,更注重知识灌输,而不关注与教育对象的情感交往和精神交流,使得教育对象以一种相对被动的姿态,抽象、表面地接受知识,进而难以形成自我体认,导致教育者与教育对象之间形成一种支配和服从的关系,教育效果不佳。再加上教育者存在一定的知识、经验以及地位优势，更易与教育对象形成一种"上级"与"下级"，"我说你听"的单向度关系，加剧主客对立化。而社交媒体的发展，其扁平化、去中心化、多对多非线性网状传播方式改变了教育者中心地位的位置，并导致传统"我说你听"教育模式的失灵，消解了教育者与教育对象的主客体关系，加速了传统对象性教育思维向关系性教育思维的转变，进而推动了教育者与教育对象关系的新发展。当前，社交媒体环境下的思想政治教育者与教育对象的新关系被定位为一种"主体—客体（媒介）—主体"的主体间性关系，在这种关系中，不仅教育者是教育主体，教育对象也是教育主体，两者基于媒介构成交往主体，展开沟通和对话，实现共同发展。这种关系与传统关系最大的不同在于，它以人学思维，把人作为根本目的而非工具和手段，关注的是人与人之间的平等对话和真诚交往。因此可以说，当前思想政治教育与教育对象之间是一种平等共生的、交往互构的、充满精神性交流的新关系，是高度符合人的现代化发展利益需要的。但实际工作中，很多教育者一定程度上仍然受传统对象性思维的统驭，把自己置于与客体相分离的主体地位，以一种驯化、控制、封闭的姿态与教育对象保持疏离、浅层、仅限教育活动范围的关系，认识不到教育者与教育对象关系转变的必要性，以及这种关系对于构建和推进交往性思想政治教育发展的重要意义，认识不到社交媒体对于转变教育者与教育对象关系的重要价值，以及社交媒体为发展教育者与教育对象新关系所提供的重要场域，进而无法实践和构建这种新关系。

2. 教育者与教育对象新关系实践有待拓展

马克思指出，"一个人的发展取决于和他直接或间接进行交往的其他一切人的发展"①。思想政治教育作为推动人的自由全面发展的实践活动，本质上是教育主体的交往过程，因此从这个意义上说，教育者与教育对象新关系建构的实质是交往关系的实践。当前，之所以这种关系建构还存在发展空间，除了教育理念和思维方式尚待进一步转变外，主要在于交往实践还需进一步拓展。一是交往存在"话语壁垒"。思想政治教育活动中，教育者话语体系的选择和优化，对建构教育者与教育对象的交往关系非常重要。但是，当前社交媒体人人都处于传播中

---

① 马克思恩格斯全集（第3卷）[M]. 北京：人民出版社，1960：515.

心的传播格局,大大激发了教育对象的网络活跃度、话语创新能力和话语传播能力,很多如"爷青回""奥利给"等网络流行词以及经典表情包、段子都经由教育对象的生产、消费和传播,而影响了教育者,显然在这方面,教育者失去了优势。因此,在交往表达上,教育者无法再主导与教育对象的对话,也难以主导话语体系的创新走向,甚至因为适应不了教育对象的话语风格,影响交流的顺畅度和表达的充分性。二是交往存在"场域区隔"。思想政治教育者与教育对象的交往实践需要基于一定的交往场域,但当前网络交往"圈层化"现象严重,处在社交媒体环境下的人们因不同的兴趣取向和价值观分化,以"QQ群""微信朋友圈""淘宝买家群"等不同网络社群为主要形式形成了不同的"圈层",进而造成信息的高度分层与固化,因此,客观上教育者与教育对象就被区隔在了不同的场域,导致交往不顺畅。尽管仍有不少教育者基于现实科层的线下实体班级、年级,构建了线上班级群、年级群等,但多以发布工作任务、通知公告为主,无法形成有效互动场域。三是交往缺少"精神互动"。思想政治教育关注和作用的是人的思想观念、情感态度等方面的精神发展,而这种精神发展只有在精神交往中才能实现。作为一种符号性交往,教育者和教育对象基于语言、图像等传递的信息的交流和分享,进而实现彼此的相融相通,并在此基础上共同促进双方思想观念的提升以及情感态度的改变,从而获得真正的精神满足。但由于"具身"的缺场、社交化泛滥、价值观分化严重等问题阻碍了精神交往的发生。当前,随着社交媒体的发展,思想政治教育者与教育对象主要依靠微信、QQ等社交媒体进行交往,由于缺乏现实世界的情感连接基础,他们基于社交媒体的交往更多只是限于事务性、工作性、刚需性满足的交流,更深层的情感态度的表达、价值观念的交流被掩藏被分散,而在一切行为都趋向于社交化的情况下,教育对象对于与教育者的连接互动已日趋麻木,他们对于精神交往需要的满足更多通过弹幕、帖子、网络社群、豆瓣小组等多种强关系、弱关系交错纵深的社交网络来实现。再加上,当前由于价值观分化严重,"很难说到一块去"成为教育对象抵触甚至排斥进一步与教育者开展精神交往尝试的理由,越来越多的教育者止步于、也满足于这种与教育对象"井水不犯河水""有事按流程办理,没事互不打扰"的相对疏离的交往状态。

(三)教育者社会网络影响力和教育引导力有待提升

教育者与教育对象关系建构不足，还与教育者的主体意识和主体能力不足有关。在社交媒体环境下，则更多表现为教育者的社会网络影响力以及开展网络教育引导的意识和能力不足。

1. 教育者开展网络教育引导的意识不足

"人作为社会的应当的和可能的主体转化为现实的和实际的主体，需要一个重要的条件，即主体人的自我意识。就是说，人在社会历史活动中主体地位的实际确立和有效实现，是以人对自身在社会历史过程中的地位、职责、使命和任务及实现途径等的足够清醒的自觉意识为前提条件的。"①由于大学生思想政治教育的体制运行较为成熟，教育者在现实环境下作为"教育者"开展教育引导的意识较强，他们对于自身在思想政治教育活动中所具有的主体地位、主导性作用、所担负的主体使命具有全面而深刻的认知，因此可以自觉以主体身份和责任意识开展教育活动。但在网络环境下，教育者主体意识却尚未被明确和充分确立。我们可以分两种情况来看待。当教育者在一种明确的教育情境下，比如有组织地创作网络文化作品、开展专门的网络主题教育等，他们作为"教育者"的驱动力就会被充分调动起来，主体意识强烈；但当教育者处于一种相对自由、更加日常的网络状态时，将会减弱他们从应然的"教育者"向实然的"教育者"转化的动力，具体表现为，在社交媒体上刷朋友圈、看抖音、翻微博时，教育者更多是卸掉教育者身份的"本色出演"状态，他们对于如何在日常琐碎看似不起眼的网络互动中影响教育对象的关注不够，对于主动融入教育对象所在圈层开展生活化的网络教育引导的意识不强。但值得注意的是，社交媒体是一个高度弥散化、养成式的教育环境，在教育者与教育对象的工作、生活与社交融合与卷入达到空前深入的情况下，更加需要教育者以一贯现实工作的状态进行系统性的设计和全时域的施教，来开展潜移默化的教育引导。

---

① 欧阳康. 社会认识论导论[M]. 北京：中国社会科学出版社，1990：145.

2. 教育者的社会网络影响力相对不足

在社交媒体中，每个人都是巨大关系网络中的一个节点，是基于个体意愿构建的传播中心，也是人们进行社会连接的单元。在浩瀚复杂的社交媒体环境中，我们可以轻易地与社会网络中的其他任何一个节点建立连接，即是说，作为这个社会网络中关系节点的个体，我们受到社会关系的影响和约束将变得更多更深，事实上，任何一个直接或间接连接到我们的关系链条，都有可能对我们施加影响，这种影响将直接作用于我们的情绪心理、态度意见、行为方式等。因此，在这种复杂关系网络中，一方面，个体对他人的影响被放大；另一方面，个体受到他人影响的可能性更多。从这个意义上说，教育者作为社会网络中的一个节点，如果想要对其他节点如教育对象产生一定的影响力，那么教育者就要具有良好的社会网络影响力，成为社会网络中的"超级传播者"即舆论领袖，吸纳一批教育对象"铁粉"。在这个人人是中心的环境下，教育者不可能再依靠传统的地位和身份优势对教育对象施加自上而下的影响，必须通过强烈的人格魅力、鲜明的个人风格、深厚的理论功底、时尚的话语表达、敏锐的舆论触感以及出色的网感等，来提升自身的社会网络影响力，并能把握当前网络信息传播的动力规律，掌握复杂社会网络相关理论。但事实上，教育对象相较教育者具备更强的网络生存能力，他们对新技术新应用新话语的掌握和应用更快更成熟，处理复杂网络问题的能力更强，与生俱来的网感也更好，而教育者不善混"圈子"、不常关注网络流行文化，也不够了解教育对象的关注话题和讨论热点，不了解大学生的网络行为和情感需求，导致教育者常常以一种"追赶"的角色跟跑教育对象，很难在教育对象网络圈层里形成强有力的影响。

3. 教育者的教育引导能力需持续加强

教育者的主体能力主要体现在其对于教育对象的教育引导能力上。这是开展思想政治教育的关键，也是难点，尤其在当下教育环境日趋复杂、教育对象更加多元的情况，教育者教育引导能力的提升更显迫切。当前，教育者教育引导能力不足主要体现在以下三个方面：一是教育者更关注线下教育引导能力提升，易忽略线上教育引导能力提升。当然这两者之间有很多共同相通的因素，但区别也很明显，对于线上教育引导能力，我们在上一节讨论了教育者社会网络影响力已经有所提及，应该说，教育者对其关注不够，这与当前思想政治教育考核评价体系有关，教育者对线上教育引导能力，更多以"锦上添花"的非必需能力来看待，但对于教育对象生存空间主要在网络上的现实情况来说，教育者的线上教育引导能力更显其重要性和必要性。二是教育者开展教育引导的载体路径不够有效。无论是在创设与教育对象的教育情境、设置与教育对象的交往议题，还是举办教育活动等方面，教育者对于良好策划能力和系统设计能力存在一定的欠缺，对于不同教育载体的综合运用、对于新载体新路径的创新拓展显得不足，这使得教育者的教育引导显得生硬和僵化，导致教育对象产生刻板印象，排斥甚至拒绝与教育者的进一步深入交流，两者之间并未形成有效的交往互动和教育引导机制。三是教育者对教育对象的主体性激发不足。显然，教育者对教育对象的教育引导是一个双向互构的过程，所以，教育者想要有效开展教育引导工作，重在激发教育者的主体意识和能力，使之具有相应的主动性和创造性进而产生自觉接受教育引导的意愿，实现应然接受主体向实然接受主体的转化。但这也是我们容易忽视的视角和思路，受传统对象性思维的影响，我们更加关注教育者作为教育主体进行施教的合理性，但很少用关系思维的理念，从教育对象的角度考虑他们的参与度、体验感和获得感。

二、社交媒体引发思想政治教育"功能弱化"

思想政治教育作为一个系统，由一些基本要素构成，这些要素之间通过"相互联系""相互运动"，构成了思想政治教育过程。因此，思想政治教育过程是教育者和教育对象在一定教育目的的指导下，通过思想政治教育诸要求的协调运动而相互作用的过程。毋庸置疑，所有思想政治教育过程总是在一定的环境中运行发生的，因此，构成思想政治教育过程的诸要素必然会受到环境的影响。本节中，我们将以教育过程与教育环境这对关系为主线，从教育内容、教育方法、教育模式等基本要素出发，探讨社交媒体主导的教育环境对教育过程的影响，分析诸要素因应对不足所带来的当前教育困境。

（一）教育内容供给不足降低思想政治教育阐释力

思想政治教育的内容即在思想政治教育活动中教育者所意欲传递给教育对象的思想政治观念，它是思想政治教育活动中连接教育者与教育对象的信息纽带，是构成思想政治教育关系的基本要素。当前，随着社交媒体对人们生存、生活、交往的空前卷入，思想政治教育目标以及教育对象的成长需求、接受心理等受到一定程度的影响，导致教育内容不能适应发展变化，呈现出了种种不相协调的现象。

1. 教育内容结构不能充分体现新时代思想政治教育目标

一般来说，我们从事思想政治教育工作，通常更加关注形式而忽视内容，即关注"为何教育""如何教育"而相对忽视"教育什么"，这是因为我们常常把教育内容看成"是既定的，是不能更改的，更是无须重构的"，导致思想政治教育内容很难在实践中与时俱进，不能及时生成新的内容，进而难以形成完整且合理的内容结构体系。一方面，从横向结构来看，教育内容要素的全面性和完整性还需拓展，教育内容由多个要素构成，一般包括思想教育、政治教育、道德教育和心理教育等四个部分，但思想政治教育内容的时代性显然并未引起教育者的高度重视。比如，当前社交媒体环境下，教育对象的媒介化交往成为常态，但他们在交往观念、交往能力、交往方式上常常出现问题，因此需要教育者及时补充社交媒体环境下交往教育的内容。还有，面对当前媒介技术对人的异化这一难题，在人与媒介融为一体的当下，技术价值观教育和媒介素养教育却没有及时纳入教育内容。另外，还经常出现不同教育内容在地位上主次不清的情况，教育者有时仅凭个人喜好和所长主观决定不同教育内容的数量比例，把相对次要的内容当作主要的内容来编排和设置，从而冲淡或者挤压主要内容。另一方面，从纵向结构来看，教育内容的层次性和序列性有待理清。在教育内容的编排和选择上，存在着不考虑教育目标和教育对象的差别而盲目"一刀切""一把抓"供给内容的情况，事实上，如果对较低层次、较高层次以及最高层次的教育内容不加区分和设计，会使教育对象对思想政治教育打出"要求太高够不着"或者"要求太低没必要"的"差评"。还有的教育者过于理想化，教育内容过分强调高度，而忽视梯度，因

此也难以构建出递进式、层次性的教育内容序列。

2. 教育内容生产不能完全满足教育对象的精神需求

在教育内容供给过程中，教育内容生产不力，导致无法将"虚态"教育内容转化为能够直接面向教育对象的"实态"教育内容。一是教育内容转化性差。我们可以将教育内容形态分为两类：一类是"特定的社会和阶级所要求的、所确定的思想政治教育内容"，属于上层的一般性理论内容；另一类是在具体的思想政治教育活动中，对上一种教育内容形态"进行组织、编制，以直接作用于思想政治教育活动的内容"，属于下层的具体性信息内容。如果把握不好两者关系，就会出现各种低效教育，常见情况有两种：一种是转化不足，把第一类教育内容形态直接作用于具体的教育活动，或者看似转化了，实则只是"换了个装"，比如将线下讲的思政课录好，直接放到网络平台上，或者将各类文件政策、经典著作、工作制度等内容直接"搬上"网络平台等，这些都没有按照网络环境的逻辑去转化教育内容，仍是"上下一般粗""左右一个样"的泛政治化的笼统表述和同质化口号的"满天飞"，教育内容无法落地，教育对象自然也不能消化。另一种是转化"走偏"，第二类教育内容无法体现第一类教育内容，比如有的教育者过度迎合教育对象，完全以教育对象的口味和接受度来设置教育内容，导致思想政治教育的立场模糊、价值失落。二是教育内容整合度低。内容资源与技术资源整合度不高，所创作的网络文化作品、开发的思想政治教育技术作品等缺乏专业技术水准，导致内容产品粗制滥造，同质化严重，吸引力差。此外，对教育内容生产还缺乏整体的系统规划和设计，目前大多采取教育者"单兵作战""小作坊式"式的生产模式，教育力量得不到有效整合，降低了教育内容实效。三是教育内容契合性差。现实生活中，人们的一切行为都是基于自己的利益需求、依靠自己的日常生活经验去推动，因此如果说教育内容不与教育对象的利益需求、教育对象的生活实际联系在一起，那么我们提供的教育内容就会失去吸引力和感召力，最终将落入无人问津的境地。

3. 教育内容承载和传播不能有效适应当前信息技术发展的要求

任何教育内容信息都需要一定的形式去承载和呈现，也依赖一定的载体和路径去传递并作用于教育对象，因此，在社交媒体语境下，就不得不提及教育内容承载和传播的问题。以下几个方面会直接影响教育内容效果：一是教育内容传播的精准度低。当前大数据、人工智能等信息技术发展迅速，但在思想政治教育领域内还没得到广泛应用，思想政治教育内容信息的精准分发还存在技术上的困难。二是教育内容呈现的时代感和吸引力不足。思想政治教育内容都需要一定的语言符号展现出来，这就涉及思想政治教育话语表达的问题，当前思想政治教育话语表达还不能完全适应教育对象心理特点和接受习惯，比如，还不能运用现代信息技术手段，有效利用声、光、电等多种语言符号，创造出让大学生感到既"有意思"又"有意义"的内容产品。三是教育内容与传播语境契合度低。前有论及，当前人们所有的行为发生都伴随着社交，教育者对教育内容的传播送达自然也不例外。因此，教育内容产品务必要与其传播使用的语境和场景相符，即要适应社交语境下人们接收和消费信息的特点和习惯。但是实际工作中，教育内容产品常常不注重具体语境的设置，缺乏互动性和体验性，不符合交往语境下关系传播的特点，使得传播效果欠佳。

（二）教育方法创新不力降低思想政治教育接受度

作为一种工具和手段，思想政治教育方法在思想政治教育活动中发挥着纽带和中介的作用。如同过河的"桥"，它是连接教育者和教育对象的桥梁，是构建教育者与教育对象关系的纽带，也是制约教育内容、教育情境等思想政治教育其他诸要素发挥效能的中介要素。因此，适宜的教育方法可以调动和激活思想政治教育其他诸要素的功能，使之共同服务于思想政治教育目的的实现。而若教育方法不适宜，就会在一定程度上抑制甚至消解思想政治教育诸要素的效能发挥，导致出现"牛头不对马嘴"不相适应的局面。

1. 教育方法运用单一，不能有效解决教育对象面临的复杂问题

受多种因素的影响，当前教育对象的思想行为呈现出空前的多元化、差异化、复杂化等群体特征，这既体现在教育对象自身成长需求和发展追求的复杂多样性，也体现在教育对象思想问题和行为偏差的矛盾多变性，所以我们很难用一种教育方法去应对教育对象综合呈现的复杂问题。何况，思想政治教育方法虽然

有很多种，但任何一种都不可能"包打天下"，因为它们各自有各自的局限，都有它特定的适用范围，那么这就要求我们必须综合运用不同的教育方法，以弥补彼此的局限性，使其优势互补，形成"1+1>2"的整体效应。但在开展实际工作时，我们对于教育对象各种复杂问题产生的背景和原因缺乏系统研究和分析，对不同教育方法的选用和组合缺乏整体规划和综合设计，因此很难建构出多种教育方法协调有序的嵌套关系。比如，当前社交媒体环境下，教育对象的自主性空前提高，教育对象可以自动过滤或者屏蔽掉教育者所发送和传播的信息，显然，只选择单一的灌输方法是不可能解决问题的。还比如，在纷繁复杂的网络环境中，教育对象常常受到一些不良网络舆论和思潮的裹挟和影响，那么我们该如何来开展教育引导呢？除了要在社交媒体上开展必要的网络舆论引导之外，我们还要意识到，网上是网下的映射，社交媒体上的舆论热点一定都会在现实生活中找到根源。因此网上的问题不能仅仅在网上解决，而是要将现实社会与网络空间进行跨界连通，将线上线下多种教育方法结合起来，使教育同步一致持续，切实帮助大学生解决思想和实际问题。

2. 教育方法创新滞后，不能有效应对教育环境变化引发的新境况

在当前急速变化的现代社会中，思想政治教育方法应与时俱进，通过在继承中不断改进创新，增强对教育环境、教育对象新变化等的适应性。但在实际工作中，思想政治教育方法改进创新的步伐还未跟上经济社会发展和思想政治教育发展的要求，表现为一定的滞后性。一是对过去产生过良好效果的老办法升级改进不足。比如，实践锻炼法是帮助教育对象形成正确世界观、人生观、价值观的重要手段，但受客观条件所限，教育对象所能选择的实践锻炼方式和实践锻炼场所都非常有限，导致实践锻炼方法无法发挥相应的效能，但如果我们能及时运用网络的虚拟性，通过 VR、AR 等虚拟技术搭建各种场景，就能有效弥补实践锻炼法的弊端，有效提升教育效果。二是对相关学科的借鉴不足。社交媒体环境下，教育对象信息选择的自主性被空前解放，如何将思想政治教育信息有效进入教育对象关注视野，是涉及多个学科门类的重要课题。思想政治教育本就是一门新兴的综合性学科，如果我们不注重吸取和运用传播学、人工智能、大数据等相关学科的研究成果，不注重借鉴其他领域和行业的理论方法，就无法从学科交叉中推进

教育方法创新发展。三是教育方法创新的针对性不足。对教育方法进行创新改进，是以增强思想政治教育实效性为基本要求的，因此，需要坚持问题导向，以思想政治教育的过程矛盾和主要问题为逻辑支点来创新教育方法，但当前，日益突出的"圈层化"困境、算法推荐加剧的"信息茧房"困境、教育者话语权失落、网络文化作品低劣等现实严峻的问题，我们对此还没有构建出有效应对和突破的方法模式。

3. 教育方法实践不足，不能有效适应教育目标调整带来的新变化

方法本身具有客观性，但当方法被运用到实践中，同一种方法在不同实践语境下的差异性就会非常明显。事实上，我们对于教育方法实践运用的成效是值得深思的，教育方法在实践中运用不足，具体表现在：一是缺乏对教育对象参与互动的审视。我们知道，教育有效性的实现，重在对于教育对象的接纳。这种接纳突出表现在教育对象自身的参与性上，如果教育对象在教育活动中体验到了某种参与感，那就意味着教育对象一定贡献了自己的能动性和互动性，一旦打开了他们的心灵之门，教育的影响才有论及的可能。但我们运用教育方法，更多的是循规蹈矩地按照某种程式化的逻辑或惯性去"套用"某种方法，即便教育者明确意识到教育对象在参与活动中表现出来的那种"生活在别处"的疏离感，也仍未将教育对象的参与体验和互动感受情况列入评价教育方法是否实践有效的因素。二是缺乏教育者的个性拓展。思想政治教育方法的魅力在于不同教育者在各自的教育实践中基于适应教育活动特殊性做出的个性化的调整、转换和创造，如果没有将教育方法的一般性和特殊性结合在一起，这种方法一定是僵化的而不是灵动的，一定是死气沉沉而非生动鲜活的，事实上，有不少教育者仅凭传统惯性，不能利用自己的所长、优势、风格等来优化教育方法，不能根据教育对象的需要、问题及其他教育要素的不同来调整教育方法，使得教育方法"辨识度"不高，个性化不足。三是缺乏与其他要素的整体设计。思想政治教育是一个系统运作的过程，因此在选择什么样的教育方法时，一定要考虑与教育对象、教育内容、教育环境等其他要素的匹配度和适应性。比如，对某些教育内容来说，线下开展社会实践，比线上开展教育引导，可能更富成效；自尊低的教育对象，可能更适合使用说服教育法；在当下越来越复杂多元的社会文化环境下，我们可能需要更多地

运用心理疏导等方法，给予教育对象更多的人文关怀。

(三)教育模式转换不畅降低思想政治教育有效性

之所以将教育模式作为本节的论述内容，有两点基本考虑：一方面，我们在前面从教育内容、教育方法的要素视角分析了思想政治教育过程中存在的问题，但思想政治教育过程是极其复杂的，单从两个相对离散的要素视角难以描述和反映思想政治教育过程的全貌，因此我们拟从整体维度，从思想政治教育过程的组织方式，即思想政治教育模式出发对教育过程做整体性把握；另一方面，我们在前面针对教育内容、教育方法的分析中发现，一个较普遍的问题在于，我们对于思想政治教育内容和方法的理论建构与实践运用是不同步的，理论实践化不足，实践理论化也不足，两者之间缺乏连通，而思想政治教育模式作为思想政治教育理论和实践相互转化的中介，如果我们能对思想政治教育模式存在的问题进行优化，是否可以在一定程度上解决理论与实践衔接和转化的问题？我们认为这是行得通的。

1. 教育模式偏封闭化，难以形成有效协同

当前，大学生思想政治教育的开展，一般有党委学生工作部门等专门机构来负责，有一批辅导员、思政课教师、党务工作者等专职化的工作队伍来实施专门的思想政治教育活动。这种模式偏向德育主义模式，有利于促进思想政治教育的专业化、科学化、专门化，从整体上推进思想政治教育发展，但同时，这种教育模式也造成了思想政治教育的封闭化，与教育环境的日益开放化进程不符。具体表现为：一是造成部门化。既然配有专门的机构和专业的人员，那么其他机构和其他职业的人群就会自动淡化甚至推卸思想政治教育意识和责任，认为"学生只是学工部门的学生""学生只是辅导员的学生"，这种思维定式和理念偏差，也是当前推进"三全育人"，构建"大思政"格局过程中首先要纠偏的认识之一。这里必须要注意，并不是说我们否定思想政治教育的部门化，而是更强调在此基础上的全员全过程全方位的共同参与。二是造成领域窄化。这是上一个问题的延伸，把大学生思想政治教育放在全社会来看待，人们普遍的认识是大学生的教育引导工作应该由高校来承担，这本没有错，但并不是说思想政治教育由高校来承担，

其他社会力量就不参与和组织，这种把思想政治教育局限在学校或者其他专门领域的做法，其实是窄化了思想政治教育的作用空间，人为割裂了教育对象的活动场域，导致思想政治教育体系无法涵盖社会各领域各层面从而无法形成合力。三是造成自我循环。这种自我循环体现在，思想政治教育专门机构和专业力量不主动走出校门，缺少从社会化运行的视野扩充教育主体的协同力量、汇聚全社会的教育资源，"开门办思政"的意识不强，与其他社会活动的联结互动不强，难以形成完全开放的形态，在一定程度上，大学生思想政治教育仍处于自我循环的境地。

2. 教育模式偏单向化，难以促成双向融合

改革开放前，思想政治教育的运作模式主要采取的是权威主义模式，即强调教育者的权威性，重视政府和教育部门的主导性作用，而忽视教育对象在教育活动中的主体作用。在这种模式中，思想政治教育信息流动由教育者流向教育对象，交往方式是单向的，采取的教育方法主要是显性的灌输法，教育者和教育对象更多是驯化、服从的交往关系，这种自上而下推进思想政治教育的模式有自己的优势，符合革命时期和社会主义建设初期的实际发展需要。这是一种单向的教育模式，更多是从教育者的视角，不足也显而易见。改革开放以来，特别是党的十八大以来，思想政治教育面对社会环境的新要求和新挑战，其模式开始向民主主义模式转换，即由重视教育者开始向关注教育对象转变，更加关注教育对象的思想实际、内在需求、接受状态以及其主观能动性的激发。可以看到，这种思想政治教育模式较之前已经发生了明显变化，出发点发生了改变，但这种模式依然是单向型的，它虽然充分尊重教育对象的主体性，但忽略了教育者的主导性，容易导致教育主导性缺失，冲淡教育的意识形态性，助长教育的相对主义。目前这两种单向型的教育模式要么偏重这一方，要么偏重另一方，尚不能以教育者与教育对象作为交往主体的整体关系为视角来建构主体间性教育模式，因此总会出现因平衡失调引发的种种问题，难以促成教育者与教育对象的融合发展。

3. 教育模式偏程序化，难以激发主体活力

当前，思想政治教育注重制度化、规范化发展。以大学生思想政治教育来

说，通常由学工部门自上而下部署、规划，每个阶段、每个内容、每个时期的思想政治教育都被统一安排，每项工作都有具体的流程和程序，偏重用行政化的手段推动工作。这种模式有其优势，自上而下有组织地推动，有利于提高工作效率和整体同步性，但由于强调程序化和体制化，容易导致过程的复杂烦琐和形式主义倾向，而且由于是"大一统"的模式，容易使教育者失去主动性和能动性，思想政治教育缺乏活力。随着信息传播技术的发展，教育对象的自主意识显著增强，他们的组织方式也发生了重大变化，行政化班级、学生寝室、党支部等不再是他们唯一的成群方式，各种网络社群、兴趣小组、微博超话等集结方式则更普遍，因此，这种思想政治教育模式运行效力受到挑战。对教育对象而言，相对于那种组织性强、大范围动员的思想政治教育活动，他们也许更欢迎生活化、润物细无声的浸润式思想政治教育活动，相对于那种正式的、系统的思想政治教育模式，他们更愿意接受非正式的、小活动性质的、偶发性的教育模式。同时，还应该给予教育者更多空间去自主探索，当前思想政治教育很多难点还未能有效解决，亟须激发教育者的积极性和主动性，自发自主在实践中建构适合当前环境和教育对象特点的新模式，比如，网络社群已经成为大学生在社交媒体上的主要组织方式，迫切需要建构思想政治教育网络社群模式。还比如，当前高校一站式社区建设有利于打通思想政治教育的"最后一公里"，将党组织的力量向纵深推进。再比如，大数据时代思想政治教育模式的构建有利于提升精准度和个性化，但面临诸多困难，高校实践推进力度不一，这些基于新的理念和技术手段的新模式亟须开展个性化、前瞻性、开放性的探索实践，释放教育活力。

三、社交媒体引发思想政治教育"主域失衡"

人既是环境的产物，接受环境的影响，同时人也改变环境，实现对环境的改造。思想政治教育作为一种关涉人的教育实践，也必然会受到环境的影响，因此我们把那些能对思想政治教育产生影响的环境称为思想政治教育环境。应对思想政治教育环境对人的思想行为的影响，体现了人的主体性和环境客观性的辩证关系，即是说，我们既要顺应和利用环境对思想政治教育的积极影响，同时也要超越环境的消极影响，发挥能动性将环境中的不利因素转化为有利因素，营造有利于思想政治教育开展、有利于教育者和教育对象思想行为发展的社会环境。当前，有关媒介及其影响的思考已经超越了某一个学科而成为几乎所有人文社科普遍关注的问题，媒介对人和社会的影响之深、之广前所未有，在当前所有媒介中，尤以社交媒体为最，社交媒体作为一种环境，已经成为社会环境构成的主导因素，也是思想政治教育环境要素的现代发展。社交媒体对思想政治教育的影响，既有直接作用的影响，比如丰富了教育者与教育对象的沟通渠道，发展了思想政治教育载体，也有间接作用的影响，这方面突出表现在社交媒体与经济环境、政治环境、文化环境等宏观环境相互作用、相互影响，共同作用于思想政治教育，这种影响是全面性、沉浸式的，也是深入持久的。因此，本节要讨论的重点是以社交媒体为主导要素的思想政治教育环境对思想政治教育以及教育者和教育对象的影响。事实上，作为教育者，如果不能充分把握思想政治教育环境的变化，准确应对其所产生的影响，不能理顺环境与思想政治教育的关系，那么种种"不适""不调""不治"之症就会接踵而至。

（一）教育环境新样态应对不足影响全域生成

随着信息技术的深入发展，社交媒体对思想政治教育既有微观环境的影响，也有宏观环境的影响，其中，微观影响表现在社交媒体改变了人们在网络上的组织形式和交往方式，改变了人与人的关系模式，美国学者克莱·舍基在《认知盈余》一书中指出，媒体是社会的连接组织①，社交媒体开拓了思想政治教育微观环境的新样态，催生了社会网络环境、网络社群环境等新的教育环境。同时社交媒体改变了信息传播结构和社会动员方式，影响了人们的信息生产、传播及消费方式，由此引发了信息舆论环境的新变化，"后真相"环境就是社交媒体与政治环境、经济环境相互影响下的信息环境生成的新样态。

1. 社交网络环境

在新技术形态频繁更迭的信息化社会，我们习以为常的生活图景深深地被

---

① ［美］克莱·舍基. 认知盈余：自由时间的力量［M］. 胡泳，哈丽丝，译. 北京：中国人民大学出版社，2012：18.

iPad、手机等各种能够维系与协调社会交往的技术话语体系所裹挟，而装在iPad、手机的各种社交媒体应用则彻底改变了人们的交往方式，建构了人们当前的"媒介化"交往结构，并经由媒介的技术、文化和社会意义生成各种关系连接。可见，社交媒体已经为我们形成了一个有别于传统交往环境的新型社交网络环境，高度凸显"交往""关系"的社会价值。在这种环境下，无论是大学生在"智慧树""雨课堂"等在线学习平台的社交互动，还是游戏娱乐的社交连接，依托社交媒体建构的"万物皆社交"的"媒介化社交"已然渗透、延伸进大学生日常生活的方方面面，社交网络环境已然成为思想政治教育微观环境的新形态，但它还未引起足够关注，表现在：一方面，社交网络环境的有利因素尚未被完全开发。根据社会网络中的三级影响力理论，即人们所做的事情都会在社会网络上泛起涟漪，影响我们的朋友（一度）、我们朋友的朋友（二度），甚至我们朋友的朋友的朋友（三度），一旦超过三度，影响会消失。相距三度之内的人之间的关系是强连接关系，强关系易引发行为的变化。因此，教育者是否在教育对象的一度社交关系中，是否与教育对象建构了交往频度高、情感强度高的交往关系，决定了教育者的影响力。但是当前教育者对于如何建构与教育对象在社交网络环境中的社交关系还缺乏思考和实践，对于如何利用社交网络环境开展思想政治教育的思路还不清晰。另一方面，对社交网络环境的不利因素优化改造还有空间。社交媒体不仅是教育对象的关系网络，也是教育对象的信息网络，有什么样的关系网，就会形成什么层级的信息源。因此，理清教育对象的社交网络构成，帮助教育对象建构优化社交网络，加强对教育对象的媒介素养教育成为关键所在，但是，目前无论是媒介素养教育的课程设置，还是实践引导，都存在较大的提升空间。

2. 网络社群环境

社交媒体的演进发展改变了传统群体关系的构成机制，催生了网络社群的兴起。"传统社会中的刚性、基于组织化的、自上而下的人群组织方式和社会组织方式，开始转变为网络社会中一种新的结群、结社方式"①。当前，网络社群作为人们在虚拟环境下新的组织形态和集群行为，可以实现人与人之间基于各个维

---

① 刘少杰. 网络化时代的社会结构变迁［J］. 学术月刊，2012（10）.

度的互联互通，比如，我们可以根据兴趣标签、价值倾向、地理位置、资源需求、利益需求等多种因素关联在一起，进入同一个"粉丝群""兴趣群""购物群"，也可以根据班级、家乡、工作等现实关系，加入各种基于现实关系的网络社群等。由此，教育对象所身处的一个个社群圈子以及由此产生的群体互动、个体关联、文化传播等，构成了新的思想政治教育微观环境。利用网络社群环境开展思想政治教育，既有有利的因素，也面临不少新的挑战。一方面，网络社群为思想政治教育的开展提供了新的阵地平台，但是基于网络社群的思想政治教育模式构建、方法拓展还比较滞后，例如，如何着眼于网络社群的群体表达、群体动员、群体认同等机制，构建新的教育模式？如何挖掘网络社群的情感联系资源、个性需求资源和共性发展需求？如何培养网络社群的意见领袖、构建主流价值观传播机制等，都是亟待解决的问题。另一方面，由于网络社群作为"圈子"本身固有的排他性和封闭性，造成了近年来讨论较多的"圈层化"和"信息茧房"，给思想政治教育带来一定的困境，表现在：一是教育者很难获取教育对象在所属网络圈层的信息发布和传播动态，无法精准获取其思想行为表现；二是教育者如果不在教育对象的社交圈层，或者处于较低圈层，就无法有效过滤和阻止网络异见在大学生圈层中的定向传播；三是主流声音无法精准传达，这既由于封闭信息圈层中存在的"沉默螺旋"效应，也与主流媒体平台并未有效打通与教育对象的信息通道有关，因为与商业化运作的第三方平台相比，教育对象对后者表现出更多的依赖。

3. "后真相"舆论环境

"互联网和社交媒体的出现，使'有图有真相'让位于'后真相'时代"①。事实上，"后真相"并不是网络社会才有的现象，但社交媒体的迅猛发展却充分彰显了它的存在空间。具体而言，"后真相"意指"相对于情感及个人信念，客观事实对形成民意只有相对小的影响"②，其主要特点在于情感大于事实，主观胜于

---

① 蒋原伦. 从"有图有真相"到"后真相"时代[J]. 陕西师范大学学报（哲学社会科学版），2018（2）：146-150.
② 全燕. "后真相时代"社交网络的信任异化现象研究[J]. 南京社会科学，2017（7）：112.

客观，所以就正如《经济学人》的著名封面文章《谎言的艺术》所说的，"后真相"之所以为"后"，是因为真实与否已经降低到了次要位置，不同的人群只选择相信符合他们各自偏好的信息①。近年来，"后真相"现象在社交媒体空间频繁显现，对网络舆论生态环境产生了非常大的影响，也给正处在价值观形成关键时期的大学生造成了诸多困扰和负面影响。这种"后真相"舆论环境作为当前思想政治教育宏观环境中一种较突出的新型状态，对思想政治教育的挑战表现为：一方面，造成对主流价值观的偏离。面对各种热点新闻的舆论反转，"眼见不一定为实""有图未必有真相"的情况时有发生，涉世未深、辨别能力还在发展中的大学生很难判断什么是真的、什么是假的，从而无法进行有效的信息筛选，于是他们只能对所有信息保持一种习惯性的怀疑，这在一定程度上实现了自我保护，但也让美与丑、真与假之间的界限变得模糊不清，进而为价值相对主义的盛行提供了条件和环境。另一方面，易出现"极化"现象。在来自不同描述视角和不同情感立场的信息大爆炸中，大学生更容易被具有强烈感情色彩的情绪所感染，也更容易受到与自己意见相匹配的观点所牵引，进而在集体无意识的感召下形成表面的一致性，导致话语垄断甚至极化现象，这种极端思维和极化现象不利于大学生开放思维和批判思维的形成，严重影响了他们的健康成长。

（二）教育情境有效性创设不足导致内外割裂

就像学习需要一定的场所，思想观念的形成也需要一定的环境刺激，道德行为的激发同样需要生活境遇的出现，人的认知、学习、教育和实践的发生都需要情境"在场"。所以，思想政治教育情境是思想政治教育的要素之一，"情境是从认知的角度说明行为者与环境、主体与客体的相互关系。行为者在行动和活动之前对于环境（客体的总和）的知觉和认识，不是纯客观的，而是多少加进了主观成分，从主观上给予规定和把握。这种从主观上予以规定和把握的环境，叫情境"②。

对教育对象来说，教育情境和教育环境虽然都属于影响自身思想行为发展的

① Art of the Lie-post-truth Politics[J]. The Economist, 2016, 9(10).

② 沙莲香. 社会心理学[M]. 北京：中国人民大学出版社，2006：49-50.

外部条件，但是教育情境是从物质条件和精神氛围等方面专门创设和营造的有利于教育对象思想行为发展、有利于思想政治教育目的实现的局部环境，因此是可控的、可把握的。有效的情境创设，有利于教育对象形成良好的情感体验和教育效果的强化，但在实际工作中，思想政治教育情境创设缺乏"形""神"兼具，导致"我""境"分离；缺乏"虚""实"融合，导致"知""行"不一；缺乏"古""今"贯通，导致"知""情"断裂，难以创设出丰富、复杂、一体的认知体验、情感体验和行为体验，也就无法实现主体外部客观的"境"与内部主观的"情"的协调统一，导致"情""境"难融。

1. 情境创设"形""神"较难兼具

思想政治教育情境创设的关键，在于为教育对象提供一个具体、真实、可感的真实情景，通过创设教育内容产生的情境脉络或者呈现教育内容来源最初的真实或者仿真场景，或者把教育过程置于教育者和教育对象真实的日常生活世界中，创设一种情境化的实践方式，使之"具象化""可感化"，这就是情境创设的"形"。近年来，随着 VR、AR 等虚拟技术以及图像媒介的异军突起，为通过技术化手段进行"形"的创设提供了客观条件，为思想政治教育从"无形"向"有形"的具体形态转化提供了更多可能。感人心者，莫乎于情。情境创设不仅需要"形"，更需要投入真挚的、强烈的、丰富的、复杂的情感能量。美国社会学家兰德尔·柯林斯提出的互动仪式链理论，指出人与人在具体情境下互动，关键在于生成情感能量，使之基于群体团结，形成对群体符号即"榜样"的认同[1]。思想政治教育情境亦是如此，要从情景设计、事件策划、叙事素材选用等方面，做好教育对象情感从产生到迸发的、循序渐进的铺垫，使教育对象产生强烈的情感体验，达成情感共鸣，形成情感认同和升华，教育对象若能在这种精心设计的情感场域中，感受到围绕其中的细腻而真诚的情感状态，这就是情境创设的"神"。可以说，情境创设中，"形""神"互补，相互升华，"形"是"神"产生、迸发、升华的依托载体，"神"是"形"开发和创设的核心所在，两者不可分离。但在实际工作中，做到"形""神"合一还存在一定的困难，表现为：一方面，当前人们已

① 陈权. 互动仪式链理论在传播研究中的应用[J]. 新闻世界，2012(10)：183，184.

然习惯于主体的"观看"、理念的"感性呈现"等图像化生存，情境的"形"似作为"情"生的原始迸发点，更显重要。但在"形"的创设上，还缺乏综合运用多种技术化手段创设情境的能力，较难构建视、听、触、嗅觉以及形体等一体的沉浸式体验情境，没有"形"似，也就缺乏传"神"的基本物质条件。另一方面，有了"形"的基础，但缺乏情感的投入和艺术张力。试想一下，如果选择的素材、情节无法关照教育对象真实的日常生活世界和教育内容发生发展的情境脉络与源头情景，没有生动的语言，缺乏情感的浸润，教育对象自然就较难感受到直接、真切、强烈的情感刺激，心灵也就不能被触动，也就无法将零碎的情绪转化为情感能量，无法将感性认同升华为情感共鸣，最终只能落入"形似神离"的境地。像现在的某些党团日活动，无论是组织者还是参与者，更像是带着"完成任务"的心态去"走程序"，缺乏真挚的情感投入，使得活动徒有其表，很难入脑入心。

2. 情境创设"虚""实"较难融合

当前，利用 VR、AR 等虚拟技术创设虚拟情境，大大拓展了思想政治教育情境创设的空间领域，但由于技术运用能力所限，目前对于虚拟情境所体现的交互性、沉浸式、构想性的开发，高校还多停留在浅层，多以"在线"交流情境、基于网络作品的互动传播情境、网络主题教育的情境创设为主。而且创设虚拟情境，仍多基于现实空间的思维而非虚拟空间尤其是社交媒体的逻辑架构和思维模式，亦有格格不入的失调之感。另一方面，对虚拟情境创设的高度关注，一定程度上使人们忽视了基于现实物理空间的情境创设，"虚""实"情境衔接不足。提出互动仪式链理论的美国社会学家兰德尔·柯林斯指出，"亲身在场使人们更容易察觉他人的信号和身体表现；进入相同的节奏，捕捉他人的姿势和情感；能够发出信号，确认共同的关注焦点，从而达到主体间性状态"[①]。由此可见，基于现实物理空间的"亲身在场"情境有虚拟情境无法比拟的优势。反观现实，缺乏对于虚实一体化整体空间的把握和设计，不能正确认识和准确运用现实情境和虚拟情境各自的优势所在，导致"混用""乱用""随意用"的情况较为普遍。比如说，

---

① 兰德尔·柯林斯. 互动仪式链[M]. 林聚任，王鹏，宋丽君，译. 北京：商务印书馆，2009：106.

不仅发挥虚拟情境在感官体验、情感体验方面创设的优势，还要发挥现实情境在行为实践体验方面创设的优势，毕竟所有的认知情感最终要转化为行为体现出来，若两者做到分工协作、整体统筹，那么教育对象的体验就是一体的，也是相互强化的。

3. 情境创设"古""今"较难贯通

情境创设并非没有依循原则，一般来说，思想政治教育情境化是一个双重情境化的过程，即"一是将知识置于其发生和应用的真实世界的情境之中，恢复知识与其所指、发生和应用情境之间的本然联系；二是将知识与学习者已有知识和经验构成的主体情境结合起来，使知识成为学习者动态复杂的知能结构中强有力的部分"①。于"客体情境化"，是对教育内容的萌生、形成、发展、演变的原始过程进行真实或者逼真呈现，对此我们要更多从"古"的维度去挖掘创设资源，称为"历史积淀情境"，即是从人类在认识自然和改造世界实践活动过程中不断累积形成的、不以人的意志为转移的、社会历史物质与精神产物的集合体，它是主观世界与客观世界、微观境遇与宏观环境的统一②。而第二条则是"主体情境化"，是依据教育对象的心理基础、接受规律和认知层次，创设出其日常生活的特定情境，对此我们应从"今"的维度去开发，从当下发生的社会生活尤其是教育对象的日常现实生活中去撷取教育情境的创设资源，将教育内容、教育目的与教育对象在日常生活中遭遇的现实问题密切对接起来。但是在实际工作中，我们对于"古""今"两条创设思路认识不清，不注重"古""今"贯通，其实，对于"今"的论证常常需要"古"的支撑，例如，2021年正值中国共产党成立100周年，想要开展好入脑入心的党史学习教育，就有必要将教育内容还原到"那时那刻"的具体情境，才能使"此时此刻"的教育对象理解书本中抽象理论背后的事实依据和现实逻辑。而对于"古"的认同同样也需要"今"的实践，试想，如果不通过现实情境解决当下遇到的困惑和问题，也就无法真正认同"历史积淀情境"的理论

①　郑太年. 知识与其双重情境化——关于教学革新的思考[J]. 全球教育展望，2004（12）：7.

②　董杰. 思想政治教育情境论[M]. 武汉：湖北人民出版社，2013：200.

逻辑，总之，情境创设目前还不能做到"古"与"今"的贯通和接续，无法实现"主体情境"与"客体情境"的对接互融，情境创设自然就起不到其主体性强、体验性强、典型性强的"脚手架"功效。

（三）教育场域一体化重构不足造成系统阻隔

场域是一个社会学的范畴概念，由法国社会学家皮埃尔·布尔迪厄提出，是指"各种位置之间存在的客观关系的一个网络，或一个架构"①。教育场域作为社会大场域中的一个亚场域，它是"一种交织与凝聚着各种教育力量的关系网络"②。由此来看，与思想政治教育环境、情境不同，思想政治教育场域更偏向于从"由某种支配性逻辑"做主导的客观关系结构的维度去把握和理解，对于思想政治教育来说，这种"支配性逻辑"就是相关主体"用一定的思想观念、政治观点、道德规范，对其成员施加有目的、有计划、有组织的影响，并促使其自主地接受这种影响，从而形成符合一定社会一定阶级所需要的思想品德"③。从方法论意义上来说，"根据场域概念进行思考就是从关系的角度进行思考"④，因此，分析思想政治教育场域，即从场域的视角，从关系思维、整体性思维来审视大学生思想政治教育，尚存在着关系断连、场域重构、合力共育不足等问题。

1. 正式教育场域与非正式教育场域融合不够

思想政治教育场域从性质上可以分为两类：一类是学校教育场域，即"正式教育场域"；另一类是基于日常生活实践的教育场域，相对第一类的"正式教育场域"，我们称为"非正式教育场域"。之所以把后者也作为教育场域，是因为在各种日常生活实践的关系中，如"在豆瓣小组和网友讨论对某种社会现象的看法""在电影院看《长津湖》""在教室里看到同学甲积极地帮其他同学检查作业解

① [法]皮埃尔·布尔迪厄，[美]华康德. 实践与反思：反思社会学导引[M]. 李猛，李康，译. 北京：中央编译出版社，2004.

② 刘远杰. 场域概念的教育学建构[J]. 教育学报，2018，14(6)：21-33

③ 陈万柏，张耀灿. 思想政治教育学原理[M]. 北京：高等教育出版社，2015：4.

④ 戴卫义，黄金结. 大学生思想政治教育的场域探析[J]. 江苏高教，2015(1)：117-120.

答问题"等，其实同样都在进行着价值观的塑造、道德情感的触发，个体处处都经历着这种基于经验和交往的自然"学习"，而且这种弥散渗透在日常生活实践中的教育力量往往比课堂、课程更富有社会的意义。学校教育场域的作用，"受教育者的人格并不是通过教育（'学校教育'）而被塑造的，教育至多只能对受教育者自己独立形成的人格进行补充或加强。人格的形成是通过人自己的活动及其与他们所生活的独特的环境的互动和抗争中由内而外产生的。他们通过自发学习、自发观察、思考、模仿和实践，形成了知识、态度、观点和能力。学习过程是在与那些在感情上最为接近的交往中完成的。他们的所学很大程度上取决于他们看到这些关系人主要关心什么，对什么事物评价积极，对什么事物评价消极。关系人的榜样是最有效的学习促进因素"①。从关系思维的角度来看，两者共同构成教育对象完整的教育场域，从而实现"教育权力"分配的均衡和关系架构的平衡。但在实际工作中，我们对于正式教育场域的关注远高于教育对象的非正式教育场域，这与当前非正式教育场域所发挥的作用并不相符。因为教育对象在日常生活中所受到的影响更大，其所处的关系网络更广，随机进行人格教化的途径和可能性也就更大，但我们恰恰忽略了这些散落在教育对象日常生活与实践中的各种教育场域，忽略了充盈在教育对象日常生活实践的各种经验与交往中的"关系"的教育力量，没有有效利用正式教育领域和非正式教育领域的优势特色和互动协作关系，导致无法构建完整闭环，发挥整体作用。

2. 虚拟教育场域与现实教育场域并构不足

人类社会形态可以分为现实社会和虚拟社会，以互联网为界限，思想政治教育场域也可分为现实教育场域和虚拟教育场域。随着虚拟现实等媒介技术的不断成熟，沉浸传播成为一种全新的传播方式。这种传播方式模糊且超越了虚拟世界和现实世界的界限，使教育对象时时在线、时时在场，在传播过程中，多对多、多对一、一对多、一对一等多种传播方式，构成了泛众传播，教育对象的传播角色多元且随时转换，教育对象的感知系统处于"虚实一体""人媒不分"的高度沉

---

① [德]沃夫冈·布雷钦卡. 教育目的，教育手段和教育成功：教育科学体系引论[M]. 彭正梅，译. 上海：华东师范大学出版社，2008：241.

浸状态，构成了一种全新的网上网下一体的泛在生存空间，由此生成了全新教育场域。但实际工作中，在虚拟场域和现实场域的融合上，思想政治教育并没有从网络社会的宏观层面，依据信息形态的巨大变革和教育对象的生存状态变化，及时作出全方位的调整和创新，导致虚拟场域和现实场域相对疏离，缺乏并构协力，无法做到"融二为一，合为一体"。具体表现在：一是缺乏整体设计的虚拟场域和现实场域协同联动的格局。在实际工作中，仍然存在着"现实场域是主角，虚拟场域是配角"的错误认识，常常"有一搭没一搭"地考虑虚拟场域的存在，"有你就不能有我"的时空序列无法共时，两者在系统设计的层面无法实现历时性递进、共时性互构。二是缺乏虚拟场域和现实场域协同联动的模式构建。其实，思想政治教育现实场域和虚拟场域的关系结构并不完全相同，两者在组织方法、工作机制、内容手段等方面存在明显的不同，教育对象在两种场域内的"惯习"也不尽然相同。两者之间如何实现从"相消""相加"到"相融"的跃迁；如何将对教育对象的现实行为规范与网络行为引导结合起来，将线下组织管理与线上自组织管理结合起来，以及怎样将线下的教育资源与线上的工作平台深度融合，让线上的技术优势与线下的传统做法进行协作，都需要进一步探索。

3. 教育"各位主体"联动不足

从关系的维度来看，大学生思想政治教育场域中，各相关主体或机构所形成的客观结构关系构成了大学生思想政治教育场域，可以从几个方面加以分析：一是党和国家与大学党委及其领导下的学校行政班子间的客观结构关系；二是大学党委及其领导下的行政班子与自上而下设立的思想政治教育部门间的客观结构关系；三是在具体的大学生思想政治教育活动中，教育者与受教育者间的客观结构关系。大学生思想政治教育实效性如何，取决于这些关系的完整度。在实际工作中，相关问题表现为：一是个别高校对待思想政治教育工作仍然存在"说起来重要，做起来次要，忙起来不要"的尴尬局面，无法正确认识"把思想政治教育放在首位"的逻辑要义。二是高校对于"三全育人"的机制构建和模式探索还不完全成熟，很多高校没有系统构建"大思政"落实协调机制，各职能部门之间无法打通行政壁垒，"你干你的，我干我的"的"单兵作战"模式仍然存在，"竞争关系""冲突关系"仍占主流，思政课教师、专业教师、辅导员、心理健康教育老师、家长与校友等与育人力量如何形成有效协同，目前都还没有较好的工作模式。三是仍然有少数教育者将其与教育对象的关系看成是"驯服"与"被驯服"、"控制"与"被控制"的关系，导致两者关系较为紧张。另外，也有的教育者过分关注教育对象的"感受体会"，讲什么取决于学生的反应，反应热烈的就多讲，反应不热烈的就不讲，趋于迎合，只看表象，导致教育者主体性丧失，与教育对象的关系只是趋于表面的和谐。

第六章 社交媒体环境下"00后"大学生思想行为教育引导策略探寻

面对当前"00后"大学生思想行为的新特征、新问题，在深入检视当前大学生思想政治教育工作的基础上，本书聚焦于如何提升大学生思想政治教育实效性，积极探寻社交媒体环境下大学生思想行为系统调适之路。本章我们以当前"00后"大学生思想行为特点、大学生思想政治教育现存问题以及新时代对大学生思想政治教育提出的新要求等为探寻依据，从社交媒体与大学生思想政治教育的关系维度设计总体思路，一方面，优化大学生思想政治教育，使之更加适应当前社交媒体和人的发展；另一方面，有效运用转化社交媒体所蕴含的新理念、新模式、新方式等，使之成为增强大学生思想政治教育实效性的新的生长点。着力从系统论的视角，围绕思维转换、主体提升、要素协同、系统契合等不同维度探寻大学生思想行为教育引导策略，强化大学生思想政治教育理念更新、主体力量建设、要素效能激活和系统构建，有效促进大学生思想政治教育目的实现，培养德智体美劳全面发展的社会主义建设者和接班人。

一、思维转换：树立社交媒体环境下"00后"大学生教育引导新理念

美国教育学家克罗韦尔指出："教育面临的最大挑战，不是技术、不是资源、不是责任感，而是……去发现新的思维方式。"①思维方式的转换与变革，将给人

---

① S.克罗韦尔.思维的新方式之未来的挑战[C]//卡住葆奎主编.教育学文集：国际教育展望.北京：人民教育出版社，1993：330.

的思维活动提供新的固定的程序和新的标准的模式，为人们认识事物和分析问题给出总的思路，从而指导人们形成新的理念。马克思主义关于"理念"的理解，包含思想、理想、价值、存在、发展等，涉及人类的认识与实践活动。在大学生思想政治教育中，我们所说的"理念"，一般指的是人们对于大学生思想政治教育的理性认识，包含对思想政治教育活动的本质呈现、价值解读、认识方式和实践指向，在教育活动中占据重要的位置。作为一种反映教育现实的教育观念体系，它既来源于人的教育实践，又最终用于指导人的教育实践。因此，任何教育都要有一定的教育理念作为指导。随着信息技术、移动通信网技术的迅猛发展，当前经济社会发展以及人的思想行为变化对思想政治教育提出了新的要求，大学生思想政治教育的理念也需要随之革新，以回应现实的需求，促进思想政治教育的转型发展。本书认为，社交媒体环境下大学生思想政治教育的新理念包括交往理念、技术理念和潜隐理念。

（一）交往理念

从交往的视角观照思想政治教育，把交往作为人的存在方式，把思想政治教育看作是人与人主体之间的交往实践活动，是交往理念的核心所在。交往是马克思主义哲学研究中的一个重要范畴，马克思交往理论指出，"一个人的发展取决于和他直接或间接进行交往的其他一切人的发展"①。当前，社交媒体不仅颠覆着人们传统的生活、学习和工作方式，还建构起一种前所未有的交往理念和相处模式，带来了全球化交往热潮以及交往哲学在当代的凸显，作为突破传统思想政治教育"瓶颈"的积极探索，将交往视之为思想政治教育的本体性存在而非工具性存在、背景性存在，实现思想政治教育的"交往学"转向，提升思想政治教育实践境界。我们认为，思想政治教育的交往理念包含以下三部分内容：

1. 关系思维：交融互生

在传统思想政治教育的视域里，我们习惯于把思想政治教育看成是人对客体物的对象性思想政治教育，而关系思维作为交往理论的思维方式，强调的是以

---

① 马克思恩格斯全集(第3卷)[M]. 北京：人民出版社，1960：515.

"主体间性"思维，以"人"的方式建构主体间性思想政治教育。这种关系思维生成的思想政治教育交往理念表现为思想政治教育的多极主体性、双向建构性和平等对话性，具体来说，即是思想政治教育主体间在多重主体关系中平等对话、彼此接纳、相互理解以至达到精神共振，形成思想政治教育共同体，进而在相互促进、意义共构、品质共生的"教学相长"的思想政治教育过程中实现双向提升。因此，思想政治教育的交往实践水平和主体间的交往层次决定了教育成效。值得注意的是，虽然交往在现实思想政治教育实践中较为普遍，但很多有交往形式的"交往"并不能称其为真正的交往，有的是徒有其表的"喃喃独白""机械式问答"，双方之间并没有渗入情感、精神层面的参与；有的即便产生了一定意义的交换，但都停留在边缘浅层，并未对核心要义发生意义重构，唯有思想政治教育主体间在毫无保留、坦荡自由、平等接纳的对话中，共同实现思想观点的互换、情感精神的互通以及意义的分享、创造、重构和增值，这才是有效的交往。对于如何理解思想政治教育的互融共生，还需认清以下问题：一是思想政治教育主体间关系平等，并不代表着毫无差异。思想政治教育者和教育对象两者在人格上、表达权利上是平等且独立的，是对称的，但两者之间在知识、能力、学识修养等方面是有差异的，事实上，也只有教育者比教育对象在这方面具有明显的优越性，教育者才能发挥教育引导作用，对教育对象产生深刻影响。这是不对称的，也是教育者的主体性所要求的。二是思想政治教育者主体主导性不可或缺，思想政治教育鲜明的阶级性和意识形态功能不能淡化，教育者要保持交往中的意识形态自觉，不断协调思想政治诸要素的关系，避免内容流于世俗化。三是教育对象作为思想政治教育的主体之一，只有增强其主体意识和交往理性，激发其创造性和能动性，才能真正构建主体间性关系，交往理念也才能落地实践。

2. 开放思维：共建共享

在传统思想政治教育模式中，我们一般倾向于通过协调思想政治教育内部要素来解决问题，表现为向内、向己、关注眼前、故步自封的封闭思维，使得思想政治教育在飞速发展的经济社会以及代际特征不断变化的教育对象面前，总是呈现出一种被动、"跟跑"的尴尬局面。而交往理念强调人与人、人与环境的互动建构，坚持以开放思维与外界进行广泛、立体、多层次的纵向与横向的网络化交往与交换。以此来把握思想政治教育，就是要把思想政治教育置于开放的视域来考察，以实现思想政治教育要素与外部社会要素的协同合作、共建共享。具体来说，一是场域共建理念。任何教育过程都要在一定的场域内推进，当前社交媒体将世界各地的人们紧紧连接，我们被各种现实和虚拟社会关系所裹挟，因此被他人所波及和影响的可能性大大增加，从一定意义上说，只要有人的实践并由此构成各种社会关系的地方都是思想政治教育的场域，都是教育对象的"老师"，因此教育场域要共同建设，这既需要教师、学生、管理者等学校教育管理者内部形成协同育人机制，又需要政府部门、教育主管部门、相关社会组织、企业单位与学校形成联动，构建支持保障机制，同时还需要动员网民直接或间接地进行建设，因为一个人影响和感染其他人的可能性在网络社会被放大。二是资源共享理念。社交媒体最显著的特征是其交互性，由于社交媒体的高度普及，整个网络社会堪比一本人人参与编写的大型"维基百科全书"，资源共享已然成为人们的普遍共识。在思想政治教育中，既要充分运用网络的高度开放性，建立平台，让线下教育资源通过与网络的应用融合，拓展更广的覆盖面，又要吸纳动员更多的人力、物力、财力等有形社会力量参与共建，构建教育资源全社会共享的长效机制，同时还要人们在一次次发帖发文、分享转发、留言评论等知识、思想、文化层面的生产与共享中，实现良性的交互、环境的营造、正向的引导等无形资源的共享，为思想政治教育发展提供更多支持。

3. 系统思维：交互创生，"互联创生"

对于传统思想政治教育来说，采取自上而下的、政令式的思想政治教育模式符合计划经济时代的发展要求，教育效果比较突出，这是一种线性思维导向下的教育模式。但面对目前媒介化交往时代和全球化浪潮的到来，无论是从全球经济政治生态上看，还是从人的生存发展境遇上看，都充斥着复杂、多元、发散的发展态势，因此这种单向型思维方式主导的思想政治教育已经无法满足实践的发展和教育对象的要求。交往理念强调以系统思维、整体视野与更广泛的事物构建非线性、多向型、网状的交往关系，进而在更多的联系中寻找思想政治教育发展之道。以系统思维来把握思想政治教育，重在使用系统论的方法，多维发散地考察教育者、教育对象、教育过程、教育环境等多种要素之间的联结，从而在一个更有机、更广泛的网状勾连中，探寻更多推进思想政治教育发展的维度和路径。对此，一方面要继续实行自上而下的教育模式，推进高校与职能部门、高校与政府部门、教育主管部门的融合畅通；另一方面，要积极探寻不同教育主体之间的系统协同，加强与前后事物的关系构建，在纵向上加强与教育对象的中学、就业单位、深造高校之间的联系互动；在横向上加强与教育对象的朋辈、家庭、实践实习单位、社会组织、企业单位等主体的联动，多点建立起横向有联动纵向有协同的"大思政"格局，真正构建全社会环境下"大思想政治教育"协同机制，推进全社会对思想政治教育的支持保障，更好发挥思想政治教育的政治功能、经济功能、文化功能和生态功能。

（二）技术理念

技术作为人类劳动最基本的行为方式，广泛存在人类的一切活动领域内，当然也存在于任何类型的思想政治教育中。正如麦克卢汉所说，一切技术都具有点金术的性质。每当社会开发出使自身延伸的技术时，社会的其他一切功能都要改变。一旦新技术深入社会，它就立刻渗透到社会的一切制度之中。① 因此，新技术是一种革命的动因。当前，互联网等科学技术加速了现代化进程，给全世界带来了深刻的社会转型和变革，也给思想政治教育带来了深远和巨大的影响。树立思想政治教育的技术理念，就在于不再仅仅将信息技术看作是思想政治教育的载体、工具、手段和方法，更重要的是将之视为思想政治教育的一种存在和发展方式。技术理念是精准思政向智能思政发展的根本所在。具体来说，思想政治教育技术理念包括数字化理念、网络化理念和智能化理念。

1. 数字化理念

数字技术的发展开启了人类崭新的"数字化生存"模式，思想政治教育正经历着数字化重塑，这是思想政治教育秉承数字化理念的根本前提。新数字技术使任何形式的信息都能以"0"和"1"的方式呈现和传播，具有传输速度快、时空穿

① ［加］埃里克·麦克卢汉，弗兰克·秦格龙. 麦克卢汉精粹［M］. 何道宽，译. 南京：南京大学出版社，2000.

越性、形态立体化、超链性等特征,因此树立思想政治教育数字化理念,体现思想政治教育技术属性,促进思想政治教育与信息技术融合,关键在于要通过数字技术实现思想政治教育的技术转型和应用转换。具体来说,数字化理念体现为教育内容转换、教育资源聚合等环节中的技术理念。一是教育内容数字化转换理念。正视"数字鸿沟"给思想政治教育者和教育对象之间带来的阻隔,首先要考虑通过数字化技术重构内容设置、话语表达、信息传播,以此缩小差距、打通阻隔。而现实中普遍存在的问题是,我们只是借助社交媒体将思想政治教育内容"搬上"了网络平台,但并没有按照数字技术的固有逻辑来真正实现转化和重置,而是试图让数字技术和社交媒体去适应传统的思想政治教育思路和方式,显然这是无效的数字化。因此,要围绕思想政治教育目的的实现,综合教育对象的社交关系和实践活动的技术特征、其心理活动和行为方式的技术属性,在技术框架下重构教育内容的分类组合,重置教育内容的表达形式,重塑教育内容的数字化网络化传播渠道。二是教育资源数字化聚合理念。数字技术的云端收集、存储功能让教育资源的共建共享成为可能,教育主管部门要发挥顶层设计的作用,聚合力量构建专题式、全链式思想政治教育资源数据库,同时借鉴"维基百科"式生产模式,形成思想政治教育资源数据库的全员共建机制,并利用文字、图像、语音、视频等多种信息形态,实现教育资源的全景性可视化呈现。

2. 网络化理念

信息技术开辟了与现实生活高度融合的计算机虚拟空间,为人类建构了虚实一体的生产生活景观,不仅拓宽了人们的网上网下实践场域,而且构建了人们复杂多元的网络化社会关系,以网络为视域构建思想政治教育网络化理念的内生逻辑,就在于网络拓展了思想政治教育的实践空间,加速了思想政治教育环境的时空转换。思想政治教育网络化理念有利于连接人、时间、地域等全要素的联动整合,构建整体性网络化的教育场域。具体表现为,一是教育环境的网络化开发理念。当前,教育环境已然成为自然物质形态和技术物质形态交融的物质领域,要以此优化思想政治教育活动设计,把技术理念充分考虑进去,借助技术支撑,借助 VR(虚拟现实技术)、AR(增强现实技术)创设丰富适宜的教育情境、搭建数字化的虚拟环境,打造现实与虚拟场景共存的活动场景,打造沉浸式、体验式互动场域。二是教育资源的网络化获取理念。在实现数字化教育资源存储的基础上，打造教育资源网络化供给平台，通过提供多端口多线程的教育资源库链接，实现教育资源的全时全域全员的便捷获取和使用。三是教育过程的网络化监控理念。网络技术的发展为思想政治教育构建了整体性网络分析的思维和视角，利用多维度多层面的信息监控、收集、存储，可以实现教育全过程的动态监控，为系统把握、过程检测、动态调整思想政治教育整体设计、过程管理、全时监控提供了现实路径。

3. 智能化理念

大数据技术、人工智能技术的高速发展和广泛应用，是思想政治教育智能化理念构建的现实依据。尤其是 Web3.0 的智能信息检索与分析为全面评价教育对象思想状态提供了有力工具。当前，高校在进行智慧校园信息化建设总体规划的前提下，应明确智慧校园发展方向，首先完成传输层的建设，搭建大数据共享与交换平台，促进校园信息资源共享。在此基础上进行校园智能楼宇、数据中心、节能监控等基础设施项目的建设。硬件基础设施的建设是树立思想政治教育智能化理念的基础和依托，思想政治教育智能化理念重在打破固有的壁垒和阻隔，实现思想政治教育内部要素间和内外部要素间的系统思维和整体视野，以此构建多系统多线路多维度的思想政治教育全局格局。具体体现为，一是教育主体协同智能化理念。大数据技术让思想政治教育多元主体都有意识或者无意识地成为数据的贡献者，不同教育主体的网络购物、社交评论、信息浏览、图书阅览、校园卡刷卡等行为所留下的痕迹共同构成了一个多源异构的数据库，"一切都被记录，一切都被分析"的存在模式让不同教育主体产生了更多联结，专业课教师、辅导员、图书管理员、校园食堂阿姨、宿管大爷等原本互不相连的教育主体经由大数据的挖掘分析产生了更多的关联度，推进了整体性多领域的协同合作，共同为教育对象思想行为优化贡献相关力量。二是教育评价智能化理念。大数据技术改变了以往思想政治教育评价局部化、经验型、滞后性的弊病，建立教育评价智能化理念，在于通过大数据技术对教育对象的外在行为数据进行监测，通过搜集、处理、分析信息，进而对教育对象的态度、情感、品德、价值取向等内在属性进行把握，构建思想政治教育评价大数据模型，实现对思想政治教育效果的前后对比评价、整体分层评价、横向平行评价等。三是教育预测智能化理念。根据现有海量数据构建整体性教育数据系统，依据科学的算法建模，探究教育主体不同行为之间的关联性，推导出因果关系，掌握教育主体的行为规律和特点，可以实现对未来行为走向的预测研判，有效建立思想政治教育预测预警机制。

（三）潜隐理念

潜隐理念相对于显性理念而言，本质在于将思想政治教育置于自然态的日常生活中，实现教育形态与生活世界的融合渗透。因此，潜隐理念重在"潜"，指的是"不浮在表面"，所以它讲求的是"融"，将教育目的、教育内容潜在下层，使之融解于日常生活实践之中，与"现实的人"融合，与"生活世界"融通，做到知情一体、知行合一，潜隐理念追求的是"隐"，是一种"隐"的效果，而非刻意的"不说""不语""不露"，真正让教育对象在"没有负累感""没有强迫感"的自然状态中，实现"润物无声""潜移默化"的教育效果。我们认为，理解和把握思想政治教育的潜隐理念，重在彰显生活化面向、知情化融合、人本式回归三个基本理念。

1. 生活化面向

潜隐理念注重立足生活、走进生活、融入生活，在于思想政治教育本就来源于社会生活，与人的现实生活需要紧密相连。它不仅反映人们的经济生活、政治生活、文化生活，有什么样的社会生活，就会有什么样的思想政治教育，而且它也作用于人们的社会生活，解决人们在生活中遇到的各种思想、政治、道德困惑，促进或阻碍社会的进步。事实上，如果遗忘了人们置身于日常生活这一基本事实，那就相当于切断了思想政治教育的源头活水。"生活化面向"集中反映思想政治教育与社会生活的一体共存，具体体现以下三个方面：一是以日常生活事件为切入。"生活化面向"的思想政治教育从来不是"从天而降"，也不是"凭空出现"的，而是基于教育对象的现实需求，强调直面教育对象在现实生活中出现的思想道德、价值观念等方面的困惑，并以引发这些困惑的日常生活事件为切入点，以"小"见"大"，激发教育对象用理论知识阐释现实困惑的强烈需要，引导教育对象自我感受、自我领悟，进而生成建构新的理性认识。二是以日常生活为场景。人的全部世界，人的生长家园，就是最广泛意义的教育。要打造日常生活化的教育情境，融入日常生活的话语体系，融入日常生活的道德规范，融入日常生活体验实践，进而在充满强烈生活气息、富有生活色彩的生活情境中实现"主流价值的日常呈现"，在走向日常生活化的"叙事"中引导教育对象完成价值建构，使思想政治教育从"高高在上"拉回到"普通生活"，从"抽象晦涩"转变为"生动具体"，从"过分追求大而空的崇高"转为"基于日常生活的幸福"。三是以生活实践为载体。任何行为规范的养成、德行的发展都需要在生活实践中完成，离开了基于日常生活的践行，离开了自身在日常生活中的验证和确认，那些在课堂上学到的思想道德观念只可能是在脑海中一闪而过的"符号"和"气泡"，所谓"知道为智，体道为悟"，就是这个道理。因此要让广阔的生活实践成为教育对象"体道"的"体验场"，以"生活实践"为中介联结理论与现实，在火热真实的实践中实现人格的养成、德行的升华。

2. 知情式融合

思想政治教育不同于一般的自然科学知识的学习，它的发生发展过程总是以教育对象一定的认知基础和情绪状态为前提的，并且在"逻辑—认知"和"情感—体验"的作用框架下共同完成的。人首先是一个情感性存在，情感是人最基本的存在方式。因此，脱离了情感体验的纯知识主义的思想政治教育，不与人的内心世界、精神世界相连接，无法激发人的生命潜能，最终只能沦为束缚人的教条，所培养的教育对象只可能成为只有理性而缺乏感性的"单向度的人"，而失去了理性认知根基的纯情感性教育，也会因缺乏理性规约而泛化，从而导致意义的虚空。因此，潜隐理念观照的是人的知情融合，情理相依，相互作用，实现人的理性与情感的和谐发展。但长期以来，思想政治教育过于注重对知识的习得，而忽视人性的参与以及对情感力量的激发，使得人"有认知"但"无认同"，"有知识"但"没精神"，导致处于社会和文化转型的当下急需建构意识的人们陷入普遍的"意义"危机之中。所以潜隐理念更强调立足于人的情感性存在，运用情感机制，开发思想政治教育的情感价值，实现人的精神世界的富足。一是注重体验性。体验是人的心理与情感成长的实际需求，是认知、理解和行为实践的内驱力，是道德教育取得最佳成效的精神魅力。体验具有潜隐理念的本体论和价值论意义，它不仅是人的认知方式，更是人的生存方式，真实的生命体验和生活体验，可以有效激活教育对象的情感系统，带来更深沉也更强烈的情感力量，从而实现以情促知，以情强意，以情力行。二是注重审美性。潜隐理念指向人的审美性存在，意指通过寓教于美，以理性光芒为"神"，以形象生动直观的美学实践形式为"形"，通过极具审美特性的文学艺术、极富艺术感染力的声光电等媒介形态、极有内涵的教育内容过程之美，促使教育对象在审美愉悦和审美趋向中引发情感共鸣。三是注重兼容性。前述已有论及，思想政治教育重在"体念有得""情理相融""知情一体"，才能统驭教育内容、方法、需求和情境，使之融为一体，共同指向思想政治教育塑造人、培养人的目的实现。

3. 人本式回归

思想政治教育是一项培养人的社会实践活动，最终指向的是人的自由而全面的发展。因此思想政治教育具有鲜明的属人性。潜隐理念强调的就是人的主体性观照和回归。一是要回归人的生命存在。思想政治教育是以教育对象的个体生命存在为基础，以实现对人性的引导和超越为指向，以实现生命与生命的互动和交融。现实中那些把教育对象置于冰冷的道德律令、教条的说教灌输，都是缺乏人本价值取向的体现。二是回归人的现实性存在。马克思唯物史观指出，"前提是人，但不是某种处在幻想的与世隔绝、离群索居状态的人，而是处在一定条件下进行的、现实的、可以通过经验观察到的发展过程中的人"①。因此，思想政治教育面对的是处于"生活世界里的人"，"世界背景中的人"，"关系中的人"，"时代中的人"，而非教学的工具，灌输的容器，以此来确认和彰显教育对象作为"现实的人""具体的人""感性的人"的主体性，真正从教育对象的现实生活、社会关系、社会实践等方面去把握和引导。三是回归人的主体性存在。思想政治教育重在彰显和激活人的主体性，从而强化、激发教育对象的自我教育的主体意识，让学生变被动为主动，变强制为自觉，真正成为自我心灵的建构者和塑造者。因此，思想政治教育要积极创设自我教育的情境，运用巧妙有效的教育方法和艺术，激发教育对象的能动性和创造性，在平等的交往关系中引导其在自主加

---

① 马克思恩格斯全集(第3卷)[M]. 北京：人民出版社，1960：30.

工教育素材的基础上进行生成和建构，从而实现自我感悟、自我认识和自我升华。

二、主体提升：强化社交媒体环境下"00后"大学生教育引导力建设

思想政治教育主体是思想政治教育过程的基本要素，指的是通过思想政治教育行动参与到思想政治教育实践中的主体，既包括思想政治教育活动的组织者和实施者，又包括思想政治教育活动中接受思想政治教育的主体，即思想政治教育者和思想政治教育对象。思想政治教育者有广义与狭义之分，广义的思想政治教育者既包括专职教育者，也包括兼职教育者，还包括特定条件下有意识地对教育对象开展思想政治教育活动的人。本章在第一节讨论思想政治教育者的主体素养时，主要是指专职教育人员，而在第三节讨论教育主体之间的协同联动时，则指的是广义上的教育者。教育对象也有广义与狭义之分，广义的教育对象既包括受教育者，也包括教育者，狭义的教育对象就是指受教育者，本章主要是围绕狭义的教育对象进行讨论。值得一提的是，教育对象作为思想政治教育主体，既发挥了教育对象在教育者施教过程中所体现的客体性，也发挥了其在自觉能动地开展思想政治教育实践中所反映出的主体性，因此是主体身份和客体身份的复合体。当前，社交媒体环境既对思想政治教育者和教育对象的主体性发挥提出了新的要求，也对两者关系的建构提供了新的逻辑。思想政治教育与教育对象的关系作为思想政治教育过程中最基本最主要的关系，如何强化主体力量建设以适应新要求，是当前思想政治教育工作者亟待解决的理论和实践课题。

(一)提升教育者社会网络影响力

思想政治教育者要想成为"真正的教育者"，取决于教育者自身所具备的育人意识和育人素质。社交媒体环境下，每个教育者和教育对象都生存在巨大的线上线下交织的社会网络中，每个个体都是其中的一个"应然"的施教主体节点，无数个节点及其相互之间所构建的关系网络，使得节点的影响力和辐射力大小成为从"应然"向"实然"施教主体节点转化的关键所在，因此教育者的主体性集中

体现其在社会网络中所具有的"鼓舞和推动别人前进"的影响力上，而这则由教育者是否具备"鼓舞和推动别人前进"的自觉育人意识和关键素质能力所决定。

1. 现实空间到网络空间的主体意识重构

思想政治教育者主体意识是教育者对自身在思想政治教育活动中所具有的主体地位、所发挥的主体作用和所承担的主体责任的一种自觉和明晰的认知，强烈的主体意识可以让教育者对自身的工作角色有"人戏不分"的入戏式体验、对要践行的工作职责和工作行动有重要的"催化剂"作用。但在现实性上，教育者作为不确定的符码，以不确定的身份进入社交媒体环境下的虚拟交往实践活动之中，其身份已被多重分化，从而弱化了教育者作为思想政治教育主体的特殊规定性，教育者的主体意识、主体身份认同遭遇危机，导致思想政治教育在现实空间向网络空间转向的过程中出现"断档""留白"现象。因此，教育者迫切需要完成从现实空间到网络空间的主体意识的连续性建构，明确教育者在网络空间的主体身份，实现教育者对网络空间的自身角色、定位、价值等要素的自觉认同，保证教育的联系性、稳定性和一致性。一是教育者要建构自身的"全域性"主体意识，即不仅在现实空间有育人的主体自觉，而且要在网络空间确立作为育人主体身份的自觉意识，这种意识的树立，既包括在专门搭建的网络育人阵地和平台，也包括在自己的社交媒体平台，以及作为"散客""遨游"在各种各样的 APP、社区、群组等不同的网络平台，避免"身体退隐"导致"职责消散"。二是要建构自身的"全时性"主体意识，即不论在 8 小时上班时间内，还是在 24 小时的任何一个时段，教育者的主体身份和自觉意识应一直"在线"，"全天候"地发挥稳定的主体性功能。三是要建构"全员式"主体意识，网络空间的育人主体要如现实空间一样建立有序的主体系统和育人队伍，变分散为整体，变"应然"施教主体为"实然"施教主体，提高自身的网络空间感知能力、议题设置能力，实现对网络育人空间的整体建构。

2. 形式交往向精神交往的交往素质提升

思想政治教育是发生在主体与主体之间的交往实践，因此教育者作为思想政治教育组织、发动交往实践的主导一方，其交往实践素质和能力决定交往的有效性。现实生活中，虽然思想政治教育的主体交往每天都在发生，但是不是真正的"交往"却不得而知。事实上，教育者和教育对象受限于个体身份的规约，其交往的"科层化"痕迹依然非常明显，具体表现为，教育者为完成思想政治教育任务而进行的工作性交往多，教育者唱"独角戏"教育对象被动接受交往无法形成共鸣的形式化交往多，教育者和教育对象迫于身份压力而共同演绎的"角色"交往多，导致主体交往出现异化。对此，教育者应增强交往意识，锻炼交往能力，强化综合素质，提升交往自觉。一是具有把握交往方向的素质。交往实践作为思想政治教育培养社会主义建设者和接班人的实践形式，具有鲜明的政治属性。因此教育者必须具有强烈的政治意识，把握政治方向，坚定政治站位，保证交往不"跑偏"。对教育者本人来说，就是要始终坚持以习近平新时代中国特色社会主义思想为指导，确立自身的政治理想和政治信仰，坚定理想信念和政治立场，真正强化理论素养，做到真信真懂，笃定教育坚守，这是思想政治教育者最大的"德"，成为教育对象敬仰和追随的魅力人物。二是具有运用交往中介的素质。交往中介是连接交往主体的纽带，主要包括教育者与教育对象相互作用的交往载体，即交往信息内容、交往语言和非语言符号系统。教育者要增强对象意识，准确把握教育对象的思想行为规律和接受特点，选择能够回应教育对象思想困惑、满足教育对象成长需求的教育内容，掌握较好的思想政治教育修辞，采用恰当的思想政治教育话语，"把话说得更好听"，真正成为教育对象的"日常对谈人"。三是具有创设交往情境的能力。任何交往实践都要依托一定的交往情境，适宜的交往情境有利于交往主体双方的信息和情感传递，有利于形成双向认同。教育者要依据不同的交往主题，从氛围、心境等方面营造一种宽松、自由、平等的情境状态，减少压抑、压迫之感，让思想政治教育主体之间达成充分、和谐、有效的交往交流。

3. 单向度向多维度的协同能力优化

协同即建立在目标一致基础上的行动协作，是由多主体、多要素、多层面共同协作完成的一种组织行为和方式。[1] "大思政"育人格局下，要善于运用一切场

---

① 邱柏生，刘巍．试论思想政治教育学科建设的协同创新[J]．东南大学学报（哲学社会科学版），2014(6)：5-9.

合、载体、方式来做思想政治工作。因此，思想政治教育者迫切需要提升协同素养，优化协同能力，构建主体间的协同关系，推动多主体间协同交流，成为协同育人的前哨站、"三全育人"的对接枢纽，增强"三全育人"黏度，实现从单向度的"单兵作战"转为多维度的"集团军作战"。一是要当好全员育人的"前锋"。教育者要聚焦主责主业，全身心投入育人工作，要与学生开展谈心谈话，了解学生的思想动态；要深入课堂，对接专业课教师、思政课教师，了解学生的学习发展情况；要深入部门院系，对接服务管理人员，了解学生的实际问题和生活难题，用热情和责任营造浓厚的育人氛围，有效激发全员的育德意识，真正做好全员育人的"前锋"，打好头阵。二是要做好全过程育人的"枢纽"。从纵向上看，教育者要形成主体协同系统，构建育人共同体，贯穿教育对象从入学前到毕业后的整个过程，涵盖教育对象在校学习和生活中的每一个环节。从横向来看，教育者要以育人为工作主线，搭建协同工作平台，积极寻找协同点，拓展协同内容，拓宽协同渠道，加深协同程度。三是要成为全方位育人的"润滑剂"。教育者要积极牵线搭桥，上下贯通，左右融通，利用线上与线下、课内与课外以及家庭、社会、学校多个领域，加强资源整合，促进形成全社会共同关心、支持、服务高校思政工作的机制与氛围，成为学生和学校、教师、家长、社会等各方面的润滑剂和催化剂，更好发挥主体作用。

(二)激发教育对象的主体性

教育对象的主体性是指教育对象作为思想政治教育主体的本质属性，具体表现为自主性、能动性和创造性。[①] 既包括教育对象现实的主体性，也包括可能的主体性，前者构成教育对象接受思想政治教育活动的准备状态和已有功能，后者是在教育者的教育引导影响下进行自主自觉思想道德活动建构所激发的主体性，思想政治教育目的即是将教育对象可能的主体性转化为现实的主体性，进而生成新的思想道德品质。因此，思想政治教育的有效开展是教育主体间双向建构的过程，需要激发教育对象的主体性，发挥自主性、能动性和创造性，积极接受、转

---

① 张耀灿，郑永廷，吴潜涛，骆郁廷，等. 现代思想政治教育学[M]. 北京：人民出版社，2006：276.

化教育者所传递的思想政治教育信息，并在教育者的影响下自主自觉建构成内在的价值体系和行为规范，并能成为开展思想政治教育的重要协助力量。具体来说，在社交媒体环境下，提升教育对象的主体性，具体包括以下三个方面。

1. 增强教育对象的传播力

在社交媒体所搭建的复杂社交网络中，根据人们在网络信息传播过程中的作用，可以分为三种类型：信息接受者、传播者和免疫者。信息免疫者一般在社交媒体上接收信息后，既不会选择接受信息，更不会将信息传播下去，而是选择成为"信息终结者"。面对网络海量信息，是选择传播还是终结信息，人们会按照自身的逻辑和评判去自主决定，其实质是每个人的价值观念、思维偏好在信息选择时的具体体现。在社交媒体环境下开展思想政治教育，就在于要牢牢把握住舆论引导权，实现思想政治教育信息精准传播。增强教育对象的传播力，一方面，要发挥教育对象现实的主体性，使之具备明确的接受意识和接受意愿，成为思想政治教育信息的接受者，否则即便实现了信息"物理空间"上的精准传送，最终也因为教育对象的"屏蔽""排斥""无视"等，仍然无法完成有效的信息接收；另一方面，要积极引导教育对象正确运用其网络自主权，提升网络素养，加深网络信息的理性认知，激发可能的主体性，自觉自主参与到思想政治教育信息的传播过程中，成为思想政治教育信息传播的有效节点，扩大思想政治教育信息的辐射面和影响力。

2. 发挥教育对象的参与力

社交媒体的繁荣发展为人们自主性和创造性的解放和发挥提供了广阔场域，每个个体通过围观、关注、生产、传播和评论，成为信息的分享者、传播者和创造者，参与、分享、互动成为当前社交媒体环境下的典型文化特征，参与式文化代表了当前社交媒体传播时代的新型媒介文化生态。因此，社交媒体环境下的思想政治教育，要积极发挥教育对象的主体性，激发教育对象的参与力，引导教育对象反"客"为"主"，使之具备组织、实施、调控思想政治教育的部分功能，把思想政治教育过程转化为教育对象自我教育、自我认知、自我体验、自我践行的过程。一方面，要积极研究社交媒体环境下参与式文化范式下的文化生产模式，发挥教育对象出色的网络逻辑理解力、网络话语表达能力、网络空间感知能力和网络行为实践能力，借助教育对象与朋辈群体年龄相仿、接受特点一致的优势，将教育对象纳入思想政治教育队伍中，借"力"用"力"，积极推动教育对象实现自我赋权，引导教育对象从"受众接受"到"传者生产"的身份转换，主动创作符合信息传播规律和大学生接受特点的网络文化作品，设计网上吸引力强、参与度高的实践活动，从而避免教育者与教育对象因可能存在的"数字鸿沟"而产生"隔阂"和"阻隔"，从而使思想政治教育更具备对象意识和贴近思维，成为协助思想政治教育目标实现的重要力量。另一方面，要将参与式文化的模式延伸至线下，给予教育对象更多的途径和平台，使之参与到思想政治教育的组织、实施、调控、评价等环节中来，进一步激发教育对象参与思想政治教育活动的自主性、能动性和创造性，增强教育主体之间的平等性、对话性和建构性，以教育共同体的形式给予教育对象更多的参与空间，最大程度调动教育对象的参与意识和主体作用的发挥。

3. 培育教育对象的领导力

社交媒体环境下，每个人都处于巨大的社交网络中，受到外界影响的可能性更大，大学生亦是如此。处于社会网络中的大学生意见领袖在社交网络中属于活跃节点，且对其他节点拥有较大影响力。因此，思想政治教育迫切需要在教育对象中培养"意见领袖"，在社交网络中培育"超级传播者"，挖掘思想政治教育的依靠力量，提高朋辈引领在思想政治教育中所发挥的重要作用。一是挖掘"意见领袖"。一般"意见领袖"都是通过技术权威、大众舆论、人格特征等方面对其他成员产生较大影响力的普通人，因此需要教育者深入学生群体中去寻找和辨别这些"潜伏"在学生中的重要人物。二是培育"意见领袖"。相对于普通学生，"意见领袖"本身就是在思想、意志、能力等方面表现优秀的人群，而且他们所具有的"'人'的主体性心理情结、利益无关性、非功利性"使之更受朋辈信任，但并不是说他们不需要培育和引导。教育者要将之定位为协助开展思想政治教育的重要力量，朝着发挥思想政治教育功能的方向进行引导，而且要更加讲究策略，教育者要以平等的姿态，使"意见领袖"能够真正接受和认同教育者的观点，并建构一种持续和谐的交往关系。三是用好"意见领袖"。要充分发挥"意见领袖"的中介作用，更加准确地把握教育对象的整体状况和思想行为动态。要发挥"意见领袖"的引导作用，取得他们的支持，鼓励他们积极发声，将"组织意图"借"意见领袖"的"口"表达出来，提高思想政治教育接受度。同时要维护好"意见领袖"的积极形象，鼓励其发挥示范带动作用，使之产生更大的威信影响更多人，吸纳更多"铁粉"，为开展信息交互、舆情引导、正能量传播等打下基础，最大程度协助思想政治教育目标的顺利实现。

（三）突出多极主体的交互建构

提升思想政治教育主体力量，除了强化教育者和教育对象的主体性，关键在于从整体视野建构"大思想政治教育"的多极主体系统，推进思想政治教育协同创新，实现人人有责、人人尽责的全员参与，这就需要明确思想政治教育主体系统的各要素构成、理清并构建思想政治教育各要素、各主体的协同关系，建立并完善思想政治教育主体协同发挥作用的运行机制，使思想政治教育各主体内部、不同主体之间、不同主体与环境之间形成物质、能量和信息的交换、互补、协作之势，进一步统合资源、强化连接、有机联动，实现共建共享、同向同行，构建"大思想政治教育共同体"。

1. 明确主体要素

对于思想政治教育主体的界定，可依据各教育主体为实现思想政治教育目标所承担的职能差异的标准。具体来说，可分为管理主体、实施主体、接受主体、支持主体、全员主体等。前三个主体为正式主体，后两者则为非正式主体。其中，管理主体是负责统筹部署、组织管理和监督评价思想政治教育运行的组织和机构，包括教育主管部门、高校党委及其相关职能部门和人员。实施主体是具体组织和实施思想政治教育活动的专兼职人员，包括高校专业课教师、思政课教师、辅导员、班主任等。接受主体指的是思想政治教育活动所具体指向和作用的主体，这里一般指的就是高校大学生。支持主体是在思想政治教育过程中为思想政治教育的顺利开展提供服务支持、技术支持和资源供给的群体，在社会系统内，指的是为高校提供爱国主义教育、劳动教育、志愿服务、社会实践以及实习实训等各类资源的社会组织、政府机构和企业单位，在高校内部，一般指的是宿舍管理人员、校医院医务人员、食堂从业人员、物业管理人员等。全员主体指的是可能与接受主体发生各种交互连接并可能产生思想政治教育正向影响的潜在育人主体，包括家庭成员，朋辈群体，各类先进人物、模范代表，新闻媒体工作者、文艺工作者、哲学社会科学工作者，以及网络资源供应商、商业平台服务商等，也包括"躺"在接受主体 QQ 列表、微信朋友圈里交流不多的普通人，甚至是作为偶遇的陌生人，和接受主体同在一个"贴吧""社群""直播间"等交流过的群体，都可能成为在某个时机对接受主体产生正向影响的育人主体，在当前"众人皆媒"的时代，我们有可能与任何其他人产生关联，并建立影响渠道，所以将全员主体纳入思想政治教育主体系统是非常必要的。因此，全社会要形成共同落实立德树人根本任务的良好氛围，及时转变观念，达成育人共识，各育人主体要本着"守好一段渠，种好责任田"的原则，积极彰显和贡献自身在思想政治教育主体系统中的定位、职责、功能与价值，明确角色意识和使命责任，四面八方拧成一股绳，合力共育时代新人。

2. 建构互动关系

建立思想政治教育各主体内部、不同主体之间，以及不同主体与外部环境的交互联动关系，是思想政治教育主体系统发挥整体作用的关键。因此应厘清不同主体的职责定位、构建不同主体之间的互动路径。具体来说，第一个环节，作为管理主体的政府主管部门，应扮演思想政治教育主体系统"司令部"的角色，加强对思想政治工作的全面领导，为思想政治教育的顺利开展提供政策供给、顶层设计、氛围营造等。管理主体要通过自上而下的行政体制加强对实施主体的指导和管理，通过社会舆论导向、建立协作机制等路径提供支持主体、全员主体参与思想政治教育的路径、载体、平台等。第二个环节，对于实施主体来说，应发挥思想政治教育系统"枢纽站"的角色，一方面，落实管理主体统筹部署的思想政治教育活动，加强实施主体内部的协同配合，强化协同路径搭建；另一方面，要积极联动和发掘支持主体、全员主体的育人力量。其中，支持主体尤其是全员主体，是当前在"应然"层面对接受主体可能产生重要影响但实际上并没有转化为育人力量的群体，因此，实施主体应从具体操作的层面，设计全员主体融入思想政治教育的渠道和平台，扩展网上网下育人场域，营造风清气正的舆论氛围，让每个人都能成为接受主体健康成长成才的"老师"。第三个环节，实施主体、支持主体和全员主体共同指向和作用于接受主体的思想行为发展，接受主体作为"中心点"应基于不同主体供给的育人资源自觉主动建构，实现自我发展。值得一提的是，不同主体的互动关系是双向互动而非单向连接，无论是自上而下，还是自下而上，整个思想政治教育主体系统都是有序开放流动的，构成思想政治教育"生态圈"闭环。

3. 完善协同机制

要实现思想政治教育多极主体的交互建构，使教育主体互动协同关系发挥长效作用，必须构建协同机制。从纵向行政运行来说，应建立和完善领导管理机制、监督评价机制。国家教育主管部门、地方教育主管部门、高校以及高校党委、相关职能部门、具体实施主体应构建自上而下的领导机制和管理机制，最大化激发不同主体活力，释放主体系统的运行动力，避免因顶层规划、统筹部署、管理运行不到位，导致"主体协同"形同虚设。同时，为了确保落实情况，还要建立相应的监督评价机制，及时掌握实际动态，制定各主体具体的协同监测指标，保证工作健康有序。从横向要素协同来说，应建立完善资源共享机制、协调衔接机制。依托实施主体，协同支持主体和全员主体，建立课内课外、校内校外、网上网下的资源库和共建共享平台，加强对社会资源的转化共建，尤其要与网络平台、媒体公司、大数据公司等单位建立合作关系，比如，可发挥平台公司技术人员的技术优势与教育者的思想政治教育优势，相互结合，优化供给。同时，还应在完善协调衔接机制上下功夫，依托中央教育工作领导小组等机构，加强教育主管部门与网信、工商等其他政府部门的协调联动，从顶层构架上联动支持主体和全员主体的协同力量。从高校内部上来说，学校应建立协同育人协调小组，强化高校学生工作部门与其他职能部门的协同联动，辅导员与专业课教师、思政课教师等其他主体的协同衔接，保证育人纵向不断线，横向不断层，有效发挥思想政治教育多极主体的系统效能。

三、要素协同：激活社交媒体环境下"00后"大学生教育引导新效能

思想政治教育活动的实施是多个要素相互联系、相互作用的过程。根据系统

论的观点，要素是指构成系统的基本要件或因素，具有以下条件：一是关联性，要素与要素之间，要素与系统、活动之间紧密相关；二是单一性，即要素不可再分；三是内在性，要素存在于系统、活动内部而非外部。基于此，本书所指的思想政治教育要素是构成思想政治教育系统或活动的那些必不可少的要件和元素，包括思想政治教育者、教育对象、教育目的、教育内容、教育方法、教育情境。思想政治教育活动的实际效果是以不同要素之间的协调合作作为运行动力相互作用的结果。因此，加强思想政治教育要素协同，激发系统效能，是本节的主要观点。思想政治教育者和教育对象两个方面，相关的论述已在前面一节做过专门论述。同时我们认为，思想政治教育目的在实际的思想政治教育系统运行和活动实施中，是明确而具体的，且思想政治教育内容是目的的具体化，因此本节我们仅从教育内容、教育方法、教育情境论述三者及其相互关系在思想政治教育目的实现过程中所发挥的重要作用。

（一）构建教育内容体系，激发"客体"的价值效能

1. 教育内容结构要体现时代发展需要

恩格斯指出："每一个时代的理论思维，包括我们这个时代的理论思维，都是一种历史的产物，它在不同的时代具有完全不同的形式，同时具有完全不同的内容。"[①]思想政治教育内容作为思想政治教育活动的关键要素，最需要突出时代性，体现时代面貌，把握时代诉求，反映时代特点，解决时代难题。不同的时代、不同的社会条件对思想政治教育内容有着不同的要求。从横向结构来看，教育内容要有完整的、科学的、符合时代特点的形态分类，一般来说，分为思想教育、政治教育、道德教育、心理教育等。教育内容要与时俱进，既要有顺应社会发展需要的内容形态，也要有解决教育对象需要的内容形态。一方面，从中国特色社会主义进入新时代这一新的历史方位来看，培养一批具有奋斗精神和担当精神的时代新人，推进中华民族伟大复兴的历史进程是新时代赋予思想政治教育的重要使命，因此应构建以"中国共产党人的精神谱系和政治品格"为主要内容的

---

① 马克思恩格斯选集(第3卷)[M]. 北京：人民出版社，2012：873.

精神与品格教育，加强以爱国主义为核心的民族精神教育和以改革创新为核心的时代精神教育，引导教育对象以高昂的精神面貌和鲜明的精神品格担负起时代赋予的重任；另一方面，面对当前媒介技术对人的异化这一时代挑战，教育内容应在以政治教育为主导的前提下拓展综合性内容，着眼于教育对象现存问题，构建教育对象问题体系内容，加强媒介素养教育、科学技术价值观教育、人文教育，引导教育对象正确认识科学技术的价值与限度，更好地适应与超越媒介化环境，培养自身的价值理性和技术理性，重构自我价值世界。从纵向结构来看，不同的思想政治教育内容形态的地位有高有低，所占比重有多有少，思想政治教育政治性的本质特征决定了政治教育的导向性地位和思想教育的根本性地位，但在"娱乐至死"的社交媒体时代，要警惕"去政治化"和"伪政治化"倾向，同时也要防止将思想政治教育窄化为政治教育，导致"泛政治化"，实现思想政治教育内容的横向结构完整，纵向结构有序。

2. 教育内容呈现要符合信息技术要求

思想政治教育的内容总是需要一定的呈现形式，这就是话语表达。思想政治教育的话语表达是教育者运用语言、符号等形式对思想政治教育内容的呈现，因此，思想政治教育的效果与话语表达的方式与艺术紧密相关。同样的教育内容，关键在于话语表达，媒介化环境尤其凸显了话语表达的重要性。毛泽东曾在《反对党八股》里批评一些人写文章做演说"语言无味，像个瘪三"[①]；习近平总书记倡导"讲理论要接地气，要让马克思讲中国话，让大专家讲家常话，让基本原理变成生动道理，让根本方法变成管用方法"[②]，他们都强调了语言艺术和话语表达技巧的重要性。当前，思想政治教育的话语表达总是与信息传播技术息息相关，选择合适的媒介形式，运用教育对象和媒介环境的话语逻辑，在适宜的语境下有效呈现教育内容。一是话语表达要切合教育对象的信息接受语境。"媒介化交往"成为当前人们学习工作生活的伴随行为，因此思想政治教育的话语表达要符合交往语境下的表达逻辑，注重交互性、生活化、有用性，在潜移默化的交流

---

① 毛泽东选集(第3卷)[M]. 北京：人民出版社，1991：837.
② 习近平关于社会主义文化建设论述摘编[M]. 北京：中央文献出版社，2017：100.

中实现思想政治教育内容的传递和内化。二是话语表达要运用多模态优势。信息技术的发展为更加鲜活生动地呈现思想政治教育内容提供了物质和技术基础，要综合运用文字、图片、视频、语音等多种呈现方式，创作多模态教育产品，使教育对象在多重感官刺激中，增进对教育内容的吸收、转化。三是话语表达要坚持正确价值引领，要避免个别教育者为了片面追求教育效果，急功近利，自降身段，采取庸俗、低俗、媚俗等表达，通过"博眼球"的方式换取教育对象的关注，严防"低级红，高级黑"。教育者要提高政治意识和审美艺术，引领风尚，拒绝迎合，真正发挥教育内容育新人、兴文化的作用。

3. 教育内容层次要把握教育对象需求

思想政治教育内容的层次性，强调的是同一类教育内容形态中构成了一个由浅到深循序渐进的内容序列，选择什么层次的教育内容，取决于教育对象的可接受度性。归根到底，思想政治教育内容的层次性与教育对象不同的思想道德需求呈正相关，也就是说，如果我们提供的教育内容让教育对象感觉到是"小儿科"，缺少挑战性，或者让教育对象感觉到"虚无缥缈"，"跳一跳也摘不到"，就说明这些教育内容存在层次过低或者过高的情况，不符合教育对象的思想品德实际发展水平，自然带来针对性弱、感受性差等"失效"感受。长期以来，思想政治教育常常给人一种"高不可攀，不切实际"的印象，因为传统思想政治教育追求的是一种超越现实的泛理想化的教育倾向，强调"高标准"，忽视教育目标和内容的层次性以及教育对象的差异性，"一刀切"的方式很容易"斩断"绝大多数教育对象的成长期待，让人产生挫败感，进而"望而却步，敬而远之"。当前要改变局面，关键要树立教育内容层次化理念，以教育对象为中心，构建层次科学的教育内容体系。一方面要采取分类原则，对不同类型、不同层次的教育对象施予不同层次的教育内容。这里要注意，不同的教育内容，对教育对象进行分类划分的标准也应该有所不同，不能用一种标准一种眼光来看待和区分教育对象。同时，对于教育对象所处的场域也要有所考虑，在网上与教育对象"键对键"施教的内容层次与在网下和教育对象"面对面"施教的内容层次应该有所区别，一般来说，越复杂越深层次的教育内容应该更多安排在线下。另一方面要采取分阶段的原则，事实上，人的思想道德发展是有顺序性的，要按照不同阶段教育对象的思想道德发展层次、成长需求、心理接受特点来选择适宜的教育内容，不能将低年级与高年级的教育内容不加区分、混为一谈。

(二)综合发展教育方法，激发"桥体"的连接效能

思想政治教育方法是实现思想政治教育目的的手段和桥梁，对于教育方法的重要性，毛泽东曾做过形象的论述："我们不但要提出任务，而且要解决完成任务的方法问题。我们的任务是过河，但是没有桥或没有船就不能过。不解决桥或船的问题，过河就是一句空话。不解决方法问题，任务也只是瞎说一顿。"①思想政治教育方法的运用过程，就是思想政治教育内容的传输与接受过程，也是思想政治教育情境营造"氛围感"发挥作用的过程。因此应构建科学的教育方法体系，改进不合时宜的老方法，探索符合时代特点的新方法，灵活实践、综合运用不同的方法，解决思想政治教育"桥"和"船"的问题，提升协同效能。

1. 以系统性视域探索新方法

探索思想政治教育的新方法，是为了应对当前出现的新情况、新问题。以系统性视域探索新的教育方法，一方面应以系统性思维、整体性视野统摄"所出现的新情况、新问题"，探索战略型教育方法体系。无论是社会发展，还是人们的思想，本身都是一个结构复杂的发散系统，如果过于关注局部的、战术型的具体做法和策略，就会失去对系统方法体系的综合性把握、建构和运用，导致"头疼医头，脚痛医脚"治标不治本的情况出现。当前，无论是应对以智能空间为主要场域的思想政治教育，还是推进"三全育人"综合改革，都需要以系统性的视域构建"多维合力，一统效果"的综合性方法体系，注重开发以网上网下思想预测、思想调控、系统制导为主要内容的现代教育方法群，研发以"激发全员力量，联动全域资源"等为主要内容的"三全育人"方法群，以适应新形势新任务对思想政治教育提出的新要求。另一方面，则要以系统性思维探寻方法创新的路径。应注重以跨界域的视野借鉴运用信息论、现代系统论、传播学等学科的方法，以跨地域的比较视域探寻其他国家和地区的教育方法，例如，在课程思政的方法探索

---

① 毛泽东选集(第 1 卷)[M]. 北京：人民出版社，1991：139.

中，德国的做法就是一个比较好的借鉴例证。德国把政治教育作为政府向全体公民免费提供的"公共产品"，纳入国家的政治体系和政府的公共职能中。再如，互动仪式链理论是美国社会学家兰德尔·柯林斯提出的社会学理论，其"互动""情境""仪式"等理念对思政教育方法改造、创新也有一定的启示作用。

2. 以个性化实践灵活运用方法

教育者依据教育对象不同的"准备状态"，把握不同的教育时机，选择不同的教育方法，并进行并列式、连贯式、动态式的综合运用，以及在此过程中展现出来的个人独特的理念、能力、气质、风格等，就构成教育者对教育方法的个性化实践运用。它反映了教育者的施教特色和个性化差异，并最终决定了教育方法的有效性。一是注重方法选择运用的综合性。协调运用一种以上的教育方法，往往比单一方法更为有效。比如，在开展榜样示范法时，一般会举办"优秀大学生分享会"，邀请优秀大学生代表分享成长经历，但尴尬的是，台下就座的大学生对这种"你说我听"讲座式的交流方式往往不感兴趣，"刷手机"者众多，反响平平。但如果在活动前期辅以生动的网络思想宣传法，凸显每个优秀大学生的成长痛点和闪光点，"吊足"学生胃口，同时在现场以"问题式讨论""情境式体验"加持，满足学生的参与需求、体验需求和对话需求，效果就会不一样。二是注重方法选择运用的创造性。教育者进行方法的优化和运用，本身就是一个对方法再创造的过程。因此要克服"程式化""刻板化"的倾向，避免"套用"的套路，让教育方法真正焕发魅力。三是注重方法选择运用的适切性。要体现教育方法真正的生命力，必须时机适时、内容适中、对象适合、情境适宜，而且教育者凭借个人素养能够"驾驭"，否则就会陷入"滥用"的危险。

3. 以问题为导向改进老方法

随着时代的发展，思想政治工作的环境、任务、内容、渠道和对象都发生了很大变化，如果思想政治教育只是简单地重复过去的老方式、老办法，不仅难以达到教育效果，甚至还会适得其反。因此，当一些基本方法显现出一定的局限性，就需要我们以问题为导向系统改进老方法。一方面，突破理念问题，改造老方法。过去我们习惯采用单向教条、陈冗生硬的传统方法，现在要及时转变思想观念，改变原来单向注入、强迫命令式的方法，将交往的理论与实践应用到教育过程中，重视交往式教育方法的运用，实现对方法的创新发展。另一方面，突破实践问题，改造老方法。在实际工作中，我们常常面临一些实操性的难题，思想政治工作是做人的工作，强调的是人与人之间的语言交流和思想沟通，因此我们常常采用谈心谈话法，但实际工作中的谈心交流往往又是"贫瘠""乏味"的，缺少思想情感的有效流动，很难达成共情共识。基于实践中的问题，我们在谈心谈话法基础上，改造出更适合于当前教育对象特点的方法，即思想政治教育修辞法，它采用隐喻等多种修辞手法，连接教育对象认知体系中原有的渊源域和目标域，致力于如何把话说得更"动人"，使教育对象在获得诸多想象和激发的情境中达到对问题的理解，达到思想认识化抽象为具体、化陌生为熟悉、化未知为已知的意会认知目的。除此之外，还有基于说理教育法基础上的心理疏导方法，人文关怀法基础上的思想咨商法等，都是对过去传统方法的超越和发展，在新的时代背景下发挥出更强实效性的方法。

（三）融通创设教育情境，激发"境体"的氛围效能

思想政治教育情境营造的是一种总体上的氛围，其在思想政治教育活动中的价值生成和魅力绽放，更多在于激活思想政治教育各要素间的相互作用和相互联系，作为一种"氛围组"和"催化剂"，使之更加匹配和契合，进而促进不同要素效能的最大化发挥。以"真境"激发教育主体"真情"，促进教育主体内外部的有机互融，

1. 注重主体情境与客体情境的对接互融

决定教育对象有效吸收、转化教育内容的关键，从思想政治教育情境的维度上讲，在于实现教育对象主体情境与教育内容客体情境的互融映射。其中，教育对象主体情境由教育对象原有的认知经验基础、身心特点、精神状态等所构成，通过设置主体情境，激活教育对象的内驱力；教育内容的客体情境则是要对教育内容的萌生、发生、应用等情境呈现出来，创设出教育对象更易于感知、把握、应用教育内容的客体情境。实现两者的互融，即是要通过创设情境，使教育对象的认知情感域与教育内容的发生应用域对接起来，真正将教育内容置于最易于其

发生应用的真实情境，融入教育对象日常生活情境之中，激发教育对象理解、分析、判断、接受教育内容的原有认知情感基础，使之成为教育对象可感、可触、可学、可用的知识观念践行体系。对于教育情境的创设和撷取，首先，要契合教育内容的需要，使教育内容更易于被教育对象所接受。其次，要契合教育对象的现实需要和认知特点，充分考虑教育对象的认知需要、精神心理需要和审美需要，符合教育对象的认知发展规律，使教育对象融入其中。再次，要贴近教育对象的生活实际，从教育对象最熟悉的日常生活场景中获取创设教育情境的资源，将教育对象在成长过程中遭遇的现实问题作为创设教育情境的线索，使特定的教育情境成为教育对象获取知识观念是促进践行迁移的重要源泉。

2. 注重虚拟情境与现实情境的一体贯通

当前，随着 VR 等虚拟技术的发展，思想政治教育将不再被束缚在固定的时空中，为思想政治教育情境创设带来了全新的路径。通过教育情境+VR，不仅可以增强现有的现实情境、虚拟情境的体验，而且还将拓展出全新的应用场景，赋予教育情境强大的复现、体验功能，提升沉浸感、在场感、共情感。当前，人与媒介融合的紧密程度和深入程度，要求我们必须打通虚拟情境和现实情境，实现一体贯通，更好发挥教育情境的强化和浸润作用。一是要坚持虚拟情境与现实情境的主流价值导向一致。现实情境倡导什么、推崇什么，不能因为到了虚拟情境中就语焉不详，回避不谈，要充分认识到虚拟情境也是一种现实存在，警惕 VR 等虚拟技术可能带来的技术异化风险，确保主流价值在虚实两种情境中的"高高飘扬"。二是要发挥虚拟情境与现实情境的优势互补作用。充分发挥现实情境在促进教育对象行为践行的独特优势，多创设社会实践、志愿服务、企业实习等实践情境，给予教育对象在现实生活中验证、深化思想政治教育理论知识的实践空间。同时也要发挥虚拟情境在强化认知、激发情感、增强体验等方面的优势，可以创设"穿越时空"的教育情境，超越文本的限制，通过听觉、视觉、触觉等感官协同性的体验，使教育对象完全沉浸在红色文化的真实事件情境中，可以创设"此时此地"的教育情境，迅速投射突发事件情境，通过"在场效应"强化"代入"体验，有效引导教育对象的舆情走向。当然也可以构建与理论教学相适应的直观情境，使抽象的理论教学可视化、形象化，帮助教育对象形成感性认识，进而提高理性认知。三是要发挥虚拟情境与现实情境的有机融合。对于虚拟情境和现实情境的创设，要立足于具体的教育内容和特定的教育对象，围绕教育实效性的提升，有序创设和运用虚拟情境与现实情境，既可以在现实情境中融合虚拟情境，也可以在虚拟情境中植入现实情境的环节，引导教育对象在充分地认知体验、想象铺设和情感激发中实现对教育内容的主体性建构。

3. 注重形式情境与情感情境的形神兼具

在情境创设中，不管是集体学习情境、认知情境，还是感化情境等，都必须贯彻一个原则，那就是要确保"形"与"神"的兼具，既要创设一种适宜教育内容呈现和教育对象接受的具体可感的"有形"场域，调动教育对象视觉、听觉、触觉等感官系统，让教育对象获得教育场景的"即视感"、与自己有关的"在场感"以及萦绕其间的"氛围感"，降低教育对象接受的障碍，如当前的 VR 技术融合了图像传感、三维立体现实、动态环境建模等技术，可将想象的场景直观呈现为三维虚拟仿真动画，实现身临其境的全方位、沉浸式直接感官刺激，因此，应进一步强化对"有形场域"构建的技术支撑，加快 VR 赋能教育情境创设的步伐。更要创设一种彰显教育对象主体情绪、促进教育对象情感迸发、实现教育对象情感认同的情感情境，将真情融入真境，以真境烘托真情，缩短教育对象与思想政治教育的"距离感"并快速建立独特的情感链接，帮助教育对象激发自身强大的自主性和情感意愿主动获取教育内容，这就要求教育者不仅要做到身体"在场"，更要做到全身心的情感投入，并根据教育对象情感发展的主线张弛有度地给予适宜的情感体验，用教育者的"情"升华教育场域的"境"，牵引教育对象的"情"，最终实现教育对象与教育者的"共情与共鸣"。

四、系统整合：建构社交媒体环境下"00后"大学生教育引导新格局

思想政治教育就像一部机器，其正常运转有赖于各种零部件功能的协调发挥，这就要考察将思想政治教育各要素联系在一起的结构形式、各要素在运行动态过程中的相互运动，以及其与思想政治教育系统之外的其他系统的相互作用等

运行状况、运行原理和规律，因此本章的最后一部分，我们力图从思想政治教育运行模式的维度，对多因素、多变量的思想政治教育运行过程做一种整体的、动态的刻画，建构横向分工、纵向管理、中心聚合的"大思想政治教育"运行模式，以期实现思想政治教育各要素的系统契合和统一协调，构建适应新时代要求的思想政治教育整体布局和运行架构，为大学生的健康成长成才提供更系统、更全面、更有效的教育引导。

(一)基于体制机制，建构"大思想政治教育"层次化纵向运行模式

党的十八大以来，思想政治工作已经提升到党和国家发展的战略全局高度，对新时代思想政治教育模式的构建提出了全面性、系统性、协同性的要求。因此，从思想政治教育运行模式的纵向建构上，既需要强化党和政府的主导性作用，发挥其顶层设计、制度保障、统筹协调、协同资源、整合数据等方面的优势，自上而下有组织、成系统地开展思想政治教育，也要注重发挥教育对象、教育者等非正式组织和团体的作用，重视非正式、活动性、偶发性的建设渠道，自下而上活跃思想政治教育氛围，激发每个个体和群体的积极性，积极发挥作用，从而形成双向、多元、互动的层次化运行模式。

1. 广域层：强化"大思想政治教育"模式的顶层设计和整体推进

习近平在全国高校思想政治工作会议上强调："要坚持把立德树人作为中心环节，把思想政治工作贯穿教育教学全过程，实现全程育人、全方位育人。"①要形成党委统一领导、各部门各方面齐抓共管的工作格局，这对处于思想政治教育纵向模式首层的广域层提出了明确的要求。广域层的主要功能就是基于系统思维，在最高层次上对思想政治教育的整体形态、运行状态等做系统性谋划和构建，发挥统御效应，实现思想政治教育的多主体参与、多形式呈现、多场域运行、多层面支持。一是强化国家干预和政府调控。坚持和加强党的全面领导，构建有益于思想政治教育的整体社会生态。依托中央教育领导小组，通过政策制定、文件发布、制度设计等调配统合行政资源，强化行政主管部门和党委行政部

① 习近平谈治国理政(第二卷)[M]. 北京：外文出版社，2017：376.

门的主导力量，明确有关部门思想政治教育具体职责，形成思想政治教育系统内与系统外相关生态因素的合力支撑之"势"。二是强化部委协同和资源整合。中央教育主管部门要围绕立德树人体制机制、时代新人培育机制等重大主题策划、重大格局构建、重大平台搭建寻求中央组织部门、中央宣传部门、中央网信部门、国家市场监督管理总局等部委的支持，积极挖掘国家组织资源、宣传思想资源、网络资源、工商资源等重要资源，积极利用中央主流媒体、国家互联网平台、企事业单位等拓展思想政治教育空间，构建主流与商业，传统与新兴媒体，线上与线下的舆论格局，营造全社会关注大学生发展、支持思想政治教育的浓厚氛围。三是强化部署、指导和监管评估。着眼于全国高校思想政治教育工作，统筹中央与地方，加强对地方教育主管部门不同阶段、不同主题的工作部署，强化对具体工作推进情况和落实情况的调研评估，明确评估标准制定，及时给予具体指导和监管反馈，确保高校思想政治教育落地落小。

2. 中域层：强化"大思想政治教育"模式的承上启下和全域协同

介于广域层和微域层的中域层，在思想政治教育纵向运行模式中，承接广域层的顶层设计和规划部署，负责本层级思想政治教育工作的贯彻落实，同时对下一层级的工作进行统筹协调和督查评估，确保整个思想政治教育纵向模式的运行顺畅。从行政体制上来看，中域层位于广域层的下一层结构，主要依托的是各地教育行政主管部门、不同社会组织开展工作，主要任务是形成思想政治教育"社会支持圈"。具体来说，一方面，承上，结合地域特色、原有基础等，创造性落实广域层的顶层设计和工作部署，协调其他相关部门、团体、组织的力量，发挥统筹引领作用，进一步落地"党委统一领导、党政齐抓共管、有关部门各负其责、全社会大力支持"，整体性建构本区域"大思想政治教育"的系统设计和总体规划，落实所属单位思想政治教育的组织、建设、统筹、协调和督查工作，确保同向同行、互联互通，积极利用本区域的优势特色探索创新工作路径、机制和做法，为"大思想政治教育"的贯彻落实提供"本地方案"。另一方面，启下，具体指导和推进属地高校和单位的工作，积极在政策制定、舆论导向、资源整合、社会支持等方面提供较好的支撑条件，营造浓厚的守正创新氛围，积极鼓励属地高校和单位结合自身特色优势加强实践创新，探索思想政治自下而上的发动形式，同时强化指导服务和评估督查，对落实不及时、不合格的高校和单位及时介入干预，确保落实"大思想政治教育"模式"个个有特色""整体有起色"。

3. 微域层：强化"大思想政治教育"模式的实践创新和双向发动

处于"大思想政治教育模式"最后一个序列的微域层，对于"大思想政治教育"模式构建起着基底支撑作用。微域层一般依托高校及高校内部力量，坚决贯彻落实广域层和中域层的教育指示精神和具体要求，不仅注重自上而下的实践创新，而且强调自下而上的自主发动，将之充分结合起来，构建双向发动机制，避免"程式化""单向化"。作为大思想政治教育模式"最后一公里"，强调的是本域互动关系构建和共享整合实现，促进"微域层"的内部耦合，使之成为有机统一的思想政治教育共同体。具体来说，微域层也可分为以下几个具有实践意义的层面：一是个体层面，即校内思政课教师、专业课教师、辅导员、行政管理干部、服务保障人员等师生员工，各主体树立好"守好一段渠，种好责任田"的育人职责认识，加强不同教育主体的协同交汇，实现多主体在协同平台，协同路径、协同机制的"同向同行"。二是部门层面，即校内各单位部门。学校党政领导、党委工作部门以及学校各个职能部门要加强对"大思想政治教育"模式以及各自在其中定位和责任的认识，同时强化顶层设计，建构完善的管理体制和领导体制，围绕责任分工、指导路径、沟通渠道、协同方式、激励措施等方面打通壁垒，建构顺畅的协作互动关系，形成强大的校内整合能力，按需自主发动形式多样的教育活动。三是学校层面，即学校与其他系统的思想政治教育要素。高校只是社会大系统的一个子系统，必须加强与社会大生态的关系构建，既可以从社会大生态系统中获取更多的育人资源和舆论支持，也可以从社会大生态的角度检视育人成效、反观协同问题，实现物质、信息、能量的"学校—社会"双向流动贯通，避免"孤岛"效应。

（二）基于交往实践，建构"大思想政治教育"递进式横向运行模式

伴随着全球化时代的到来，尤其是社交媒体的风靡，人们的生产、生活状态已经由原子式存在转向共生性存在，由此引发了中西方哲学对交往问题的热切关注，促发了交往哲学的产生，加速了人的思维方式由"对象性""物化"思维向"关系思维""人化"思维的转变，这给思想政治教育带来了一种全新的视野。在交往

的视域下，思想政治教育是发生在主体与主体之间的交往实践活动，在此，我们基于交往实践，阐述思想政治教育主体交往实践的层次、场域及其所发挥的作用，构建不同类型的思想政治教育交往共同体，并将之作为三重递进式思想政治教育圈层，建构"大思想政治教育"横向运行模式。

1. 专门型交往共同体：构建"大思想政治教育"横向运行的主导圈层

思想政治教育交往共同体是指思想政治教育不同主体通过特定的思想政治教育交往行为结成的交往关系稳定、感情关系融洽、目标需要一致的有机体。思想政治教育专门型交往共同体主要由教育对象和学校内与之构成交往关系的教育者所构成，包括专业课教师、思政课教师、辅导员、行政管理人员、服务保障人员等。因其专门属性，在思想政治教育交往实践中占据重要的地位，是与教育对象思想道德发展最为相关的一个交往圈层，因此，专门型交往共同体与教育对象交往关系最为密切，也最为重要，在所有类型的交往共同体中占据主导地位。在专门型交往共同体内，教育对象与教育者的关系是一种具有教育特性的精神交往关系，具有明确的目标指向性和意识形态性，两者之间既具有人格意义上的完全对称关系，也具有思想政治教育意义上的非对称关系，其中教育者在交往关系中占据主导地位。在交往中，教育者通过"对话"的方式与不同的教育对象展开交往，依托现实世界、生活实践等不同交往中介，实现不同交往主体之间"交流、探讨、民主、对话"式的平等交往，使教育对象获得思想道德发展和境界的提升、同时得到共情共鸣的情感体验。当然，专门型交往共同体作为其中的一个子系统，自然会与其他交往共同体产生交叠影响，因此应以开放的姿态主动加强与其他交往共同体的互动联结，形成以教育对象为中心的不同交往共同体的协同合力，实现同向同行。

2. 日常型交往共同体：构建"大思想政治教育"横向运行的支持圈层

思想政治教育日常型交往共同体主要由教育对象与其具有亲缘关系、朋辈关系的交往主体所构成，一般包括教育对象的父母、兄妹、祖父母等具有血缘关系的人群，以及与教育对象交往密切的同学、室友、朋友(包括网络好友)等朋辈群体。在前述调查中，我们发现大学生平时和父母等亲人互动是最为密切的，也非常容易受到身边同学朋友的影响，因此，日常型交往共同体虽然不像专门型交往共同体直接对教育对象产生教育影响，但是其本身所具有的亲情优势、同龄优势、生活化优势、环境控制优势和个别化优势，使得其对教育对象产生的影响是基础性的、潜隐性的。其中，教育对象与亲缘关系人群的交往，以日常琐事沟通、成长发展探讨、具体问题讨论、共同实践等朴素交流内容为主，表现为交往的日常性、生活性、启蒙性和长期性，作为教育的起点和根基，主要集中以家庭核心价值观为基础的家风形式为教育对象铺垫最初的人生底色，并在长期的接触中，与教育对象持续经济的、生活、精神的、观念的交往。而教育对象与朋辈关系人群的交往，是教育对象之间的深度对话，主要是基于共同的学习生活背景或相同的兴趣爱好，开展以经验交流、观念交流、行为技能分享为主要内容的交往，最终实现优势互补、相互促进和共同成长。构建良好的朋辈交往关系，可以有效发挥示范功能、自省功能和互动功能，形成共振和辐射效应，为教育对象的发展提供有效的支持系统，发挥"三人行，必有我师"的朋辈教育作用。日常型交往共同体本身并不是思想政治教育的正式组织形式，但是却可以转化为有效的思想政治教育资源，在专门型交往共同体的主导下发挥教育效能。

3. 社会型交往共同体：构建"大思想政治教育"横向运行的基础圈层

思想政治教育社会型交往共同体主要由教育对象以及与教育对象在现实或虚拟空间中产生过不同交往连接的人群。相对于专门型交往主体、日常型交往主体，社会型交往主体更具多元性、广泛性、多样化，它既包括教育对象在先进事迹报告会上认识的各类模范代表，教育对象在网络平台上看过的参与文章、视频、图像等文化作品创作的新闻媒体工作者，教育对象在"刷"过的电视剧、电影、综艺等电视节目中扮演相关角色的文艺工作者，也包括"躺"在教育对象 QQ 列表、微信朋友圈里交流不多的普通人，甚至是作为偶遇的陌生人，和教育对象同在一个"贴吧""社群""直播间"交流过的群体等。可以看出，相较于前两种交往共同体，社会型交往共同体的构成最复杂、专门教育属性最弱、教育方式最隐蔽，但并不代表其对教育对象的影响最小。事实上，我们常常听到"5+2＝0"的说法，是指大学生 5 天的正面学校教育被 2 天的负面社会影响所抵消，这个"公式"从一个侧面揭示了一个基本事实，即大学生思想政治教育是一项面向全社会的重大系统工程，由此说明了构建社会型交往共同体、开展最广泛意义上的全员育人、形成思想政治教育普遍共识的重要意义。社会型交往共同体作用于教育对象的主要方式是在广阔的生活世界中进行潜隐性的交往影响，具有高度的弥散性、养成性和实践性，这种方式高度契合当前教育对象的接受特点和教育规律，因此应充分重视思想政治教育社会型交往共同体的构建，将思想政治教育如"盐"一样融入社会型交往共同体，使之转化成为思想政治教育广阔场域，作为最基础、最广泛的圈层形成对专门型交往共同体的全方面支持，实现专门型交往共同体、日常型交往共同体和社会型交往共同体的交叠互促、牵引共育和协同并进的系统性育人效果。

（三）基于技术发展，建构"大思想政治教育"一体化中心模式

随着互联网发展进入 Web3.0 时代，社交媒体在技术的迭代升级中将更具泛在化、人性化和智能化，"全面渗入人的现实生活，整体构建智能化网络世界"的技术导向使得思想政治教育与技术的联系不仅更加紧密，而且将以更快的速度向泛在化、个性化和综合化的趋势发展，这为"大思想政治教育"的构建提供了技术支撑和信息基础。因此，在横向分布、纵向管理的思想政治教育的社会网络化布局下，还需在宏观层面，基于技术发展建构"大思想政治教育"一体化中心，形成以治理、资源、数据为主要内容的对内聚合点和对外辐射源，实现由内向外的辐射牵引以及由外到内的协同聚合的双向贯通之势。

1. 构建"大思想政治教育治理中心"，凸显制度优势

高校思想政治教育是中国共产党领导下的高校思想政治教育，必须加强党的领导，凸显制度优势，并将之转化为思想政治教育的治理效能。"大思想政治教育"具有多主体性、多环节性和多领域性，涉及多方面的参与要素和管理主体，是一个庞大复杂的育人系统。因此，应超越结构限制、体制限制和区位限制，建立"大思想政治教育治理中心"，建立"管理主体""实施主体""支持主体"和"全员主体"的联动机制，加强对高校思想政治教育的行政管理和社会协同。一方面，对内，在兼顾客观实际和发展差异的基础上，实行对高校思想政治教育的统一指导、统一部署、统一实施、统一考评，强化"大思想政治教育"纵向行政体制下的运行管理，确保"纵向到底"落实立德树人根本任务，同时，改变"上下疏离"

"区域分立"的行政区隔，建立上下层级的双向联动以及省际、城际、校际间的经常性信息交流机制和育人协作机制，开展跨区域的高校思想政治教育实践创新和理论研究；另一方面，对外，积极依托制度优势，立足全社会的大格局，构建全社会支持、参与高校思想政治教育的协同渠道、平台和机制，搭建校企联合平台、就业创业平台、网络作品协同创作平台等，从制度保障、舆论导向等不同方面引导社会各主体摒弃"高校思想政治教育归高校负责"的狭隘认识，解决因社会结构分化带来的地方、企业、学校的"认识行动失调"问题，同时厘清网络管理、文化产业发展等方面与思想政治教育管理的关系，实现高校思想政治教育在不同领域、不同地域、人的不同成长阶段之间的有效衔接。

2. 构建"大思想政治教育资源中心"，实现共建共享

"大思想政治教育"中心模式贵在对思想政治教育资源生产、汇聚、整合、使用的共建共享，这是互联网技术的优势体现，是运用新媒体新技术使思想政治教育活起来的重要路径，也是推进高校思想政治教育创新发展新的增长点。思想政治教育资源以不同的形态分布在社会各个层面，要想实现对思想政治教育资源的宏观挖掘、生产、整合、调配，应从宏观层面做系统化、战略性和前瞻性的总体部署和设计，搭建全国性数字化"大思想政治教育资源中心"，围绕"挖掘整合哪些资源——如何挖掘整合资源——如何运用激发资源"等总体思路形成整体框架和基本方向。横向方面，由中央教育领导小组指导统筹，教育部牵头，会同中央宣传部门、网信部门、群团组织，指导所属各级媒体平台、互联网企业、社会团体等单位，形成思想政治教育资源生产挖掘团队，围绕党的二十大精神、中国式现代化建设等重大主题宣传，挖掘整合导向明确、质量上乘、示范性强的思想政治教育资源，上传全国性思想政治教育资源中心予以共享，提升思想政治教育资源整体供给质量。这里特别要强调一点，要充分激发互联网平台、各级媒体平台等企业社会责任心，一般来说，他们拥有最优质的互联网内容资源生产和技术资源开发的人才团队，应建立指导协同机制，将他们纳入思想政治教育资源中心建设，力求在算法推荐、平台引流、审核筛选、创作生产等方面给予思想政治教育全力支持。纵向方面，由教育部思政司、社科司依托教育部社科中心、教育部高校思想政治工作队伍培训研修中心、教育部高校思想政治工作创新发展中心、

全国省级网络思政中心、全国高校思想政治理论课教师网络集体备课平台以及各省级教育主管部门，定期开展各类优秀思政案例、优质文化作品、思政课和课程思政教学设计等方面的评比评选，择期根据需要整合、遴选优秀资源，上传全国性思想政治教育资源中心，实现优质资源的传导与扩展，避免资源供给的不均衡，最大化发挥示范效应。

3. 构建"大思想政治教育数据中心"，推进科学精准

正如维克托·迈尔·舍恩波格、肯尼斯·库克耶在《大数据时代》中指出的，大数据是"人们获得新的认知，创造新的价值的源泉"①。大数据时代，构建全国性"大思想政治教育数据中心"，是高校思想政治教育适应时代变革实践运用大数据技术的现实路径，也是推进思想政治教育精准化、个性化、精量化、综合化的有效举措。"大思想政治教育数据中心"由"思想政治教育动态信息数据库"和"思想政治教育智库"两部分组成，其中，"思想政治教育动态信息数据库"依托"高校一体化信息搜集平台"在个人授权范围和法律法规许可的范围内，即时性获取学生思想动态相关数据，通过数据分析技术对大学生进行系统性的"精准画像"，进而对学生社会热点关注、思想行为动态趋势、心理健康现状等方面进行准确的预测判断，为教育决策、评价、监督提供重要实证性依据和支撑。需要说明的是，确保大数据技术在高校思想政治教育中的有效运用，重在软硬件数据采集的财政投入以及数据分析人员的专业水准，至于是否引入第三方服务，还要在信息数据的机密性和技术应用的层次性方面两相权衡。"思想政治教育智库"是思想政治教育学术信息数据的主要聚集地，主要依托思想政治教育及相关学科领域专家，围绕思想政治教育战略发展、问题突破等研究维度形成一批高质量研究成果，事实上，思想政治教育发展到今天，一些突出问题已经不是哪个人可以单独解决的，应注重协同聚力、学科交叉、综合研究，加强学校与社会、学校与学校、思政学科与其他学科的融合创新，使"思想政治教育智库"成为影响高校思想政治教育决策的重要力量和创新发展的思想源泉。

---

① ［英］维克托·迈尔·舍恩波格，肯尼斯·库克耶. 大数据时代［M］. 盛杨燕，周涛译. 杭州：浙江人民出版社，2013：9.

参 考 文 献

一、著作类

[1]马克思恩格斯选集(第1~4卷)[M].北京：人民出版社，2012.

[2]马克思恩格斯文集(第1~10卷)[M].北京：人民出版社，2009.

[3]马克思恩格斯全集(第1卷)[M].北京：人民出版社，1995.

[4]马克思恩格斯全集(第3卷)[M].北京：人民出版社，1960.

[5]马克思恩格斯全集(第5卷)[M].北京：人民出版社，1958.

[6]马克思恩格斯全集(第6卷)[M].北京：人民出版社，1961.

[7]马克思恩格斯全集(第14卷)[M].北京：人民出版社，2013.

[8]马克思恩格斯全集(第29卷)[M].北京：人民出版社，2020.

[9]马克思恩格斯全集(第42卷)[M].北京：人民出版社，1974.

[10]马克思恩格斯全集(第46卷下)[M].北京：人民出版社，1980.

[11]马克思恩格斯全集(第47卷)[M].北京：人民出版社，2004.

[12]列宁选集(第1-4卷)[M].北京：人民出版社，2012.

[13]列宁全集(第5卷)[M].北京：人民出版社，2013.

[14]列宁全集(第11、33-52卷)[M].北京：人民出版社，2017.

[15]毛泽东选集(第1~4卷)[M].北京：人民出版社，1991.

[16]邓小平文选(第1~2卷)[M].北京：人民出版社，1994.

[17]邓小平文选(第3卷)[M].北京：人民出版社，1993.

[18]周恩来选集(上、下卷)[M].北京：人民出版社，1980.

[19]江泽民文选(第1~3卷)[M].北京：人民出版社，2006.

[20]胡锦涛文选(第1~3卷)[M].北京：人民出版社，2016.

［21］习近平谈治国理政（第二卷）［M］.北京：外文出版社，2017.

［22］习近平谈治国理政（第一卷）［M］.北京：外文出版社，2018.

［23］习近平谈治国理政（第三卷）［M］.北京：外文出版社，2020.

［24］中共中央文献研究室、新华通讯社.毛泽东新闻工作文选［M］.北京：新华
　　　出版社，1983.

［25］辞海（中）［M］.上海：上海辞书出版社，1999.

［26］现代汉语小词典［M］.北京：商务印书馆，2007.

［27］孔子.论语·阳货篇［M］.北京：中华书局，1980.

［28］孔子.论语·述而篇［M］.北京：中华书局，1980.

［29］孔子.论语·子路篇［M］.北京：中华书局，1980.

［30］孔子.论语·季氏篇［M］.北京：中华书局，1980.

［31］朱熹.朱子语类［M］.北京：中华书局，1986.

［32］朱熹.四书章句集注［M］.北京：中华书局，1983.

［33］王弼.老子道德经注校释［M］.北京：中华书局，2008.

［34］左丘明.春秋左传集解［M］.上海：上海人民出版社，1977.

［35］房玄龄.晋书·索沈传（二十五史缩印本，第四册）［M］.北京：中华书
　　　局，1997.

［36］刘昫.旧唐书（第八册）［M］.北京：中华书局，1975.

［37］黄遵宪.日本国志［M］.上海：上海古籍出版社，2001.

［38］杨巩.农学合编［M］.北京：中华书局，1956.

［39］袁枚.随园食单［M］.西安：三秦出版社，2005.

［40］邵培仁.华夏传播理论［M］.杭州：浙江大学出版社，2020.

［41］钱穆.论语新解［M］.北京：三联书店，2002.

［42］王先谦.荀子集解［M］.北京：中华书局，1988.

［43］焦循.孟子正义［M］.北京：中华书局，1987.

［44］陈鼓应.老子今注今译［M］.北京：商务印书馆，2003.

［45］杨柳桥.庄子译注·至乐［M］.上海：上海古籍出版社，2012.

［46］王夫之.老子衍［M］.北京：北京出版社，1999.

［47］龚文庠.说服学——攻心的学问［M］.北京：人民出版社，1994.

[48]王阳明. 传习录[M]. 北京：中国画报出版社，2013.

[49]陈万柏，张耀灿. 思想政治教育学原理(第三版)[M]. 北京：高等教育出版社，2015.

[50]张耀灿. 现代思想政治教育学[M]. 北京：人民出版社，2006.

[51]万美容. 思想政治教育方法发展研究[M]. 北京：中国社会科学出版社，2007.

[52]毕红梅. 全球化视野中的思想政治教育[M]. 北京：中国社会科学出版社，2006.

[53]苏洁. 中国共产党高校思想政治教育发展史[M]. 北京：人民出版社，2021.

[54]沈壮海. 思想政治教育有效性研究[M]. 武汉：武汉大学出版社，2019.

[55]董杰. 思想政治教育情境论[M]. 武汉：湖北人民出版社，2013.

[56]熊建生. 思想政治教育内容结构论[M]. 北京：中国社会科学出版社，2012.

[57]刘新庚. 现代思想政治教育方法论[M]. 北京：人民出版社，2008.

[58]夏晓虹. 高校网络思想政治教育[M]. 济南：泰山出版社，2010.

[59]徐建军. 大学生网络思想政治教育理论与方法[M]. 北京：人民出版社，2010.

[60]张再兴. 网络思想政治教育研究[M]. 北京：经济科学出版社，2009.

[61]刘新庚. 现代思想政治教育方法论[M]. 北京：人民出版社，2008.

[62]檀江林. 高校网络思想政治教育研究[M]. 合肥：合肥工业大学出版社，2007.

[63]徐绍华. 高校网络思想政治教育的实效性研究[M]. 昆明：云南民族出版社，2006.

[64]胡树祥. 网络思想政治教育研究[M]. 成都：电子科技大学出版社，2005.

[65]李炳毅. 网络思想政治教育概论[M]. 兰州：兰州大学出版社，2005.

[66]李辉. 现代思想政治教育环境研究[M]. 广州：广东人民出版社，2005.

[67]韦吉锋. 网络思想政治教育研究[M]. 北京：新华出版社，2005.

[68]谢海光. 思想政治工作网站创新[M]. 上海：复旦大学出版社，2006.

[69]谢海光. 互联网与思想政治工作案例[M]. 上海：复旦大学出版社，2002.

[70]谢海光. 互联网与思想政治工作实务[M]. 上海：复旦大学出版社，2001.

［71］谢海光. 互联网与政治思想工作概论［M］. 上海：复旦大学出版社，2000.

［72］邵培仁. 华夏传播理论［M］. 杭州：浙江大学出版社，2020.

［73］张学波. 社交媒体中信息传播与用户行为关系［M］. 广州：中山大学出版社，2019.

［74］王清义. 立德树人——高校党建工作理论与实践［M］. 北京：人民出版社，2018.

［75］张学波著. 社交媒体中信息传播与用户行为关系［M］. 广州：中山大学出版社，2018.

［76］董庆文，白费，赵树旺. 美国社交媒体的冲击和影响［M］. 北京：中国传媒大学出版社，2016.

［77］彭兰. 社会化媒体：理论与实践解析［M］. 北京：中国人民大学出版社，2015.

［78］陈先红，张明新. 公共传播研究蓝皮书：中国社会化媒体发展报告［M］. 武汉：华中科技大学出版社，2013.

［79］王秀丽. 微行大益：社会化媒体时代的公益变革与实践［M］. 北京：北京大学出版社，2013.

［80］高明勇. 微博问政的30堂课［M］. 杭州：浙江人民出版社，2012.

［81］王铭铭. 人类学是什么［M］. 北京：北京大学出版社，2012.

［82］窦含章，李未柠. 政府如何开微博［M］. 北京：中共中央党校出版社，2011.

［83］李未柠，窦含章. 微时代危机处理［M］. 北京：中共中央党校出版社，2011.

［84］陈力丹. 马克思主义新闻思想概论［M］. 上海：复旦大学出版社，2010.

［85］尹韵公. 中国新媒体发展报告［M］. 北京：社会科学文献出版社，2010.

［86］蒙培元. 情感与理性［M］. 北京：中国人民大学出版社，2009.

［87］赵玉明. 中国现代广播史料选编［M］. 汕头：汕头大学出版社，2007.

［88］朱有志，贺培育. 社会科学研究方法论［M］. 北京：中央文献出版，2007.

［89］沙莲香. 社会心理学［M］. 北京：中国人民大学出版社，2006.

［90］郭镇之. 中外广播电视史［M］. 上海：复旦大学出版社，2006.

［91］冯建军. 生命与教育［M］. 北京：教育科学出版社，2006.

［92］郭镇之. 中外广播电视史［M］. 上海：复旦大学出版社，2005.

［93］杨立英. 网络西乡政治教育论［M］. 北京：人民出版社，2003.

［94］中国新闻年鉴［M］. 北京：中国新闻年鉴出版社，2001.

［95］中国新闻年鉴［M］. 北京：中国新闻年鉴出版社，1997.

［96］中国新闻年鉴［M］. 北京：中国新闻年鉴出版社，1995.

［97］方汉奇. 中国新闻事业通史第二卷［M］. 北京：中国人民大学出版社，1996.

［98］龚文庠. 说服学——攻心的学问［M］. 北京：人民出版社，1994.

［99］瞿葆奎. 教育学文集——国际教育展望［M］. 北京：人民教育出版社，1993.

［100］欧阳康. 社会认识论导论［M］. 北京：中国社会科学出版社，1990.

［101］费尔巴哈哲学著作选集［M］. 北京：商务印书馆，1984.

［102］亚里士多德. 形而上学［M］. 吴寿彭，译. 北京：商务印书馆，2017.

［103］［荷］何塞·范·迪克. 连接：社交媒体批评史［M］. 晏青，陈光凤，译. 北京：中国人民大学出版社，2021.

［104］［法］让·波德里亚. 消费社会［M］. 刘成富，全志刚，译. 南京：南京大学出版社，2014.

［105］［美］尼尔·波兹曼. 娱乐至死［M］. 章艳，译，南宁：广西师范大学出版社，2015.

［106］［美］林文刚. 媒介环境学：思想沿革与多维视野［M］. 何道宽，译. 北京：北京大学出版社，2007.

［107］［美］克莱·舍基. 认知盈余：自由时间的力量［M］. 胡泳，哈丽丝，译. 北京：中国人民大学出版社，2012.

［108］［美］克莱·舍基. 未来是湿的：无组织的组织力量［M］. 胡泳，沈满琳，译. 北京：中国人民大学出版社，2009.

［109］［美］董庆文，白费，赵树旺. 美国社交媒体的冲击与影响［M］. 北京：中国传媒大学出版社，2016.

［110］［美］尼古拉斯·克里斯塔基斯、詹姆斯·富勒. 大连接：社会网络是如何形成的以及对人类现实行为的影响［M］. 简学，译. 北京：中国人民大学出版社，2013.

［111］［美］尼古拉斯·尼葛洛庞帝. 数字化生存［M］. 胡泳，范海燕，译. 海口：海南出版社，2017.

[112][美]凯斯·R·桑斯坦. 信息乌托邦[M]. 毕竞悦, 译. 北京: 法律出版社, 2008.

[113][美]保罗·莱文森. 手机: 挡不住的呼唤[M]. 何道宽, 译. 北京: 中国人民大学出版社, 2004.

[114][美]保罗·莱文森. 软利器: 信息革命的自然历史与未来[M]. 何道宽, 译. 上海: 复旦大学出版社, 2011.

[115][美]保罗·莱文森. 数字麦克卢汉[M]. 何道宽, 译. 北京: 社会科学出版社, 2001.

[116][美]保罗·莱文森. 新新媒介[M]. 何道宽, 译. 上海: 复旦大学出版社, 2011.

[117][美]威廉·费尔丁·奥格本. 社会变迁: 关于文化和先天的本质[M]. 王晓毅、陈育国, 译. 杭州: 浙江人民出版社, 1989.

[118][美]希勒. 数字资本主义[M]. 南昌: 江西人民出版社, 2001.

[119][美]奎尔曼. 颠覆: 社会化媒体改变世界[M]. 刘吉熙, 译. 北京: 人民邮电出版社, 2010.

[120][美]兰德尔·柯林斯. 互动仪式链[M]. 林聚任, 王鹏, 宋丽君, 译. 北京: 商务印书馆, 2012.

[121][美]理查德·塞勒·林. 习以为常: 手机传播的社会嵌入[M]. 刘君, 郑奕, 译. 上海: 复旦大学出版社, 2020.

[122][美]马克·波斯特. 第二媒介时代[M]. 范静哗, 译. 南京: 南京大学出版社, 2005.

[123][美]马克·波斯特. 信息方式[M]. 范静哗, 译. 北京: 商务印书馆, 2014.

[124][美]曼纽尔·卡斯特著. 网络社会的崛起[M]. 夏铸九, 等译. 北京: 社会科学文献出版社, 2006.

[125]美国不列颠百科全书公司. 不列颠百科全书[M]. 北京: 中国大百科全书出版社, 1999.

[126][美]奥利弗·布兰查德. 社会化媒体营销投资与回报[M]. 王天衍, 译. 北京: 电子工业出版社, 2012.

［127］［法］皮埃尔·布迪厄、［美］华康德. 实践与反思：反思社会学导引［M］.
李猛，李康，译. 北京：中央编译出版社，2004.

［128］［美］约书亚·梅罗维茨. 消失的地域［M］. 肖志军，译. 北京：清华大学
出版社，2002.

［129］［加］菲利普·马尔尚. 麦克卢汉传：媒介及信使［M］. 何道宽，译. 北京：
中国人民大学出版社，2015.

［130］［加］哈罗德·伊尼斯. 传播的偏向［M］. 何道宽，译. 北京：中国传媒大
学出版社，2015.

［131］［加］马歇尔·麦克卢汉. 理解媒介——论人的延伸［M］. 何道宽，译. 北
京：商务印书馆，2000.

［132］［加］马歇尔·麦克卢汉. 麦克卢汉如是说：理解我［M］. 何道宽，译. 北
京：中国人民大学出版社，2006.

［133］［加］马歇尔·麦克卢汉. 理解新媒介——延伸麦克卢汉［M］. 何道宽，译.
上海：复旦大学出版社，2012.

［134］［加］哈罗德·伊尼斯著. 帝国与传播［M］. 何道宽，译. 北京：中国人民
大学出版社，2003.

［135］［加］弗雷泽，［印］杜塔. 社交网络改变世界［M］. 谈冠华，郭小花，译.
北京：中国人民大学出版社，2013.

［136］［加］埃里克·麦克卢汉，弗兰克·秦格龙. 麦克卢汉精粹［M］. 何道宽，
译. 南京：南京大学出版社，2000.

［137］［英］汤姆·斯丹迪奇. 从莎草纸到互联网——社交媒体2000年［M］. 林
华，译. 北京：中信出版社，2015.

［138］［英］维克托·迈尔·舍恩波格，［英］肯尼斯·库克耶. 大数据时代［M］.
盛杨燕，周涛译. 杭州：浙江人民出版社，2013.

［139］［英］齐格蒙特·鲍曼. 流动的现代性［M］. 欧阳景根，译. 上海：上海三
联书店，2002.

［140］［英］保罗. 莱文森. 思想无羁——技术时代的认识论［M］. 何道宽，译. 南
京：南京大学出版社，2004.

［141］［英］尼古拉斯·布宁，余纪元. 西方哲学英汉对照辞典［M］. 王柯平，江

怡，余纪元等，译. 北京：人民出版社，2001：1000.

[142]［德］沃夫冈·布雷钦卡. 教育目的，教育手段和教育成功：教育科学体系引论［M］. 彭正梅，译. 上海：华东师范大学出版社，2008.

[143]［德］卡尔·曼海姆. 意识形态与乌托邦［M］. 李步楼，尚伟，祁阿红，等译. 南昌：江西教育出版社，2014.

[144]［奥］霍华德·莱茵戈德. 网络素养［M］. 张子凌，译. 北京：电子工业出版社，2013.

二、期刊类

[1]张睿，吴志鹏，黄枫岚. "00后"大学生的思想观念及行为倾向研究［J］. 思想理论教育，2021(6)：93-99.

[2]张严，李智慧. "00后"大学生思想和行为特点与引导策略研究——以全国29所高校调研为例［J］. 北京教育（高教），2021(1)：66-69.

[3]李艳艳. 2020年度网络思想理论状况分析与思考［J］. 思想教育研究，2021(1)：135-141.

[4]季为民. 警惕"饭圈"乱象侵蚀青年一代价值观［J］. 人民论坛，2021(10)：30-33.

[5]陈立. "90后""00后"青年群体特征的再审视——以湖北省为例［J］. 中国青年社会科学，2021，40(1)：70-78.

[6]邢海燕. "国潮"与"真我"：互联网时代青年群体的自我呈现［J］. 西南民族大学学报（人文社会科学版），2021，42(1)：126-134.

[7]温旭. VR技术赋能高校思想政治教育的价值与应用［J］. 思想理论教育，2021(11)：88-93.

[8]白帆. 情感认同如何助长虚拟消费：以手游玩家为例［J］. 中国青年研究，2021(11)：55-63.

[9]刘先锐，王习胜. 思想政治教育隐喻探赜［J］. 思想教育研究，2021(2)：29-34.

[10]刘燕，刘龙飞. 新媒体时代思想政治教育话语表达研究［J］. 学校党建与思想教育，2021(17)：20-23.

[11]霍明奎，竺佳琪. 突发公共卫生事件下社交网络用户正能量信息分享行为机理及管理策略[J]. 情报科学，2020，38(11)：121-127.

[12]项久雨. 青年为何热衷"国风"文化[J]. 人民论坛，2020(17)：98-101.

[13]杜庆华. 一些青年热衷符号消费为哪般[J]. 人民论坛，2020(17)：102-103.

[14]杜丹，陈霖. 自定义"化身"：社交媒体中的自我建构——以微信重度用户为考察对象[J]. 江苏社会科学，2020(5)：169-178，239-240.

[15]杨国欣，宋韶培. 新媒体场域下大学生生活方式问题研究[J]. 学校党建与思想教育，2020(5)：91-93.

[16]李彤彤，汤伟莉. 新媒体背景下社交依赖表现及原因分析[J]. 新闻传播，2020(20)：33-34.

[17]牛天，张帆. 嵌入、表达、认同：斜杠青年的自我实现研究[J]. 中国青年研究，2020(6)：90-95.

[18]童建军，林晓娴. 当代大学生思想动态与行为倾向分析[J]. 思想理论教育，2019(4)：95-101.

[19]李晓庆，刘威. 青年思想特点与行为模式的现实观照及反思[J]. 上海行政学院学报，2019，20(2)：99-105.

[20]刘朝霞，王瑜. 新媒体视域下青年网络"丧文化"传播研究——以流行词"佛系"为例[J]. 中国青年社会科学，2019，38(3)：101-110.

[21]吕小亮. "00后"大学生思想行为特质及其培养对策[J]. 当代青年研究，2019(3)：46-50，32.

[22]吕鹏，张原. 青少年"饭圈文化"的社会学视角解读[J]. 中国青年研究，2019(5)：64-72.

[23]刘远杰. 场域概念的教育学建构[J]. 教育学报，2018，14(6)：21-33.

[24]秦琼. 内涵、逻辑、生态：作为一个场域的"社交媒体"[J]. 新闻世界，2018(10)：72-75.

[25]蒋原伦. 从"有图有真相"到"后真相"时代[J]. 陕西师范大学学报(哲学社会科学版)，2018，47(2)：146-150.

[26]施锋锋，赵建明. 圈层视域下基于社交媒体的大学生育人共同体建构[J]. 继续教育研究，2018(1)：91-97.

[27] 王定华. 新时代我国教育改革发展的新方向新要求——学习习近平总书记在全国教育大会上的重要讲话[J]. 教育研究, 2018, 39(10): 4-11, 56.

[28] 徐曼, 侯雅馨. 新媒介环境下思想政治教育功能探析[J]. 思想政治教育研究, 2018, 34(2): 73-76.

[29] 李鑫, 尚恩洁. 社交媒体对大学生心理行为的影响及应对策略研究[J]. 江苏高教, 2018(2): 70-73.

[30] 布超. 当前网络思想政治教育的三个着力点论析[J]. 继续教育研究, 2018(3): 60-64.

[31] 布超. 社交媒体环境下大学生网络参与的新动向及引导策略[J]. 思想理论教育, 2018(6): 84-87.

[32] 王海建. "00 后"大学生的群体特点与思想政治教育策略[J]. 思想理论教育, 2018(10): 90-94.

[33] 王维佳. 什么是真相? 谁的真相? ——理解"后真相时代"的社交媒体恐惧[J]. 新闻记者, 2018(5): 17-22.

[34] 张佳怡. 社交媒体时代下新"容器人"的生成[J]. 记者摇篮, 2018(10): 95-96.

[35] 杨茹, 张楚乔. 网络社交媒体运用与大学生文化自信培育[J]. 北京工业大学学报(社会科学版), 2018, 18(2): 73-80.

[36] 胥琳佳, 屈启兴. 突发公共卫生事件中社交媒体内容与社会网络结构对转发行为的影响[J]. 现代传播(中国传媒大学学报), 2018, 40(11): 155-160.

[37] 武玲娟. 社交媒体视域下大学生理想信念教育的路径[J]. 青年记者, 2018(26): 124-125.

[38] 张祖品. 社交媒体环境下大学生思想政治教育创新研究[J]. 学校党建与思想教育, 2018(1): 86-88.

[39] 周琪. 论新时代思想政治教育图像实践方式[J]. 思想理论教育, 2018(5): 52-55.

[40] 喻国明. 社交网络时代话语表达的特点与逻辑[J]. 新闻与写作, 2017(7): 41-43.

[41] 朱晓霞, 刘萌萌, 赵雪. 复杂网络中的信息传播机制研究[J]. 情报科学,

2017，35(5)：42-45.

[42]敖成兵. QQ 空间与大学生"微我"视界[J]. 当代青年研究，2017(6)：75-80.

[43]李伟. 新媒体时代大学生亚文化现象的批判性分析——基于社会心态的视角[J]. 中国青年研究，2017(9)：107-113.

[44]冉晓斌，刘跃文，姜锦虎. 社交网络活跃行为的大数据分析：网络外部性的视角[J]. 管理科学，2017，30(5)：77-86.

[45]包雷晶. 论社交媒体环境下网络思想政治教育的有效性[J]. 思想理论教育，2017(3)：79-82.

[46]刘清华，罗彬. 网络环境下"沉浸人"的交流现状与出路[J]. 新闻世界，2017(4)：90-93.

[47]卢家银. 中国公众互联网法治认知的影响因素研究——基于 CIGS2016 数据的分析[J]. 现代传播(中国传媒大学学报)，2017，39(12)：58-62，142.

[48]刘丽娟. 大数据时代高校智慧校园信息化建设研究[J]. 电脑知识与技术，2016，12(28)：4-5，11.

[49]万晓红，夏方智. 湖北高校大学生社交媒体使用状况的实证分析[J]. 理论月刊，2016(2)：150-154，171.

[50]刘丽娟. 大数据时代高校智慧校园信息化建设研究[J]. 电脑知识与技术，2016，12(28)：4-5，11.

[51]白艳丽. 论社会化媒体与人际交往的危机——以微信朋友圈为例[J]. 西北民族大学学报(哲学社会科学版)，2016(5)：183-188.

[52]边宇璇，安建良. 大学生社交媒体行为习惯研究[J]. 新闻战线，2016(20)：112-113.

[53]周涛. 为数据而生：大数据创新实践[J]. 中国商界，2016(6)：123.

[54]赵云泽，张竞文，谢文静，俞炬昇. "社会化媒体"还是"社交媒体"？——一组至关重要的概念的翻译和辨析[J]. 新闻记者，2015(6)：63-66.

[55]肖玉霞. 微博围观与大学生社会责任感的养成[J]. 新闻战线，2015(9)：213-214.

[56]程红艳. 道德相对主义时代的公民道德教育[J]. 高等教育研究，2015，36

（8）：20-27.

[57] 谢妮. 当代大学生价值观的个体化取向[J]. 中国高等教育，2015（Z1）：71-73.

[58] 戴卫义，黄金结. 大学生思想政治教育的场域探析[J]. 江苏高教，2015（1）：117-120.

[59] 罗迪. 微时代大学生思想行为新样态透析[J]. 中国青年研究，2015（4）：80-84，103.

[60] 董杰. 情境化：社会主义核心价值观培育的路径思考[J]. 思想政治教育研究，2014，30（3）：22-25.

[61] 邱柏生，刘巍. 试论思想政治教育学科建设的协同创新[J]. 东南大学学报（哲学社会科学版），2014，16（6）：5-9，142.

[62] 刘立刚，李威. 微博传播对公民意识形成的负面影响分析[J]. 新闻知识，2013（9）：3-5.

[63] 田丽，胡璇. 社会化媒体概念的起源与发展[J]. 新闻与写作，2013（9）：27-29.

[64] 陈力丹，毛湛文. 媒介环境学在中国接受的过程和社会语境[J]. 现代传播：中国传媒大学学报，2013（10）：6.

[65] 郭彦刚. 社会化媒体对公共领域建构的现实思考[J]. 青年记者，2013（8）：62-63.

[66] 王晶. 微博问政：公民意识的觉醒与反思[J]. 理论月刊，2013（9）：92-96.

[67] 昝再利. 社会化媒体与公共领域的构建[J]. 新闻知识，2013（6）：25-27.

[68] 陈兰. 微博对公民意识形成的影响探析[J]. 学理论，2012（22）：134-135.

[69] 洪明. 自媒体对青少年社会化的影响及教育应对[J]. 中国广播电视学刊，2012（6）：1.

[70] 杨业华，王彦. 当代大学生价值观状况特点探析[J]. 思想教育研究，2012（12）：11-14.

[71] 李晓静，张国良. 社会化媒体可信度研究：理论探讨与实证分析[J]. 新闻大学，2012（6）：105-114.

[72] 刘少杰. 网络化时代的社会结构变迁[J]. 学术月刊，2012，44（10）：14-23.

[73]彭兰. 社会化媒体、移动终端、大数据：影响新闻生产的新技术因素[J].
新闻界，2012(16)：3-8.

[74]马小娟. 论社交媒体对公民政治参与的影响[J]. 中国出版，2011(24)：
22-25.

[75]谈当下对社交媒体认识的模糊之处[J]. 湖南广播电视大学学报，2011(3)：
65-69.

[76]杨深浙. 自媒体下的自恋文化[J]. 新闻爱好者，2011(20)：38-39.

[77]曹博林. 社交媒体：概念、发展历程、特征与未来——兼谈当下对社交媒体
认识的模糊之处[J]. 湖南广播电视大学学报，2011(3)：65-69.

[78]王明会，丁焰，白良. 社会化媒体发展现状及其趋势分析[J]. 信息通信技
术，2011，5(5)：5-10.

[79]张平. 媒介化生存的危机[J]. 青年记者，2011(16)：50-51.

[80]王勇. 媒介新技术、新媒介环境与青少年社会化[J]. 湘潭大学学报(哲学社
会科学版)，2010，34(1)：91-94，98.

[81]文建. 以柔克刚：国外传媒机构规范使用社会化媒体的经验[J]. 中国报业，
2010(10)：68-70.

[82]陈飞. 论体验式思想政治教育[J]. 教育评论，2010(3)：64-66.

[83]张宝君. 大学生偶像崇拜的调查与思考[J]. 学校党建与思想教育，2010
(22)：91-92.

[84]胡钦太. 媒介时代的异化现象及其调适[J]. 学术研究，2009(9)：19-23.

[85]孙楠楠. 对社会化媒体的传播学思考[J]. 新闻爱好者，2009(17)：16-17.

[86]毕红梅，张耀灿. 关注交往：思想政治教育的视角转换[J]. 马克思主义与
现实，2008(6)：168-171.

[87]张进辅. 论青年价值观的形成与引导[J]. 西南大学学报(社会科学版)，
2007(3)：82-87.

[88]徐志远，宾培英. 思想与行为应是现代思想政治教育学的逻辑起点[J]. 当
代教育论坛(学科教育研究)，2007(11)：53-57.

[89]张进辅. 论青年价值观的形成与引导[J]. 西南大学学报(社会科学版)，
2007(3)：82-87.

[90]沈壮海. 论思想政治教育理论研究的新范式与新形态[J]. 思想理论教育导刊, 2007(2)：40-46.

[91]齐佩芳, 李海珍. 大学生自我道德评价问题浅探[J]. 黑龙江教育(高教研究与评估), 2007(5)：30-31.

[92]高新民, 殷筱. 马克思主义意识论阐释的几个问题[J]. 哲学研究, 2006(11)：16-22, 128.

[93]共青团江苏省委课题组, 魏国强, 陈金虎, 丁纯. 当代大学生公民参与状况及对策研究——以江苏省为例[C]//"十一五"与青少年发展研究报告——第二届中国青少年发展论坛暨中国青少年研究会优秀论文集(2006). 2006：56-114.

[94]李明伟. 新媒介形态与新尺度——"媒介分析理论"的宏大观照[J]. 北京理工大学学报：社会科学版, 2004, 6(2)：4.

[95]孟志中. 思想政治教育要素论[J]. 中国青年政治学院学报, 2003(3)：15-19.

[96]杨雄. 第五代青年价值观特点和变化趋势[J]. 青年研究, 1999(12)：1-8.

[97]孙皖宁. 传播学研究中的仪式派——暨叙事文文体分析法介绍[J]. 新闻与传播研究, 1994(4)：79-83.

[98]易仲屏. 思想与行为：思想政治工作学的基本范畴[J]. 思想政治工作研究, 1991(6)：23.

[99]习近平. 把我国从网络大国建设为网络强国[N]. 人民日报. 2014-02-27.

[100]习近平主持召开中央全面深化改革领导小组第四次会议强调：共同为改革想招一起为改革发力 群策群力[N]. 人民日报. 2014-08-19.

[101]习近平在党的新闻舆论工作座谈会上强调：坚持正确方向创新方法手段 提高新闻舆论传播力引导力[N]. 人民日报. 2016-02-20.

[102]江泽民. 关于党的新闻工作的几个问题[N]. 人民日报, 1990-03-02.

[103]胡锦涛. 在人民日报社考察工作时的讲话[N]. 人民日报, 2008-06-21.

[104]胡锦涛. 以创新的精神加强网络文化建设和管理满足人民群众日益增长的精神文化需要[N]. 人民日报. 2007-01-25.

[105]胡锦涛. 在人民日报社考察工作时的讲话[N]. 北京：人民日报. 2008-

06-21.

［106］苗家生. 拓展高校思想政治教育"网络空间"［N］. 光明日报，2000-11-30
（A02）.

三、博士学位论文

［1］李小玲. 新时代大学生主流意识形态认同研究［D］. 华东师范大学，2020.

［2］陈永华. 大学生文化自信研究［D］. 辽宁大学，2019.

［3］杜佳. 社会化媒体环境下公民政治认同教育研究［D］. 中国矿业大学（北京），2015.

［4］徐萍. 从晚清至民初：媒介环境中的文学变革［D］. 山东师范大学，2011.

四、报告类

［1］中国互联网络信息中心（CNNIC）. 第 49 次中国互联网络发展状况统计报告［R］. 2022-02-25.

［2］United Nations on Trade and Development. Digital Economy Report 2021［R］. 2021-10-09.

五、外文文献类

［1］Levinson P.On Behalf of Human：The Technological Edge［M］.The World and I, March,1996：300-313.

［2］Levinson P. Human Replay：A Theory of the Evolution of Media［M］. Ph. D. dissertation,New York：New York University Press,1979.

［3］Mayfield Iii,T D. What is Social Media［M］. 2007.

［4］Mcluhan M. Culture is Our Business［M］. New York：McGraw-Hill, 1970.

［5］Ahlqvist T, Bck A, Halonen M, et al. Social media roadmaps exploring the futures triggered by social media［J］,VTT,2008.

［6］Ahlqvist Toni,Bck A, Halonen M. Heinonen. Social media road maps exploring the futures triggered by social media［J］. VTT Tiedotteita - Valtion Teknillinen Tutkimuskeskus, 2008（2454）：13, Retrieved 9December 2012.

[7]Andreas M Kaplan, Michael Haenlei. Users of the World, Unite! The Challenges and Opportunities of Social Media[J], Business Horizons, 2010(53): 59-68.

[8]Autumn Arnett. Social Media Gives Prospective Inernational College Students a Sneak Peek[J].Diverse,2012(11):8.[6]

[9]Bandura A. Moral Disengagement in the Perpetuation of Inhumanities [J]. Personality and Social Psychology Review,1999,3(3), 193-209.

[10]Charles Wankel. Educating Educators with Social Media [J]. Development & Learning in Organizations An International Journal, 2003.

[11]Granovetter M S. The Strength of Weak Ties[J]. American Journal of Sociology, 1973,78(6):1360-1380.

[12]June P, Hong C, Sung-Min P. Social Media's Impact on Policy Making[J]. SERI Quarterly, 2011.

[13] Khalil Ahmad, Karim Sajjad Sheikh. Social Media and Youth Participatory Politics: A Study of University Students[J]. A Research Journal of South Asian Studies,2013,28(2):353-360.

[14] Khang Hyoungkoo. Social Media Research in Advertising, Communication, Marketing, and Public Relations, 1997-2010[J]. Journalism & Mass Communication Quarterly, 2012.

[15]MR Parks, PN Howard. Social Media and Political Change: Capacity Constraint and Consequence[J], Journal of Communication, 2012, 62(2):359-362.

[16]Neil Postman. Science and the Story that We Need[J]. First Things, 1997,69 (1).

[17]Reinhold H. Net Smart. How to Thrive Online[J]. Mit Press, 2012:272.

[18]Rosenberg M J. The Conditions and Consequences of Evaluation Apprehension[R]//R Rosenthal, R L Rosnow, Eds.Artificat in Behavioral Research: Robert Rosenthal and Ralph L. Rosnow's Classic Books,Oxford University Press, 2009:211-263.

[19]Valenzuela S,Park N,Kee K F. Is There Social Capital in aSocial Network Site?: Facebook Use and College Students' Life Satisfaction,Trust,and Participation[J].

Journal of Computer-Mediated Communication,2009,14(4):875-901.

[20]San Miguel R. Study on Facebook and GradesBecomes Learning Exper-ience for Researcher (2010)[EB/OL]. TechNewsWorld. http://www. technewsworld. com/rsstory/66805.html? wlc=1286985671&wlc=1287195471 Retrieved 20/08/13.

[21]Simon Kemp. Digital 2020:3.8 Billion People Use Social Media[N/OL], We are Social, https://wearesocial.com/uk/blog/2020/01/digital-2020-3-8-billion-people-use-social-media/,2020.

[22]Zittrain J L. The Future of the Internet and How to Stop It[J]. Social Science Electronic Publishing, 2008.

[23]Peter Hustonetc. 权威发布:2017年传媒生态报告[EB/OL]. 搜狐公众平台[2016-11-04].http://mt.sohu.com/20161104/n472334012.shtml.

[24]Wikipedia. Social media [EB/OL].https://en.jinzhao.wiki/wiki/Social_media.

六、电子文献类

[1]王晓光,郭淑娟.社会性媒体初论[EB/OL].http://news.163.com/08/1217/14/4TCEO1DH000131UN.html.

[2]廖灿亮.人民网舆情监测室发布2017年上半年舆情分析报告[EB/OL].(2017-07-10)[2020-10-25]. http://yuqing. people. com. cn/n1/2017/0710/c209043-29395003.html.